立川談志
芸談集

立川談志 著

竹書房

はじめに

和田尚久

本書は立川談志が吹き込んだ全五十巻のCD集『談志百席』（竹書房）のボーナストラックに所収された〈芸談〉を抜き出し、今回、読み物として構成したものである。

落語のCDは、現代においてはライブ盤が主流になっているが、『談志百席』はすべてスタジオ録音というのがミソで、あまり高座に掛けていない噺、復活演目、さらには初演ネタまでを、録り直しが可能であり、かつ観客の前ウケを気にしないでいい環境下において存分にレコーディングしようという壮大な計画――なんせ当初から百席と銘打っているからね――だった。言うまでもなく、これは昭和の名盤である『圓生百席』（ソニー）を視野に入れたもの。圓生のほうは水も漏らさぬ完成品をパッケージしたものであるのに対し、おなじスタジオ録音であっても、まったく完成品にはならないのが談志式。CDで聴いてもらったほうが早いが、語りの渦中で考え、一手先を探り、口をついて出たセリフの字余りを、そのままで成立する構図に置いてしまうなど、即興性の高いものになっている。当人いわく不完全落語。

演出が川戸貞吉（元TBSディレクター、落語評論家）で、旧知の談志は収録中でも調整室の〝貞やん〟に語りかける。『二人癖』（のめる）のとき、登場人物がこれからは癖を出すのを止めようと金を賭けて約束をする。このネタをほとんどやらない談志は「ええっと、このあとどうなるんだっけ?」、川戸先生よく通る声で「一旦別れるんです。別行動!」。

録音エンジニアが日本一の落語コレクターでもある草柳俊一、竹書房の制作者が牧村康正、加藤威史。かくいう私は、長期のレコーディングになるので、響きがよく、使いやすいスタジオはないかと制作から相談を受け、二十代のころに勤務していた早稲田のアバコスタジオを紹介した。そんないきさつもあり、よくスタジオに遊びに行った。

ボーナストラックを付けようというのは川戸貞吉のリクエストだったか。立川談志がじかに接した寄席芸や、楽屋で耳にした明治から戦前迄の楽屋話を、この機会に吹き込んでおいてほしいということになり、落語家、講釈師、俗曲師などモチーフを決めての問わず語りを落語ネタのあとに収録。今回の書籍化にあたっては、それらの逸話を、あますところなく文章化した。いうなれば本書は談志版の『ランプの下にて』とも言えよう。

『談志百席』は第一回収録が2004年9月6日で演目は『三人旅』、最終収録が2006年10月2日で特典盤の『芝浜』。いつも三日程度をかためたスケジュールで、演者もスタッフも数日間アバコに通う。そこで数席分を集中的に収録をしていたと記憶する。

いま思い返してもこの二年間の収録風景は芸のユートピアのような空間だった。いま収録風景と言ったけど、厳密には、緊張感のある収録が終わって、303スタジオ前の食堂——社食みたいなスペースで、いつも夜だったので無人——に移動し、竹書房差入れの鮨などをつまみつつ——と言っても食に関して極度にテレのある談志は鮨にほとんど手を出せない——ビールや睡眠薬（談志用）を口に運びながらの芸談芸論人物評の面白かったこと。このときに、同レベルで打ち返す川戸貞吉、そこに割って入っていく草柳俊一のテンションも凄く、このときの会話が翌日のレコーディングにフィードバックされる。食堂トークが稽古なのだ。そんな舞台裏も含めて『談志百席』は立川談志・川戸貞吉・草柳俊一という三人の落語耽溺者《たんできしゃ》の共作だったと思う。

本書の〈芸談〉が、そこで言及される固有人名、芸の解釈もふくめてかなりの上級編になったのはこのような次第。マニアにとっては寄席研究、談志読解をより深めるために、遅れてきた若者にとっては広大な芸の海を探索する航海図として有益なものに違いない。

それぞれの視点でお楽しみ頂ければ幸いである。

目次

編集部よりのおことわり

◆本書に登場する実在する人物名・団体名については、一部を編集部の責任において修正しております。予めご了承ください。

◆書の中で使用される言葉の中には、今日の人権擁護の見地に照らして不当・不適切と思われる語句や表現が用いられている箇所がございますが、差別を助長する意図を以て使用された表現ではないこと、また、古典落語の演者である立川談志の世界観及び伝統芸能のオリジナル性を活写する上で、これらの言葉の使用は認めざるをえなかったことを鑑みて、一部を編集部の責任において改めるにとどめております。

◆色物芸人の章（談志百席　第一期）

この章の録音は、平成16年（２００４）10月7日
アバコクリエイティブスタジオ３０３スタジオで行われた。立川談志68歳、秋。

【読者のための前説】

家元が未だ手をつけていない落語百演目を、二年半の歳月を掛けてＣＤ五十枚の全集として発表する。

『談志百席』プロジェクトは、その意気込みで開始されましたが、いざ蓋を開けてみると演目選定が難航しました。更にボーナストラックは、家元が往年の芸人を語る『家元の芸人五十選』というコンテンツが発案され、ＣＤ一枚につき一トラックが収録されることになりました。冒頭の録音は、『談志百席』ＣＤ集の意義から語り始めたものです。

談志百席について

『談志百席』というんだけどね、これを今、録音している訳です。三日間連続でね、毎日二時間ぐらい喋ってんのよ。独演会以上だね。

「何で請《う》け合うの？」っていうんだけどね、請け合っちゃうんだよ、何でもね。要するに、おっちょこちょいっていうのかな。請け合うと、何とかなっちゃうんですよ。最初は、「百席」って聞こえなかったのかな。「客席で演ってくれ」って言ったのかね？　そんなことはねえか……。

［＊1］増山江威子（ますやまえいこ）……１９３６年～　女性声優・女優。東京出身。児童劇団、石井伊吉（毒蝮三太夫）が率いる『劇団山王』の女優を経て、『劇団四季』の女優としてデビュー。声優としても活躍し『キューティーハニー』の如月ハニー、『ルパン三世』の峰不二子などで人気を獲得した。

［＊2］五代目古今亭志ん生（ここんていしんしょう）……１８９０～１９７３年　落語家。本名美濃部孝蔵。東京出身。１９１０年二代目三遊亭小圓朝に入門。以来、名人の門下を転々とし、１９３９年五代目志ん生を襲名。昭和を代表する名人として著名。

［＊3］三代目古今亭志ん朝（ここんていしんちょう）……１９３８～２００１年　落語家。本名美濃部強次。東

でね、出来る噺はいいですよ。それから、これは変えてみたいなって噺も……、これ、いいですよね。ところがね、数えてみても百に足らないんだ。で、お手上げになったりするの。私は、平気で「出来ないよ」って、お手上げをするんですよ。

声がね、喋ってみたら元気そうに聞こえますよ。顔の艶はいいしね、髪の毛は、染めたりするけど、……染めるっていうのはファッションで染めている訳で、別に白髪を隠すもんじゃないですからね。食事《もの》は美味いし、酒は飲むしね、運動はするし、身体は柔らかいしね。それが、……怯えているんですよね。声だってね、「昔からそういう声だよ」って言われそうだけど……。

でね、声に関して言うと……、増山江威子［＊1］って、分からないかも知れないけど、声優やってる、ガキの頃からの仲間ですよね、……友達というか。

彼女から、ボイストレーニングを紹介されて行った。

「ホォー！」

なんて言ってね。

「そうじゃなくて、後頭部へ響くようにして」

「オーオォー！」

「はい、なかなか良いです」

って。犬の遠吠えみたいな声なんですよ。その先生なるものが。私より年下です

京出身。五代目志ん生の次男。1957年父に入門。1962年真打昇進。明るく歯切れのいい落語と颯爽たる風貌で一時代を築き、名人と称された。

［＊4］日暮里の方から……志ん生は戦後、日暮里に居を構えたところから「日暮里の師匠」と呼ばれた。

［＊5］十五代目市村羽左衛門（いちむらうざえもん）……1874〜1945年　歌舞伎俳優。本名市村録太郎。東京出身。養父は坂東家橘。1903年十五代目羽左衛門を襲名。絶世の美貌と明るい芸風で人気を獲得。「花の橘屋」という愛称で慕われた。

［＊6］信州に疎開していた……羽左衛門は1945年2月の舞台を最後に、長野県湯田中温泉の旅館「よ

よ。四つんばいになってね、遠吠えやってるんだよ。「オオォー！」って、やってるうちにバカバカしくなっちゃってね。

でね、バカバカしいというならね、「この百席残して、これ、どうなんだ？」と考えて、「残ってない方が良いだろう」って思ったんですよ。でも、残ってないよりは、いざというときには何かになるよ。米がなくなっちゃったときに、これを食うとかね……。強盗に入られたときに、これを聴かせるとか……、何かあると思うんだ。

自分自身としては、勉強にもなりました。まあ、大して金にはならないけど……、もっとも私は、名誉としての金を求めますから。つまり、俺の芸にこれだけ払ってくれるんだという名誉ですよ。だから、やたら金をくれればいいというもんじゃないですよ。プライドで動きますからね。

文明のためにやったというが、……それすら場合によっちゃあ、良くない。極端に言っちゃえば、ダイナマイトも、電気も、蒸気機関車も、あんなのは発明しない方が良かったのよ。まして、病気を治すなんていうのは、地球単位でいったら、疑問かも知れない。

それはこっちに置いておいてね、まだ新聞屋だとか、鉄道屋の方がまだね、文明に寄与していた。……文明を認めるとしてね。否定するのもあるけども、そういう世の中になったときにね、やっぱりこのね、了見というかな……。


ろづや」に疎開。同年5月6日、同地で心臓マヒに倒れ急死している。

［＊7］ジョン・クリーズ……1939年〜　イギリ

志ん生［*2］師匠から聞いた話なんだけど、……待てよ、志ん朝［*3］から聞いたのか？　志ん生師匠から聞いたか、ちょっと定かでないんですけど、いずれにしろ出所はあっちですよ。日暮里の方から［*4］吹いてきた風に乗ってね。

橘家（十五代目市村羽左衛門）［*5］がね、終戦を知らずに亡くなるんですよね、十五代は。信州に疎開していた［*6］というんだね。志ん生師匠が見舞いに行った。で、二階から見たら、その下の道のところでね、お婆さんが田舎の道で、大八俥を引いてる人に、息子が出征するので、見送りに行きたいけど足が悪いので、この俥に乗せてくれませんか？　と頼んでいる。

俥の持ち主が「方角が違う」っていうので断っていると、二階から見た橘家がね、十五代市村羽左衛門なるものが、

「おう、乗っけてってやりなよ。日本人同士じゃねぇか」

思わず志ん生師匠が、「橘家！」って言いたくなるようなね、こういうエピソード、好きなんですよ。

そういうエピソードだとか、または落語を通じたものの見方をすると、裏から見ますからね、こうなったっていうのは、何故こうなったのかとかね、こうなる状況があったので、これはえらい訳でもない、いろいろな見方がありますね。

そうすると、ものの取捨選択とか、根本が分かるようになる。その楽しさ、非常

スのコメディアン。アメリカ出身。イギリスの人気コメディアングループ「モンティ・パイソン」のメンバーの一人。

［＊8］『ワンダとダイヤと優しい奴ら』……1988年公開。コメディ映画。モンティ・パイソン一党の出演作。

［＊9］モンティ・パイソン……イギリスのコメディグループ。グレアム・チャップマン、ジョン・クリーズ、テリー・ギリアム、エリック・アイドル、テリー・ジョーンズ、マイケル・ペイリンによって1969年に結成。

［＊10］ジェイミー・リー・カーティス……1958年～　アメリカの女優。

［＊11］ケビン・クライン……1947年～　アメリカの映画俳優。

に勝手なんだけどね、それを知らないでね、芸なんぞ見たって俺は、分からないと思う。芝居だろうがね、やれ映画だろうがね。

だけど、この了見にはまってくる、例えばコメディでも、ジョン・クリーズ〔＊7〕の『ワンダとダイヤと優しい奴ら』〔＊8〕、『モンティ・パイソン』〔＊9〕をバックにしたジェイミー・リー・カーティス〔＊10〕とケビン・クライン〔＊11〕の、あるいは昔のアレクサンダー・マッケンドリック〔＊12〕の、『マダムと泥棒』〔＊13〕でもね、『スティング』〔＊14〕でもね、そういうとこから見てこられる。

何を言っているのかっていうと、つまり私の言っているエピソードや何かを、肯定するために言い訳をしている、……説明している訳ね。こういう見方も出来るんだ、自分でやっておいて。絶対私の方がいいとは言わないんですね。だけど、それらが分かっちゃうと、逆に言うと不幸になっちゃう。世の中のいろいろな出来事のね、善悪、良否の判断と、また違う判断が出来ちゃう。まあ、いいや。「煩いよ、お前は長い！」、永井荷風〔＊15〕。

紙切り正楽と太神楽丸一

で、ここでは、諸々の芸人たちのね、お噂を申し上げます。

〔＊12〕アレクサンダー・マッケンドリック……１９１２～１９９３年　イギリス・アメリカの映画監督。

〔＊13〕『マダムと泥棒』……イギリスのコメディ映画。１９５５年公開。

〔＊14〕『スティング』……アメリカの犯罪コメディ映画。

〔＊15〕永井荷風（ながいかふう）……１８７９～１９５９年　作家。本名永井荘吉。東京出身。『濹東綺譚』『ふらんす物語』『日和下駄』などの小説や随筆で人気作家となる。ここでは「話が長い」を「永井荷風」とかけた洒落。

〔＊1〕東宝演芸場……東宝演芸場。１９３４年から１９８０年まで、戦時中の閉鎖時期、占領期を除いて東京宝塚劇場５階にあった

いろいろな方が居りましたな。今回は「色物について」っていうんですよね。色物というのは、落語以外の、……といっても、講談は色物と言わなかったな。浪曲はどうだったのか？　色物かね。つまり寄席の、楽屋に出番表が書いてあります。前座から始まってね。

　東宝演芸場［＊1］のエレベーターで五階まで上がったところに、右から前座、今の里《り》う馬《ば》（十代目土橋亭里う馬）［＊2］が談十郎のとき、ずらっと出番を書いたものがあってね、最後に立川談志って書いてあるんだよ。落語家の名前は黒字で書くんですね［＊3］。まあ、志ん生、文楽［＊4］ね。その間にアダチ龍光［＊5］だとか、牧《まき》野《の》周一《しゅういち》［＊6］だとか、つまり落語以外は赤く書いてある。だから落語以外に、色物があったり曲芸があったり、音曲があったり、……彩りということ、落語だけでは飽きちゃうだろうというのが前提にあったんでしょう。もちろん色物の中でも堂々と聴かせ、唸らせる芸人が幾らも出て来る訳ですけど、その色物。

　ストリップの楽屋に行ったらね、私は、

「ああ、色物の人ですか？」

　って、言われた。向こうの考えだと、我々は色物になっちゃう。キャバレーショーとかクラブのショーなんか、ストリップが主役なので、立川談志なんていって漫談をやってるから〝色物〟って言われましたけどね。

演芸場。ここで小林一三立案による「東宝名人会」が行われていた。

［＊2］十代目土橋亭里う馬……1948年～　落語家。本名帯津和夫。埼玉県出身。1967年、談志に入門。1981年真打昇進し十代目里う馬を襲名。談志一門の惣領弟子。

［＊3］黒字で書く……落語・講談以外の演目は番組表やメクリに朱色の文字で書かれるところから「色物」と呼ばれるようになったという説がある。

［＊4］八代目桂文楽（かつらぶんらく）……1892～1971年　落語家。本名並河益義。青森県出身。1908年初代桂小南に入門。1920年八代目文楽を襲名。精緻かつ優美な芸風で一時代を築き、落語界の大幹部として活躍。通称

林家正楽［＊7］……、皮肉屋の正楽といって、若い連中が嫌がっていましたよ。だけど皮肉屋というのは、逆に言うとね、皮肉でも言わないと、この状況に居られないというのはあるわな？　こんな野郎を相手にするんだから、まともにはやってらんないから皮肉を言うより他ない……。新作落語なんかも作っていて、私の家には紙切り、正楽師匠の紙切り作品の『土俵入り』だとかね、『七福神』、『柳にお化け』、みんなありますよ。

客席で客から出てきたお題を、言われたのを切るのと、自分の家で巧緻を極めて切った奴ってのとは、差が出て当たり前ですが、後者の作品が、人形町末廣［＊8］に貼ってありましたな、喫煙室のところに。

渓谷のところに橋がかかっていてね、その橋を馬子が、馬と一緒に渡っているんですよ。それが下の川に映っているというね、素晴らしいのがありましたな。その後の二代目［＊9］は、私も散々本に書いた、春日部って今は近いけど、昔は田舎だったんですよ。滅多に東京の浅草なんて来られない訳ですからね。それから、今の正楽は三代目［＊10］ですかな？　そこそこ演っているらしいんですけどね。

余談だけどね、このあいだ、私の知人がね、

「家が北千住だと、草加、越谷、千住の先というから、千住は近いんだ」

と言うからね、

「黒門町」。

［＊5］アダチ龍光（あだちりゅうこう）……１８９６～１９８２年　奇術師。本名中川一。新潟県出身。新派俳優から奇術師木村マリニーへ入門し、奇術師となる。また動物物真似もレパートリーであった。戦前は大阪吉本に所属し活躍。戦後落語協会へ入会。

［＊6］牧野周一（まきのしゅういち）……１９０５～１９７５年　活動弁士・漫談家。本名宇野圭一。宮城県出身。１９２３年に活動弁士の徳川夢声へ入門。活動弁士として活躍するが、昭和初頭に漫談家へ転向。明るく都会的な話術で人気を集めた。

［＊7］初代林家正楽（はやしやしょうらく）……１８９６～１９６６年　紙切り。本名一柳金次郎。長野県

「おい、バカなことを言うんじゃない。草加、越谷というのは、いかに遠いかというのを、北千住という遠いところより、さらに遠いという意味なんだよ。草加、越谷は千住の先だから、千住が近いっていうんじゃないんだよ」

って、言ったんですけどね、そのぐらいまでいくと北千住なんて、渥美二郎［＊11］の歌になる、歌になったって知らねえだろうけど、たまたま聴いただけで、「ああ、北千住」って面白くも何ともない。

お囃子に乗って出てきて頭下げて、こっちはガキで生意気だから、

「待ってました！『恵比寿』、『大黒』！」

なんてなことを、割と切りやすいものをお願いしてね。その初代の林家正楽、本名は一柳金次郎か。

二代目なると、我々と同じ世代だからバカにしていますからね。まして後輩ですからね。「待ってました！『ボーリングの球』！」

なんて言うんだよ。ボーリングの球だけ、切りようがねえんだよね。三角定規なんてね。当人も言っていましたけど、『闇夜のカラス』なんて言う人も居る訳なんだよね。そこで提灯咥えたカラスを切るってことなんですけどね。何と言ったらいいかな、今の切っているのと同じスタイルですよ。身体を何で揺するんだか分からない。今の奴は、「職業病です」なんて言っていますけどね。それで切って、それを電球で透

出身。元は六代目林家正蔵門下の落語家。関東大震災後紙切りに転身。名人と称された。落語作家、川柳作者としても名を残した。

［＊８］人形町末廣……東京都中央区人形町に存在した寄席。１８６７年開場。戦後は昔ながらの桟敷席を残す老舗として貴重だった。三遊亭圓生はここで定例独演会を開催した。１９７０年廃業。

［＊９］二代目林家正楽（はやしやしょうらく）……１９３５～１９９８年　紙切り。本名山崎景作。埼玉県出身。１９５４年八代目正蔵に入門。後年師匠の勧めで紙切りに転身。初代正楽から芸の手ほどきを受け、小正楽と名乗った。１９６７年二代目正楽を襲名。

かしたりなんかして見せて、それで引っ込んでくるんですよね。ごく品のいい芸というか、シンプルな芸とでもいうんですかね。

私は正楽師匠とは協会が違いますから、立花［*12］で演るときには、これは両方の協会が出ますからね。今の国立演芸場みたいなもの。そこで皆が喋っていることを、遠くから聞いたら、これは本に書いたかな？　柳朝［*13］ってね、だいぶ前に死んだ、小朝［*14］の師匠ですよね。あれと辞めた小柳枝［*15］、とん橋、そのころ柳若っていっていましたよ。柳若が、「俺は首を絞められても驚かねぇ」とか何とか言ったんでしょうね。そこで柳朝が、「じゃあ絞めてやる」って絞めているんですよ。真っ赤になって堪えてね。それを見た正楽師匠が、

「あんまり噺家のやることじゃないね」

って、言っていましたけどね。こういうエピソードみたいなものが広がっていく。これらの話は、私と同じぐらいの世代の人たちに聞いたら、そこそこあるでしょうね。歌丸［*16］なら歌丸なりに、歌六［*17］なら歌六なりにあるでしょうね。

今の時代にそういう話があるのかね？

「お前の話で、いつも持ちきりでな」

って、言うかも知れないけどね。

曲芸は、あの丸一［*18］ね。それから海老一［*19］ってのがありますね。うん、海

［＊10］1948年〜　紙切り。本名秋元真。東京出身。1966年二代目正楽に入門し、一楽と名乗る。1988年二代目小正楽を襲名。2005年三代目正楽を襲名。

［＊11］渥美二郎（あつみじろう）……1952年〜　演歌歌手。東京出身。「北千住なんて渥美二郎の歌になる」というのは、大ヒット作『夢追い酒』のレコードB面に収録された『おもいで北千住』をネタにしている。

［＊12］立花……老舗の寄席・神田立花亭。開業は幕末にさかのぼるという。明治、大正、昭和と三世代に亘って名門寄席として有名であった。戦中戦後の閉鎖期間を挟んで1949年「立花演芸場」と改名して再開場。「立花名人会」と称し、協会の垣根を越えた独自の番組を提供していた。

老一、海老蔵［＊20］、菊蔵［＊21］と、そこからは、染之助・染太郎［＊22］とかね、珍しい名前ですね、染太郎って。長田幹彦［＊23］が付けたんだって言っていましたよ。「月はおぼろに東山」の、そんなことを聞きました。

もう年中同じだ。先代の小仙［＊24］師匠、出てくると二人で掛け合い。漫才の原点みたいなもんですね。二人が出て来てお辞儀をすると、太夫の親方の小仙は、相手の小金［＊25］に向かってお礼すると、あのカタチは客席には横向きになりますね、相手にお辞儀するんですから。ところが、小金が後ろを向いてお辞儀をするんですよ。

「こらこらこら、こっちへ尻を向けるとは何だ」

と、

「お尻を向けても悪くない」

「何で？」

「先月お世話になった、後月《あとげつ》のお礼だ」

って、

「後月、……洒落てちゃいけない」

なんて言って、前を向いて、掛け合いが始まる訳ですよ。いろいろなことを言う訳ですよ。

「お金を沢山持っている、これは札ぶくれ」

［＊13］五代目春風亭柳朝（しゅんぷうていりゅうちょう）……１９２９〜１９９１年　落語家。本名大野和照。東京出身。１９５０年八代目林家正蔵に入門。１９６２年真打昇進し、五代目春風亭柳朝を襲名。歯切れのよい江戸弁を武器に大看板として活躍。談志、志ん朝、圓楽と並んで「落語四天王」と称された。

［＊14］春風亭小朝（しゅんぷうていこあさ）……１９５５年〜　落語家。本名花岡宏行。東京出身。１９７０年五代目春風亭柳朝に入門。１９８０年真打昇進。『紙入れ』『明烏』『扇の的』など、先人の口演に学びつつ、モダンなセンスを活かした落語で一時代を築く。

「あなたは札ぶくれ、おかみさんは水ぶくれ」

「バカなことを言っちゃいけない」

とか、いろいろなことを言って。

「冗談はさておいて、寝ましょうか？」

っていうのが好きでしたよ。

「『寝ましょうか？』って、寝ちゃいけない。これから働く……」

「悪事を」

「悪事を働くような、そんな正直な小仙じゃない」

「あれは悪くてやるんだ」

「その通りだ」

「殴るぞ」

「逃げるぞ」

「まあいいや、負けておこう」

「そんなことはない。……まあ、舞台は円満に仲良く」

「円満とは文字で描くと、円く満と書く」

「おや、なかなか学問がありますね」

「いや、学問どころか、懐には一文もない」


［＊15］八代目春風亭小柳枝（しゅんぷうていこりゅうし）……１９２７〜２００２年　落語家。本名西川長。東京出身。１９５２年六代目春風亭柳橋に入門。柳若、とん橋の名を経て１９６３年八代目春風亭小柳枝を襲名。実力はあったが酒乱と奇行のために売れ損ねた。１９７７年廃業。出家をして仏道に入った。門人に瀧川鯉昇。

［＊16］桂歌丸（かつらうたまる）……１９３６〜２０１８年　落語家。本名椎名巌。神奈川県出身。１９５１年五代目古今亭今輔に入門。１９６４年『笑点』のレギュラーとなり、50年近くレギュラーとして活躍。晩年は落語芸術協会会長としても名を残した。

「あら、道中欠乏して、いわゆるノーマネー」

「おや、英語だね？」

「イエス」

「何がイエスだ。さて、バチ鞠の綾取り……」

というようなもんで、三味線が入る。

「〽　竹になりたや紫竹竹、もとは尺八、中は笛……」［*26］

それでバチと鞠を綾取るってねぇ。それから咥えバチ、五階茶碗という、茶碗を積んでくヤツですね、額の上に立てたりなんかして……。

今の曲芸師見れば、ほとんど同じようなことです。輪を放ったり、ナイフですね。ナイフを放るうまい歌手が見つかったって言われてね。『マック・ザ・ナイフ』歌いながらナイフを放る。見たらね、鏡味小鉄［*27］、小鉄師匠の弟子の鉄太郎、これは後の尾藤イサオ［*28］になるんですけどね。巧いのは当たり前だみたいな話があるんですけど。

その曲芸を演りながらあいだに入れる、その言葉なんかが、その頃は毎日聞いていて飽きちゃった。今になると懐かしいね。今の仙壽郎《せんじゅろう》［*29］、小仙さんに、

「やってよ、仙壽郎さん、これ」

って、よく言うんですけどね。演ってるうちにね、犬の格好をして、「ワンワン、

［＊17］八代目都家歌六（みやこやうたろく）……１９３０〜２０１８年　落語家・演芸研究家。本名真野良夫。愛知県出身。１９５１年三代目桂三木助に入門。後に四代目三遊亭圓遊門下へ移籍。ミュージックソーの演奏や落語史、レコード研究の方面でも名を残した。

［＊18］丸一（まるいち）……太神楽「鏡味一門」の屋号。「○に一」という定紋から丸一という。かつては日本橋を拠点とする「白丸一」と築地を拠点とする「赤丸一」に分かれていた。

［＊19］海老一（えびいち）……太神楽「海老一一門」の屋号。丸一と勢力を二分した菊田家から分家してできた。中でも海老一海老蔵、鉄五郎、繁司の三兄弟は太神楽曲芸の大御所で海老一の隆盛を築いた。

ワンワン」。鞠を持ってると、鞠に向かって、

「ワンワン、ワンワン。……しばらく人間を齧らねえ」

なんていうようなことを言うんですね。

「ちんちんして、おまわり、おまわり、尻尾は？」

「ああ、尻尾は、家に忘れてきた」

と。また、チャチャンチャ、チャンチャチャチャンってお囃子が入って、『野中に立った一本杉』とかね、いろいろな表現をして、『春は三月落下の舞』みたいな、そういうようなことを言いながら演って、

「お目当てと交代いたします」

と。「お目当て」って言いましたよ。真打、お目当て。もうお目当てじゃないもんね。最後に出てくる芸人、噺家というだけですからね。


その曲芸みたいなものも、新体操を見てると、その凄さから比べると、どうにもならないんですよ。いや、凄いですよ。あのキレイな額をした、……顔もいい、スタイルもいい、あれがね、リボンを放る、あの円を、放る、受け止める。またあの、こういう瓢箪みたいなの。あれ、何ていうの？ 向こうであれを放るのね。西洋のジャグラーが演る。あれなんぞ上手く使って、あれのレベルになると寄席芸なぞ、どうにもならなくなっちゃうんじゃないか？

[＊20] 十七代目海老一海老蔵（えびいちえびぞう）……1904～1964年 太神楽曲芸師。本名笹川武三郎。東京出身。幼少の頃十六代目海老蔵に入門し、菊蔵と名乗る。戦時中に十七代目海老蔵を襲名。戦後は芸術協会に所属。娘は九代目桂文楽に嫁いだ。

[＊21] 二代目海老一菊蔵（えびいちきくぞう）……1932年～没年不詳 太神楽曲芸師。本名伊藤親利。東京出身。三代目三遊亭圓遊の息子。終戦後直後海老一海老蔵に入門。若手曲芸師として期待されたが、師匠の没後間もなく廃業した。

[＊22] 海老一染之助・染太郎（えびいちそめのすけ・そめたろう）……太神楽曲芸師。海老一染太郎（1932～2002年 本名村井正

「どうだい？　じゃあ、一つ、片っ端から落っことして、たまに一つだけ取るとウケるなんていうのは？」

　そんなバカなこと言ったことがあるんだけど。あれらをどうやって残すのか？　まあ、太神楽っていうから、お神楽を踊って、その余興に、まあ、客集めに、曲芸を見せたという歴史があるんですがね、世界が近くなっちゃったからね、やっぱりその、……ラスベガスだって出てるところへね、ムーランルージュ［＊30］だ、今、あそこのセクシーなんかなくなっちゃって、ミリオンダイルっていいましたけど。そういうところで演っていた世界の芸人たちと比べて、「どうだ？」ということになるんですよね。

　レコードに残ってます［＊31］。丸一亀造。その、先代の小仙、

「〽　親方、宗十郎［＊32］によく似てる」

「〽　ああ、そうだよ、よく見りゃ掃除屋に、よく似てる」

「ああそう、……バカなことを言うなよ」

「〽　ちょいと来て、ちょいと帰りゃ、何のことはない。もう居続けするからね、ちょいと叱られる、ああ、そいつは賛成だ」

　って、そんなような……、本当に都々逸が上手かったって、それは知らないんだよね、私。残念なことなんですけどね。

秀。東京出身）と海老一染之助（１９３４〜２０１７年　本名村井正親。東京出身）の兄弟コンビ。「おめでとうございます！」という明るい芸風と達者な曲芸で人気芸人となった。

［＊23］長田幹彦（ながたみきひこ）……１８８７〜１９６４年　作家・歌人。東京出身。１９１１年個人的な体験を綴った小説『澪』『零落』でデビュー。耽美主義の作家として人気を獲得した。後年は台本作家、作詞家としても一家を成した。『祇園小唄』『島の娘』などが代表作。

［＊24］二代目丸一小仙（まるいちこせん）……１９１８〜１９８１年　太神楽曲芸師。本名生駒弥太郎。大阪出身。７歳の時に初代小仙へ入門。「仙寿郎」と名乗る。戦後に十二代目白丸一家元を襲名。門弟に仙翁、仙之助、仙三郎などがいる。

でもその、十返舎亀造［＊33］、……後の亀造・菊次漫才になったもとは曲芸の相方、……太夫と才蔵［＊34］、才蔵にあたるのを演ってた人の録音が入っています。その音で忍ぶことは出来ますけどね。

「〽　美味い肴で酒飲んで……」

才蔵の方がね、今度は小金さんの方が、

「〽　金の百万両もね～」

今で言う「百万円もね～」と言っていましたね。

「〽　ちょいと拾いたい」

こっちが太夫が、

「〽　そいつは賛成だ」

って。今度はこっちが、

「〽　半分分けてやろう」

「〽　是非ちょうだいな」

「〽　まだ拾わない」

「〽　おや、つまらない」

って。この「おや、つまらない」って好きでしたね。

「〽　まだ拾わない」

［＊25］二代目丸一小金（まるいちこきん）……1880～1966年　太神楽曲芸師。本名石井松太郎。東京出身。元々はたぬき家金朝の芸名で「たぬきや連」という太神楽一座を率いていた。戦後、鏡味小仙とコンビを組み二代目小金を襲名。

［＊26］『竹になりたや』……端唄小唄の一つ。「竹になりたやしちく竹、元は尺八、中は笛、末はそもじの筆の軸、思い参らせ候かしく、それそれそうじゃいな」という本歌を元に数多くの替歌が作られた。寄席のお囃子や出囃子でもおなじみ。

［＊27］鏡味小鉄（かがみこてつ）……1904～1987年　太神楽曲芸師。本名鏡味多介。茨城県出身。幼名は浅沼照。1910年赤丸一宗家鏡味鉄三郎の養子となる。若い頃から土瓶や曲バチな

「〽　おや、つまらない」

「〽　やれ、お気の毒」

「何だよ、バカに景気のいい話をしてるね？」

「そう、百万円拾ったら……」

「おう、拾ったら？」

「二つにぽんと分けて、一つは私がもらって……」

「うん、後の一つは？」

「まあ、もらっちゃう」

「何だい！」

　って、なことを言ってね、そういう軽口といって、笑いからいったら本当にまあねぇ、落語のごく単純なジョーク程度のものですよね。

　それらが長年経つと、色川武大［＊35］先生も言ってたけど、あの、色川の兄ぃがですね、「寄席というのは、こよなく退屈なとこなんだ」と。「そこ行ってるうちに中毒になるんです」と。あの人は、「自分と同じ世を拗ねたというか、人生に傷を持つ……、心の不具×みたいな連中の寄ってくるところである」と。「そこでしか己の安定がなかった」と、まあ、『あちゃらかぱいッ』とか、そういった一連の本に書いてありますがね。

どの豪快な曲芸で人気があった。戦後は進駐軍慰問や海外巡業で活躍
［＊28］尾藤イサオ（びとういさお）……1943年〜　歌手。本名尾藤功男。東京出身。父は三代目松柳亭鶴枝。1953年鏡味小鉄に入門し、鏡味鉄太郎と名乗る。1960年ロカビリー歌手に転身。明るい風貌と歌声で人気を獲得した。
［＊29］鏡味仙壽郎（かがみせんじゅろう）……1940年〜　太神楽曲芸師。本名生駒次男。東京出身。1948年叔父の十二代目小仙の養子となり仙壽郎と名乗る。1993年十三代目鏡味小仙を襲名。2005年鏡味仙翁と改名。
［＊30］ムーランルージュ……フランス・パリにある1889年創業の老舗キャバレー。語義の通り、赤い風

車を設えた建造物がパリ名物。歌曲、ダンス、曲芸、コントなどをあわせた独自のショーで今なお人気がある。

［＊31］レコードに残っています……小仙・亀造の掛け合いを録音したレコードが残存。ビクターに『花籠毬の曲』、リーガルに『どんつく花籠毬の曲』がある。

［＊32］七代目澤村宗十郎（さわむらそうじゅうろう）……1875〜1949年　歌舞伎俳優。本名澤村福蔵。東京出身。四代目助高屋高助の養子。1908年七代目澤村宗十郎を襲名。鷹揚な芸風と古風な容貌で歌舞伎界の大御所として活躍。その古風な芸風は若き日の三島由紀夫が称揚した。

［＊33］十返舎亀造・菊次（じっぺんしゃかめぞう・きくじ）……漫才師。十返舎亀造（1901〜1953年　本名石橋諦治。千葉県出身）と十返舎菊次（1912〜1972年　本名山下冨美江。東京出身）のコンビ。夫婦ではない。亀造は丸一小仙の門下で丸一亀造といった。菊次は戦前夫の牧タンゴと夫婦漫才を組んでいた。1946年にコンビを結成。

［＊34］太夫と才蔵……旧来の漫才や太神楽では真面目な太夫に対して、才蔵は逸脱した会話や所作をするのが定型。才蔵の「おどけ」を扇などで諌めるのが太夫で、つまりボケ（才蔵）とツッコミ（太夫）の古態と言えよう。

［＊35］色川武大（いろかわたけひろ）……1929〜1989年　作家。東京出身。1961年に発表した小説『黒い布』が中央公論新人賞を受賞しデビュー。後年、実体験を交えた麻雀小説『麻雀放浪記』を阿佐田哲也名義で発表、広範囲な人気を集めた。1978年に『離婚』で直木賞受賞。ほかに『寄席放浪記』『狂人日記』など。

都家かつ江と鯉香

都家《みやこや》かつ江［*1］。

美空ひばり［*2］だって歌謡曲の時代でなければ、当然寄席の芸人になって、素晴らしい喉を聴かせて騒げたんでしょうね。逆にいえば、そういう凄いのが寄席に居た訳ですよ。寄席が大衆演芸のメッカですから、立花家橘之助［*3］なんという……、山田五十鈴［*4］が、『たぬき』なんていう芝居で橘之助伝を演ってますがね。演ってましたって言ってもいいかな。そういうところに出ていた芸人、……大阪の方でもミスワカナ［*5］であるとか、ミヤコ蝶々［*6］であるとか、そういう傑出した芸人がときおり出てくるんですよ。

女が一人で、または二人でもって出てきて、三味線を弾いて歌ったり踊ったりするのが、「女道楽」［*7］。妙な題だと思いますが、「女道楽」っていいましたね。最後まで演っていたのが、お鯉・人形（千家松人形・お鯉）［*8］。三味線弾いて、年がら年中言っていることは同じなんですけどね。これもまあ、レコードが残っていますから、聴くことは可能でしょう。

都家かつ江。

「（口調を真似て）都家かつ江でございます」

［＊1］都家かつ江（みやこやかつえ）……1909～1983年　漫才師・漫談家。本名利根谷タキ。東京出身。芸人一家の末娘として生まれ育つ。後年、夫の都家福丸と夫婦漫才を組んで活躍。夫の死後漫談家に転身。

［＊2］美空ひばり（みそらひばり）……1937～1989年　歌手・女優。本名加藤和枝。神奈川出身。昭和の歌姫と称された。

［＊3］立花家橘之助（たちばなやきつのすけ）……1866～1935年　音曲師。本名石田みよ。東京出身。天才芸人として人気を集め、自らの音曲を「浮世節」と称した。「女帝」の異名を取った。

［＊4］山田五十鈴（やまだいすず）……1917～2012年　女優。本名山田美津。大阪出身。父は新派俳

　何ていいますか、日本髪を結ってね、鬘を被ってね、

「(口調を真似て) 都家かつ江でございます。何も都家かつ江と断ることはないんですが、断らないと山田五十鈴と間違えられちゃうもんですから」

　ってなことを言って。

「(口調を真似て) えー、こう見えても昔は新橋でならして、新橋といっても、いささか広うございますが、私の方は千住新橋の方で……」

なんて、そんな大してウケないようなギャグを演って、それで、最初に一曲俗曲を歌います。端唄、小唄。それで今度都々逸[*9]。大した都々逸、演ってなかったなぁ。

「カッタカッタの音がする」

「下駄の音だよ」

　って、くだらないのを、覚えていますがね。元々漫才師ですから、福丸・香津代[*10]って。漫才の夫が亡くなって一人で演ったと、こういうことですね。その間に娘を福丸にしたてて[*11]、二人で演ったことも覚えてます。

「最後に……」なんて言って、『鴨緑江節』[*12]を唄う。一人で演る場合もあって、娘と演ったときもありました。

「〽　おつかいに……」


優の山田九州男。1930年映画女優としてデビュー。戦前戦後にかけて銀幕スターとして一時代を築いた。

[＊5] ミスワカナ……1910～1946年　漫才師。本名河本杉子。鳥取県出身。9歳で漫才師の二代目河内家芳春に入門、河内家小芳と名乗る。後年、玉松一郎と結婚し、夫婦漫才「ワカナ・一郎」を結成。

[＊6] ミヤコ蝶々(みやこちょうちょう)……1920～2000年　漫才師・女優。本名日向鈴子。東京出身。1927年デビュー。1942年大阪吉本へ入社。同年三遊亭柳枝と結婚し夫婦漫才を結成。1947年に柳枝と離婚し、コンビを解消。玉松一郎とのコンビを経て、1948年弟子の南都雄二と夫婦漫才を結

「あら、どちらへ」

「〽　酒と醤油と、酢も買いに～」

「魚は何なの？」

「〽　鯛の塩焼きに、おや、マグロの刺身～」

「誰か来る」

「〽　ウチの姉さんのね、あの、男《これ》が来てねぇ、今夜は～」

「帰るんですかぁ？」

「〽　泊まって、明日帰る～」

「滅多に来ないんでしょう？」

「〽　いや、チョイチョイ」

　これもサゲに使ってたり、低能節。……今考えると、バカバカしいって言ったって、

「〽　ところてんを売りに行ったら、売り名を忘れ、ガラスで出来た拍子木《ひょうしぎ》なんぞはいりませんかいな。あれおれさー、どっこいさ、おや、低能、低能」

　染之助、染太郎さんが、よく演ってましたですけどね。そんなバカバカしい歌を唄ってね、最後に、

「〽　かつ江を売りにやったら、売り名を忘れ、山田五十鈴の妹なんぞはいりませ

成。関西を代表する漫才師となった。

[＊7]「女道楽」……演芸の一種。2人から6人ほどの女性芸人が高座で楽器演奏や舞踊、滑稽な大喜利を演じる。女道楽グループは「○○連」と名乗ることが多かった。

[＊8]千家松人形・お鯉（ちかまつにんぎょう・おこい）……女道楽。千家松人形（1907～1982年　本名石川ふく。福岡県出身）と千家松お鯉（1910～1979年　本名須田浜子。長野県出身）のコンビ。人形は戦前博次という相方と共に「博多家連」を率いて活躍。お鯉も元芸妓で「滝の家連」の出身。1959年コンビ結成。芸術協会に所属した。

んかいな。えりゃこらせ、どっこいせ、あら、低能、低能」

って。

でね、よく圓歌師匠［＊13］がトリをとってね、……踊るの。膝代わりと言って、一つ前に上がる芸人。それがかつ江さんだと、かつ江さんがそこでサービスというか、圓歌師匠の踊りに横で三味線を弾いてね。言っちゃ悪いけど、ひどい三味線だ。内海桂子・好江［＊14］よりは、遥かに良いけどね。あれは酷いね。あいつ、怒鳴り込んでくるかもね、こんなことを聞くと……。

それでね、今の桂子さん、「桂子さん」と言う程のもんじゃないな。あれが上野のどこかでバーをやってたんだよ。『桂子』というバーをね。そこへ高安留吉のね、さん馬師匠、後の文治［＊15］ですね。これが行ったらしいんだよね。

それで顔を見てね、

「（口調を真似て）あんたにそっくりの漫才の女が居るよ」

って、言うの。

「（口調を真似て）あんただね、同じね、そっくりのね、あんまりいい女じゃねえけどね。アッハッハッハそれは寄席に漫才で出ている奴」

って、言うんだよ。向こうは向こうで、「私が桂子だよ」とは言わねえんだ。野暮になっちゃうから。

［＊9］都々逸……俗曲の定形の一つ。「7・7・7・5」の言葉によって構成される。

［＊10］都家福丸（みやこやふくまる）。1904～1947年　漫才師。本名利根谷福四郎。東京出身。都家かつ江の夫で相方。元々は旅役者であったが、1927年にかつ江と結婚し夫婦漫才「福丸・香津代」を結成。

［＊11］娘を福丸にしたて……二代目都家福丸（1936～2016年　本名矢崎富美子）は、かつ江と福丸の娘。父亡き後、二代目福丸を襲名したが数年で引退した。

［＊12］鴨緑江節（おうりょっこうぶし）……大正年間に流行った俗曲。朝鮮と中国の国境にある鴨緑江の風景をうたったもの。数多くの替歌が作られた。

　それで翌日楽屋に行って、また出番一緒なんだって。それで今度は本物の、まあ、両方本物ですけどね。今度は芸人の桂子さんに、

「(口調を真似て) あのね、昨日上野に行ってね、バーに行ったら、あんたと同じような顔をしたね、拙い女……、いや、とにかく」

って、

「両方に喋っているのを横で聞いていて、何と言っていいか分からない」

って、好江ちゃんがそう言ってましたけどね。凄い話だね、どうでもいいけどね

「(口調を真似て) アッハッハ、あんたと同じようなね、拙い面をしたね、芸人がいてね」

　そんなようなね、「あんたが拙い」って言ったかどうか……、そういう話がありますがね。

　話を戻すと、圓歌師匠がトリの噺のあとに踊りを見せる。

　そこにかつ江が三味線で出る。

「では、一つ、踊りを踊ってサービスを。じゃあ、『春雨』[＊16] を……」

で、踊りを忘れたときは、この扇を操ってね。

「踊りながら喋れるもんではない。喋ったからといって、踊りの手に狂いが来ないところを見ると、名人の素質ではないか？」

［＊13］二代目三遊亭圓歌……1890～1964年　落語家。本名、田中利助。新潟県出身。素人落語家を経て1914年初代三遊亭圓歌に入門。1934年二代目圓歌を襲名。吃音と越後訛りを克服し、時代にマッチした落語で人気を博した。

［＊14］内海桂子・好江……漫才師。内海桂子（1922～2020年　本名安藤良子。千葉県出身）と内海好江（1936～1997年　本名奥田好江。東京出身）の女性コンビ。1950年コンビ結成。明るく達者な三味線漫才を看板に東京漫才のスターとして活躍。東京漫才の歴史に大きな足跡を残した。

［＊15］九代目桂文治（かつらぶんじ）……1892～1978年　落語家。本名

なんて下りて来る。そのときに内容は忘れましたけど、かつ江が圓歌師匠に対してもの凄いことを言うんだ。とにかく圓歌師匠の痛いところを全部突いていっちゃう。元漫才師ですからね。

圓歌師匠が踊る。ありとあらゆる痛いことを突くからしまいに、

「おい、母ちゃん、参ったよって……」

てね、都家さんが立ち上がってるところに圓歌師匠が、「参った」というていで、へなへなと座って、帯のところに掴まると、

「この野郎、帯のところを掴まりゃ、タレんところへ顔が来るだろう！　そうは行かねえ！」

って、凄いね。タレんところへ、つまり、オマ……それで場内ひっくり返しちゃうっていう。

楽屋でもね、みんなに可愛がられた。つまり紅一点、アイドル。檜山さくら［*17］さんになるとおとなしいから、かつ江《こっち》は元漫才でおきゃんだ。本当におきゃんね。俠客の俠、おきゃんな江戸の娘。もういいお歳ですけどね。

「お前さんね、今日はお前さんの亭主の十三回忌だろう。もういいから話すけどね、実は脇に女がいてね……」

「ちっとも知らなかった！　家に帰ったら仏壇めちゃくちゃにしてやる」

高安留吉。東京出身。１９１５年四代目橘家圓蔵に入門。１９３８年九代目翁家さん馬を襲名。１９６０年九代目桂文治を襲名。通称「留さん文治」。

［＊16］春雨……端唄小唄の一つ。「春雨にしっぽり濡るる鶯の羽風に匂う梅が香や」という歌詞が有名で、様々な替歌も存在する。

［＊17］檜山さくら（ひやまさくら）……１９２５〜２００７年　音曲師。本名荒木ウメ子。東京出身。１９４１年に女道楽の大津お萬へ入門。戦後、レコード歌手を経て、落語芸術協会に入会。

［＊18］都家かつ江の碑……文京区小日向の海蔵寺に「都家かつ江之碑」と称した碑が立つ。

って、ウワーッて周りがウケたりなんかする。アイドルだったんですね。それが段々居なくなって、……せいぜい私ぐらいかな、

「ねえ、お師匠さんね、あの、こうこうこうでね」

って言う。

「ああ、あんただけだよ」

って、言ったか言わないか、そんな思いがあります。

私が根津、……あそこのね坂の町のところにね、ちょうど日本医科大の上に上がっていったところに、ふっと、私は寺なんかに入るのが好きですから入っていったら、都家かつ江の碑［*18］ってのがありますよ。「ほぉ」と思ってね。

だけど芸でやってると、……もっとも音曲なんかそんなウケる芸じゃないんです。そこへいくと鯉香［*19］さんという人は、お鯉・鯉香ってやってたんですが、達者ですけど下品な芸でね。「よく言うね、お前が下品なんて」、俺は別に下品じゃないですよ、乱暴ではあるけれど、それでね、まあ、ウケなきゃならないっていうんでね、それがために鯉香さんは片っ端からやらせ始めたんだな。そういう噂が立っていたよ、皆に。その、かかせちゃう。

それでね、昔の淀橋さんの話を思い出したな。淀橋太郎［*20］先生いわく、喜劇の世界には、〝おさせ〟というのが、いるんだってね。誰でもさせてくれるの。非常

［＊19］滝の家鯉香（たきのやこいか）……1916〜没年不詳　本名佐々木敏子。音曲師・漫談家。茅ケ崎の芸者を経て「滝の家連」に加入。同僚の滝の家お鯉とコンビを組んだ。1952年頃にコンビを解消し三味線漫談に転身。

［＊20］淀橋太郎（よどばしたろう）……1907〜1994年　台本作家・演出家。本名臼井一男。東京出身。戦前より浅草喜劇やレビューの執筆、演出に従事。

に、心優しい乙女。……乙女というか、女性ですな。誰でもさせちゃうの。それに惚れた奴が居たって言うんだよ。ちょっとおとなしい男で。それで間に入って話をして、淀橋さんだか、誰か話をしてあげて、「今晩ここで、こうこうなって、こういうふうにしなさいよ」って。彼は行ったのよ。ところが来ないんだ、そこへ。

彼は、その、おさせ、誰でもＯＫしてくれるのにまで嫌われたんじゃ、もうって、沈んじゃったらしいよ。淀橋さんが女に言ったらしいよ。

「おい、どうして行かなかったの」

って、言ったら、

「魔が差したのね」

って、言ったって話があるんだけどね。いい話なんだけど、あの、鯉香さんのこんな話、しちゃいけねぇかな。旦那はね、もういいお歳、小さな新聞社の社長だった。もともとは羽振りが良かったんだけど、それが最後はもう、老いさらばえて、鞄持って鯉香さんに踊らされて、「あっち行け」なんて言われて、マゾヒスティックな部分があったのかも知れないけど。そこで台本を書いて、それを鯉香さんがやっていた。そりゃ、ひどかった。『ズッキン節』なんて出てくると。……今、覚えてるのはね、

「〽　指の手加減、穴へと入れりゃ、どっと出る出る、どっと出る出る、パチンコ

［＊21］『ノンキ節』……流行歌。１９１８年頃、演歌師の添田唖蝉坊が発表した曲を源流とする。関東大震災後、風刺ソングとして大ヒットを記録した。「ハハノンキだね」と締める。

［＊22］石田一松（いしだいちまつ）……演歌師・作曲家・政治家。１９０２〜１９５６年 広島県出身。法政大学予科在学中に演歌師としてデビュー。１９３２年吉本に入社。痛烈な風刺をこめた『ノンキ節』で一世を風靡した。

ね」

　って。そういう手はあったんですよ、昔から。

「下りて間もなく、すぐ乗りたがる、休む間もない三輪車」

とか、そういうような手はあるけど、それにしてもね、下品でしたな。でも鯉香さんの高座はウケました。ネタが分かり易くてね。老いさらばえたとはいえ、元新聞記者の旦那ですからね、ウケるネタ、書き方をちゃんと心得ていたんでしょうね。

　例えば、昔演った東京駅から大阪まで、全部駅名を、新橋、品川、川崎、横浜ですから、ワーッとやって、

「着いた途端に目が覚めた」

　とかいう、『ノンキ節』［*21］を売り物にしてましたね。

「〽　ハハ、呑気だね、チンチキ、チンチキ」

だけど我々は石田一松［*22］でもって思い出があるからね。ノンキ節、

「つるる、つるるー、るーりり、るーりりり」

　ってあるから、ずいぶん違和感がありましたけど、……寄席ではずいぶんウケてましたですね。その鯉香、お鯉・鯉香が分かれて鯉香一人になってそのあと人形・お鯉という。それはもう達者な。それはもう見事な最後の女道楽の芸人と言ってもいいんじゃないでしょうか。


［＊23］吉川潮（よしかわうしお）……１９４８年～作家・演芸評論家。茨城県出身。立教大学卒業後、ライターと放送作家として活躍。20代の頃から談志と交友を深め、長らく立川流顧問として活躍。

［＊24］柳家小菊（やなぎやこぎく）……音曲師。本名吉川京子。東京出身。吉川潮の妻でもある。１９７３年に柳家紫朝に入門。

でも今は、吉川潮［*23］の女房の小菊［*24］だとか、そういうちょっと品は落ちるけど、小圓歌［*25］なんて、まあ、演ってるといいますかね、……寄席に欲しいですね。私は寄席に関係ないけど、一観客として見たら、ちょっとキレイな子が出てきて、ちょっと三味線弾いて、

「〽　夕暮れを直して高砂や　波に遥かに沖景色……」

　みたいなことを歌って、

「じゃあ、都々逸を……」

　と言ってね、都々逸を唄って、立ち上がって踊るとかっていう、そういう寄席の芸人もいたら、私の「ひとり会」の前（膝代わり）に使いたいなと、思ってるぐらいです。

西川たつ

　女芸人では、何といっても、レベルというか、位とでもいうか、高かったのは西川たつ［*1］さんでしょうね。常磐津の太夫で式多津改め、西川たつとなって、寄席に出てきて唄って、都々逸演って、最後に曲弾きを演ってね。『たぬき』、山田五十鈴が、『たぬき』を弾きますが、立花家橘之助の売り物だった『たぬき』を、見事に

［＊25］三遊亭小圓歌（さんゆうていこえんか）。1960年〜　音曲師。本名茂木康子。東京出身。1980年三代目三遊亭圓歌に入門。三遊亭あす歌の名前でデビュー。1992年、三遊亭小圓歌と改名。2017年二代目立花家橘之助を襲名。

［＊1］」西川たつ（にしかわたつ）……1895〜1959年　音曲師。東京出身。幼い頃から常磐津や舞踊を仕込まれ、岸沢式多津の名前で寄席に出演。達者な音曲と可憐な風貌で人気を獲得。1920年頃に引退したが、戦後久保田万太郎や文化人の尽力で寄席に復帰。

弾いてましたね。

『櫓太鼓』［*2］。『櫓太鼓』は橘之助よりも宝集家金之助［*3］の方が上手いな。レコードに残ってますから、……聴くと、上手いもんですよ。三味線一丁でね。金語楼師匠［*4］に聞いたら、

「あー、おい、金坊、稽古においで」

って、言って、破れた三味線で、ちゃんと弾いちゃうのを見たと。

西川さんの都々逸がね、ぶっきらぼうで面白くなかったですね。こっちが芸を分からなかったせいもあるんでしょうけどね。（口三味線）チャンチャン、チャカチャン。……まあ、ふざけた都々逸を唄いますね。

「〜　忍ばずの池の周りを自転車で、ぐるぐるぐるぐる、ぐるぐるぐるぐる、ぐるぐるぐる、ぐるぐるぐるぐる、回って草臥《くたび》れた」

まあ、そうやって笑わせるなんていうんだけど、品が良くて、名花で売った訳ですからね、可憐な花一輪で……。それで圓生師匠［*5］とできる訳です。私は西川さんがね、

「あの人だけは、見損なった」

と言ったの、聞いたことがある。あの人って、……圓生師匠のことを。

まあ、どんなことがあったか知らないけど、「あの人だけは、見損なった」って言

［＊2］『櫓太鼓』……音曲の一つ。元は義太夫の『関取千両幟』に登場する曲弾き。宝集家金之助はこの曲を十八番にした。

［＊3］宝集家金之助（ほうしゅうやきんのすけ）……１８６０～１９２８年頃　音曲師。本名笹川たみ。江戸出身。幼くして常磐津の宝集家金蔵に入門し諸芸を叩きこまれた。明治初年より寄席へ出勤し、天才的な三味線さばきと美貌で人気を獲得。明治20年代に大阪へ行くまで橘之助と人気を競い合った。

［＊4］柳家金語楼（やなぎやきんごろう）……１９０１～１９７２年　落語家・喜劇俳優。本名山下敬太郎。東京出身。１９０７年二代目三遊亭金馬に入門しデビュー。のち、初代柳家三語楼門下で金語楼を名乗る。兵

いました。それでも『たぬき』［＊6］なんかは……、『たぬき』という長い物語なんですよね。

「〽 たぬき囃子で……」

と言ったら、たぬき囃子が、チャカチャンチャカチャンと入ったりね。

「おや、源さん、どこへ？」

「穴っぱいりだい」

という台詞があったり、吉原風景がちょっとあったり、いろいろなのが入ってきて、そこで、「〽 夢の枕じゃい」

チャカチャン、チャカチャンって弾いてたら、圓生師匠がすっ飛んできて、バーンと前座のバチを取ってね、トントトンって、圓生師匠が打っていましたよ。「やっぱり、昔どうのという……」のが、ふっと、ガキ心にね、……そんな思いが頭の中に、フッとよぎったことがありました。

もちろん、一般のお客にはウケません。まあ、ウケなくても、色物だから、……何て言いますかね、インターミッションみたいな、休憩みたいな感じで受け止めてる人も居たけどもね、そういう品のいい芸をね、出しましたよね。

逆に漫才で笙子・美智子［＊7］。美智子ってのは、のちの小さん師匠の……、あわわわ［＊8］、南無妙法蓮華経……。まあ、ちょっと可愛いっちゃ、可愛いけど、……

隊生活の悲喜劇を描いた落語『落語家の兵隊』で一世を風靡した。晩年まで舞台、映画、司会者、新作落語作家と第一線で活躍した。

［＊5］六代目三遊亭圓生（さんゆうていえんしょう）……1900〜1979年　落語家。本名山崎松尾。大阪出身。1909年四代目橘家圓蔵へ入門。1941年六代目三遊亭圓生を襲名。文楽、志ん生に並ぶ名人の地位を得た。

［＊6］『たぬき』……長唄の『昔噺狸』を立花家橘之助が独自の手を加えて練り上げた曲。橘之助の当たり芸と称される。

［＊7］大江笙子・京美智子（おおえしょうこ・きょうみちこ）……漫才師。大江笙子（1909〜1984年　本名松沢はつ子。東京出身）と

かーばーで……、とにかく、ただアコーディオンで歌を一曲しか歌わないの。『お俊《しゅん》恋唄《こいうた》』ね。榎本美佐江［＊9］、もっと前は誰か違うのを歌ってました。

　笙子、これ、圓歌師匠が連れて来ちゃったんですね。今のバカ圓歌［＊10］じゃなくて、先代の吃音の圓歌ね。それで、

「(口調を真似て) かかかかか、こここここ、ききき、君の、は、話は、早すぎ、きき」

　これが舞台に出ると、

「(口調を真似て) 圓歌でございます！　平家十万の大群を見下ろして義経《よしつね》が……、一ノ谷は緑なりき！」

「(口調を真似て) リリリリリ、ちょっと呼び出し電話よ」

　って、この圓歌になるんですね。まあ、この話はこっちに置いておいて。

　それで、ゴリラの真似するだけなんですけどね、染団治［＊11］さんみたいな。圓生師匠は、嫌がりましてね。そういうのを協会に入れたというのはね。別の角度からいえばドサで回れば強いみたいなものは、あるんだろうけどね。西川さんみたいな品のいい、ああいうものは、テレビの世界でも、どこでも育たなくなりましたね。だから本に書いたけど、ウチの女房が、たまたまテレビを見て、春野百合子［＊12］を見て、

「一日テレビを見てたら、この人が一番素敵だった」

京美智子（1929〜1997年　本名井上巳代子。東京出身）の姉妹コンビ。コンビ結成は1943年頃。戦後に落語協会へ入会。華やかな音曲漫才で人気を集めた。

［＊8］小さん師匠の、あわわ……京美智子は晩年五代目小さんの運転手をやっており、公私にわたって小さんと仲が良かった。

［＊9］榎本美佐江（えのもとみさえ）……1924〜1998年　本名榎本ミサエ。埼玉県出身。元々は芸者見習いであったが1946年歌手としてデビュー。

［＊10］三代目三遊亭圓歌（さんゆうていえんか）……1929〜2017年　落語家・タレント。本名中沢信夫。東京出身。1945年二代目圓歌に入門。1949

と。そうなんですよ、春野さんね。

そういうような視線で見てくる。だからテレビに出ると、みんなダメになっちゃうでしょう。あの、ユン・ソナ［*13］なんて、やっぱり日本人と違って、あっちの独特の品のいい顔をしてましたですよ。それがこっちに来ると、見る見る俗な顔になっちゃうんですね。日本人のテレビ面になるのかね。だから「東宝名人会」［*14］なんか、秦豊吉［*15］さんがやってて、必ず地唄舞を入れて、地唄舞ほど東宝名人会に合うものはないと、こう言いきっていました。それは品ということか。

私は地唄舞の良さなんて分かりませんけどね、「地唄舞は、美人でなきゃいけない」と、たつさんも言ってました。

話を寄席の色物、西川たつに戻すと、……最期に、

「三味線、三味線……」

と言って、人形町の高座でこと切れたという芸人らしい幕切れと……。

だけど私は、

「舞台で死ねれば最高ですなんてよく言うけど、冗談言うなよ、こんな汚いところで誰が死にたいか？」

って、言ってね。余談だけどね。池袋演芸場なんかに出ると、

「よく来るね、こんな汚いところへな。来たということを、今度は大事にしよう

年三遊亭歌奴を襲名。二つ目時代よりタレントとしても活躍。

［＊11］林家染團治（はやしやそめだんじ）……1894年〜没年不詳　漫才師。本名辻卯三郎。大阪出身。元は二代目林家染丸門下の落語家であったが、関東大震災後に漫才へ転身。ゴリラの物真似を演じるのが十八番で「ゴリラの染團治」の異名があった。

［＊12］二代目春野百合子（はるのゆりこ）……1927〜2016年　浪曲師。本名佐伯昌。大阪出身。二代目吉田奈良丸（のち大和之丞）と初代春野百合子との娘として誕生。1948年二代目を襲名してデビュー。美声と品のある高座、高い表現力を元に、江戸文芸や近松作品などを題材にした文芸浪曲を開拓。

な。だから、ラジオ体操みたいに、スタンプ帳を用意して、ずっと十日間来た奴に押してやるから、

『俺は、この池袋演芸場という汚ねえところへ、十日間談志を聴きに通ったんだ』

と。今にこれが勲章になるからな」

なかには、

「俺なんぞは、こん平［＊16］で十日通った」

なんて、こっちの方が偉くなったりなんかしてね。

一人芸のさん八《ぱち》［＊17］なんて人が居ました。お婆さん。お婆さんっていったって、六十代かな。俗曲を唄ってましたよ。その人が唄ってくれたんで、『ほこりたたき』、『金来節』なんか覚えられたんですよ。

「〽　すり鉢を　伏せて眺めりゃ　三国一の　味噌を駿河の　富士の山　キビスガンガン　イガイ　ドンス　キンモクネンスノ　スクネッポ　スッチャン　マンマン　カンマンカイノ　オッペラポーの金来来　そうじゃおまへんか　アホらしいじゃおまへんか　チャカチャンチャン、スチャラカチャンチャン、浦里が　忍び泣きすりゃ　みどりも共に　もらい泣きする　明烏　キビス　ガンガン　イガイ　ドンス　キンモクネンスノ　スクネッポ　スッチャン　マンマン　カンマンカイノ　オ

［＊13］ユン・ソナ……１９７５年〜　女優・タレント。韓国出身。１９９４年に韓国でデビュー。２０００年に来日。

［＊14］「東宝名人会」……１９３４年から２００５年まで開催されていた公演。戦前の公演ではたびたび舞踊や邦楽の芸人が出演した。

［＊15］秦豊吉（はたとよきち）……１８９２〜１９５６年　興行師・作家。東京出身。「東宝名人会」「額縁ショー」「帝劇ミュージカルス」などを実現し名興行師とうたわれた。

［＊16］林家こん平（はやしやこんぺい）……１９４３〜２０２０年　落語家。本名笠井光男。新潟県出身。１９５８年初代林家三平に入門。明るい人柄と愛嬌のある芸風が売りでタレントとしても活躍。

ッペラポーの金来来　おや　そうじゃおまへんか　アホらしいじゃおまへんか［*18］」。

例えば私の友人でダンディ立川［*19］という、本名を賀部というんだけど、これは古い友人で、私に全部悪いことを教えたんですね。会うと、この歌を唄うんですよ。

「賀部ちゃん、これ一ついこう」

って。これを高座に持ち込んだのは、おそらく、さん八という古い女芸人だと思うんですよ。小半治［*20］さんも唄っていないし……。そういうところがあるんですね。やっぱり共通の思い出、「あのころ缶けりで遊んだな」とか、「『ずいずいずっころばし』をやりましたね」とかという、「一列談判破裂して［*21］、日露戦争が始まった」という、それは一般的だったけど、もっと一般的でない遊びもあったと思うんです。

寄席でそういうのを覚えると共通の価値観といいますかね……、楽しみが生まれる。この人は、前座二つ目の後ぐらいにいつも上がっていた。そういう人が居ましたですよ。

圓生師匠は『明治の寄席芸人』か、思い出の中に、知ってる限りの人を書いていた。私もね、どこかでその人たちのことを書いてたり喋っておいてあげたい、……それは何なんだろうな？　寄席ファンの心情か？　知らない人にとっては何だか分

［＊17］柳家さん八（やなぎやさんぱち）。生没年不詳　音曲師。本名沢田さき。昭和20年代から30年代にかけて寄席に出演していた女芸人。詳しい経歴は不明。

［＊18］すり鉢を伏せて眺めりゃ……俗曲『金来節』の歌詞。

［＊19］ダンディ立川（だんでぃたてかわ）……1928年～　本名賀部能章。東京出身。声帯模写・漫談家。

［＊20］柳家小半治（やなぎやこはんじ）……1898～1959年　音曲師。本名田代藤太郎。東京出身。養父は浪曲の浪花亭峰吉。1919年頃三代目柳家小さんに入門。小半治と名乗って寄席に出るようになった。粋で愛嬌のある音曲で人気を獲得。

からない、でも、どの世界にでも居ると思うんだ。歌謡曲の世界でもね、プロ野球の世界でも。

去年でしたよ。亡くなった私の友人の、浅草の『大木』というところのマスターというか、おやじの松浦謙助さん。俺のことを師匠って、

「師匠ね、こないだ一言《ひとこと》多《た》十《じゅう》［＊22］に電話していたんですよ」

なんて。

「（場内アナウンスの口調）一番センター一言」

セネタースですよ。のちのフライヤーズ［＊23］ですよね。そこで、

「一言ねぇ」

とか、

「下社《しもやしろ》がね」［＊24］

という話をね、……アメリカではそういう思い出話をするというんですね。つまり、「あのときの監督が誰でね、確かあの映画のタイトル・デザインはね、ソウル・バスがやって……」とか、そういうのと同じような部分かも知れませんですけどね。言い訳はともかく。

ぴん助・美代鶴［＊25］。あの人のことを話してると、きりがないバカバカしいって。本名は長田何某《なにがし》っていうんだよ。長田忠致［＊26］の子孫だって威張ってるの。長

［＊21］一列談判破裂して……日露戦争の折に流行した手毬唄。

［＊22］一言多十……１９２１～２０１０年　プロ野球選手。静岡県出身。大学野球の花形として人気を集めた。戦後設立されたセネタースに加入。１９５０年引退。

［＊23］のちのフライヤーズ……現在の日本ハムファイターズ。

［＊24］下社邦男（しもやしろくにお）……１９２３～没年不詳　野球選手。愛知県出身。１９４３年阪急軍へ入団。戦争を経て１９４８年金星スターズに移籍するも同年引退。

［＊25］桜川ぴん助・美代鶴（さくらがわぴんすけ・みよづる）。漫才師。桜川ぴん助（１８９７～１９８７年　本名長田兼太郎。神奈川県出身）と桜川美代鶴（１９１

田忠致って焼き討ちしたやつで、裏切ったんですよ。義朝［＊27］を殺す訳ですから、風呂場で。川柳に、

「睾丸を摑め、摑めと長田下知」

って、上手いね。風呂場の焼き討ちだから睾丸って、それが自慢なんだよね。……いや、苦労話やなんかも聞きましたな。以前は幇間《たいこもち》をやっていた。「床の間の松へぶら下がれ」って旦那が言うんだって、植木の。ぶら下がらないとしくじっちゃうの、旦那。ぶら下がれば、店をしくじっちゃうという、……「しょうがない」とかね。

紋付き袴で正月。旦那のところに挨拶に行ったらね、「一緒に出掛けよう」って、出掛けてるうちに、土の中から出したみたいな大きな土管が……、知っているでしょう、ドカーンというのね。あれが並んでいるんだってさ。

「おい、ぴん公、これをくぐれ」

って、言うんだ。くぐりゃあね、泥だらけになっちゃうと。

「大将一つ、襷だけは」

「いい」って。それで襷をかけてもぐったら、途中で底が抜けてねえのがあるんだってさ。だから、行き止まりですよ。「もう、家に入って来い」っていうから、上がったら、松坂屋から……、名古屋の話ですからね、仕立てた紋付きが届いてたとか、そんな遊びをね、

３～１９９９年　本名長田高子。愛知県出身）の夫婦漫才。ぴん助は幇間、美代鶴は芸妓の出身。戦時中に漫才師となる。戦後上京し芸術協会に所属。

［＊26］長田忠致（おさだただむね）……平安末期の武将。生年不詳～１１９０年？　尾張国を拠点とし平家方に参入。平治の乱で破れた源義朝を助けるふりをして殺害した。

［＊27］義朝……源義朝（みなもとのよしとも）。１１２３～１１６０年　平安末期の武将。源頼朝と義経兄弟の父。

「幇間をやっていられりゃあ、漫才なんぞなりたくねえ」

って、言ってましたけどね。

幇間のぴん助が、美代鶴という名古屋の売れっ子の芸者とできて居られなくなって、東京に来て漫才になるんですが、はじめて聴いたときに、なんか青臭くてね、面白くなかった。楽屋では、……何ていいますか、バカバカしくて人気者でね。……ヒロポン打ってんですよ、今でいう覚醒剤。

「妙法蓮華経、南無妙法蓮華経、南無妙法蓮華経」

拝みながら打つもんじゃないと思ったけどね。それで旅先でね、女中のね、アレに打ったらしいんだ。それで、

「おい、ぴんさん、そういうことをするんじゃないよ、お前は」

ってなことをね。「大丈夫かね?」って、ぴんさんは心配になって朝行ったらね、その女中が働きに働いて、

「はい！　はい、荷物！　ワァーッ！」

って、あれ、興奮して働くようになっちゃう。とにかくありとあらゆるぴん助さんの話というのは、楽屋の大笑いの源になってましたけどね、舞台へ出てくるとね、こういう喋り方なんですよ。

「(口調を真似て)大きな声では歌いません！　表を通る人が、タダで聴いちゃうか

ら」

「(口調を真似て) 何言ってんの」

「(口調を真似て) いや、この僕の踊りはバレエを……」

「あら、バレエってのは、どこの?」

「海外とか、ちょっとしたところ」

「凄いわね」

「そら驚いた、朝鮮で覚えただけなんだから……」

「(口調を真似て) 僕の師匠がオリガ・サファイア[*28]。先生の名前がサファイヤで、僕の財布が寒いや」

「何言っているのよ」

ってなことを言ってね。だから三平さん[*29]が、

「表に通る人はタダで聴いちゃうから、ダメですよぉ〜、大きな声でぇ」

って、あれ、元はぴん助さんのネタなの。

「(口調を真似て) じゃあ、一つ踊りを踊って……」

カッポレなんか踊ってね、かみさんは側に座って、三味線弾いてね、最後にね、どういう訳だか、はたきを持ってくるんだよ。はたきではたいて、

「何を持ってるのよ? こんなところで……」

[＊28] オリガ・サファイア……1907〜1981年 バレエダンサー。ロシア出身。1936年来日。戦前は日劇ダンシングチームのバレエ講師、戦後は個人でダンス教室を開校。

[＊29] 初代林家三平(はやしやさんぺい)……1925〜1980年 本名海老名榮三郎(後に泰一郎)。東京出身。七代目林家正蔵の長男として誕生。1946年父に入門し林家甘蔵。後に林家三平と改名。1958年真打昇進。明るく華やかな芸風と独特の愛嬌で「昭和の爆笑王」と称された。

[＊30] 二代目桜川ぴん助(さくらがわぴんすけ)……1948年〜 舞踊家。本名長田芳子。東京出身。ぴん助・美代鶴の娘。共立女子短大卒業後、かっぽれ道場の

って、はたきを取ると、またこっちから出すんだよ。三本も四本も出してね、
「何本持ってるの？」
って、言うと羽織の下の、袴回りのその下のところに七、八本ぶら下がっていてね。……私はそういうの好きでね。最後に、
「じゃあ、こんなものはいらないから、皆さんに……」
って、言うんで、袴をこう、丸めて、「投げますから」って言って、ぴゅんと投げておいて、ヒモの先持って、ピュッて引っ張ったりなんかしてね、くだらないことを演ってました。

その娘さんが、どこかに居なくなって帰って来るんです。その娘さんがかっぽれの、今、総元締めみたいになって、ぴん助の名を継いで[＊30]、噺家連中は教わっているんじゃないのかな……。

私はぴん助さんに、旦那を紹介してもらって、よくお供して歩きましたね。最後には枯れて、何とも言えない芸で……。幇間のあれ、エテ公。猿になって踊るかっぽれなんか、抜群でしたね。猿は三木のり平さん[＊31]が上手かった。のり平さんの座敷踊り、森繁さん[＊32]のエロ話、ひばりのエロ唄、この三つが絶品だという。あとの二つは聴いてないんですよね。

それでまあ、最初のうちは、まだまだそんなに（寄席の出番の）深いところへ上が

師範として活躍。1985年二代目桜川ぴん助を襲名し家元を名乗る。

[＊31] 三平のり平（みきのりへい）……1924～1999年　喜劇役者・俳優。本名田沼則子。東京出身。戦時中新劇役者としてデビュー。「不世出の喜劇役者」と称される。戦時中新劇俳優としてデビュー。戦後、三木トリロー・グループに参加しコメディ演技で頭角をあらわす。舞台やテレビ『若い季節』、映画『社長シリーズ』などで活躍。

[＊32] 森繁久彌（もりしげひさや）……1913～2009年　俳優・歌手。大阪出身。国民的俳優として慕われた。

ってないですけど、段々……、今は深いも浅いもない。昔は、一本出番が変わることによってプライドを傷つけられるので、「冗談じゃない」と。一本深く上がるというのは、大変なことだったんですよ。今は平気で、どがちゃがで、プライドも何もないんだからね。プライドって、……そこのプライドばかりじゃなくて、……何ていいますか、寄席の資格とでもいうのかな。そういったものがないですからね。

百面相

私が前座の頃の仕事というのは、師匠が入って来ると下駄を棚に上げる、コートを脱がす、お茶を出す。給金を渡す。給金は一日おきですけどね。落語家だとネタ帳を出して、「次、どうぞ」、誰かに「お願いします」って、……正蔵師匠［*1］に怒られてたよ。

「お願いされる覚えはねえ、おめえに」

って。

「じゃあ、何と言えばいいんですか?」

って。

「『お後です』って言えばいいんだよ」

［＊1］八代目林家正蔵（はやしやしょうぞう）……1895～1982年　落語家。本名岡本義。東京出身。1912年二代目三遊亭三福に入門。1950年八代目正蔵を襲名。『牡丹灯籠』『真景累ケ淵』『中村仲蔵』など古風な道具入り芝居噺や怪談噺などを十八番に活躍した。正義感あふれる性格と逸話は語り草となっている。1981年林家彦六と改名。

なんて、そんなことを言ってましたですけどね。

妙なことに、あの師匠は踊りなんか踊ってもね、顔に出ない、手と足だけ動いているって、……何なんだろう？　そういう自分の顔が出ない、表情が出てこないから、つまらない踊りでしたね。

飲み物は、都家さんが水と熱いお茶でしたね。小圓朝師匠［＊2］は熱くて、誰それは温くてとか、いろいろそういうのを覚える。足音で分かるようになったって、本に書いて、……本当ですよ。この足音は誰が入ってきたかって分かるようになる。下駄の音でこれは誰それと、分かるようになるんですね。

その頃落語協会の色物というと、英二・喜美江［＊3］。後に千太・万吉［＊4］が入って、それから曲芸の富士夫［＊5］、美蝶［＊6］。日本手品といってましたけど、一徳斎美蝶。百面相の小満ん［＊7］、今の小せんさん［＊8］のご尊父です。小満ん、さん八、前の方へ上がって、悦朗・艶子［＊9］という漫才が、今はやめて、新山ノリロー・トリロー［＊10］の、えつや・ひでや［＊11］の師匠ですけどね。漫才はつまらなかったけど、いい人で大好きでした、悦朗さん。

そんなのはその頃の資料がありますから、見りゃすぐ分かることなんですがね、百面相って、その昔、鶴枝［＊12］、……その二代目［＊13］も、そこそこ上手かったっていうんですね。これの子が尾藤イサオになる鉄太郎ですよ。


［＊2］三代目三遊亭小圓朝（さんゆうていこえんちょう）……1892〜1971年　本名芳村幸太郎。東京出身。落語家。父は二代目小圓朝。1907年父に入門。1927年三代目小圓朝を襲名。地味な芸風のため大スターにはなれなかったが、堅実な芸と実直な人柄、稽古熱心な性格は多くの落語家から慕われた。

［＊3］都上英二・東喜美江（とがみえいじ・あずまきみえ）……漫才師。都上英二（1914〜1979年　本名股村太三夫。福岡県出身）と東喜美江（1926〜1962年　本名股村喜美江。北海道出身）のコンビ。1940年コンビを結成、翌年結婚して夫婦となる。英二はギターとハーモニカ、喜美江が三味線を演奏する音

私の頃は、小満ん師匠が演っていましたね。四代目の弟子というか一門で、百面相って言ってました。「こいつは百面相だって、アヤ付けられて……」、古い言葉ですけど。それで悔しいからって、落語を演ったのを聞いたことがありますよ。『嘘つき村』［*14］なんて面白くも何ともなかったですけどね。出囃子が、円馬囃子《えんばばやし》。チャンチャカランカチャンチャン、ツンツン、ツーン、チンチン、「え〜」なんて言って出てきて、目は一応、あの、つまり瞑った目じゃないんです。開いてるんですけど、見えないんですね。元々見えなかった訳じゃないんでしょうけどね。

楽屋でお菓子か何かあった。……豆だとかの駄菓子ですよね。その中にね、煎餅《せんべい》の上にね、輪ゴムを巻いて小満んに食わしたりして、鬼の馬風［*15］、碌なことをしないねぇ。それでとにかく、「見えない」ということを言わないんですよね。見えてるつもりで、常に演って……、もちろん手をちょっと引いてやりましたけどもね、分かってるみたいなもので。

それで小さな葛籠《つづら》みたいなところに衣装を置いて、

「(口調を真似て) え〜、これでも税金を取られまして、……家屋税というのを取られる……」

なんていうのを覚えていましたね。

「(口調を真似て) じゃあ、一つ、恵比須大黒、ハァン、こんな具合。ちょん……」

曲漫才で一世を風靡した。

［＊4］リーガル千太・万吉（りーがるせんた・まんきち）……漫才師。リーガル千太（1901〜1980年　本名富田寿。東京出身）とリーガル万吉（1894〜1967年　本名寄木昇。東京出身）のコンビ。両者共に柳家金語楼門下の落語家であったが1931年頃に漫才へ転身。1934年にリーガルレコードの専属となり「リーガル千太・万吉」と改名。東京漫才の人気者として戦前戦後を通して活躍した。

［＊5］東富士夫（あずまふじお）……1912〜1991年　曲芸師。本名進士忠良。静岡県出身。1929年頃に曲芸師の東富士子に入門。戦後、落語協会に入会。

ってなってやると、曲が鳴ると、恵比須様を演って、大黒やったり、『舌切り雀』の欲の深いお婆さんを演ったりね、そういう童話を演っていました。このネタは小さん師匠［＊16］が演って、今の馬風［＊17］が演りますよ。それだけじゃなく、

「ソビエト連邦は、マレンコフ［＊18］の顔」

って、演ってましたよ。マレンコフ、似ているんですよ。吉田茂［＊19］を演ってましたよ。葉巻を咥えて、眼鏡をちょっとかけて、似ているんですよね。

「最後はタコの釜入り茹で上がり、こんな具合に、はーい、チャチャンチャチャン」

って、ピンクの布を被ってね、頭を坊主みたいにして、それで分からなくなるから、首のところに手を持ってきて、指をタコの足に見立てて、三味線がチャンカチャンカ、タコが「ホーホーホー」って言って、顔を真っ赤にして茹で上がっちゃうまでやる訳ですよ。

それで最後は「ギュギュ、ギュギュ」って、楽屋でドアをポンと叩いて、それで我に返って、

「（口調を真似て）あなた方はね、他人だから笑ってますがね、家のかかあがこれを見れば、松×ですよ［＊20］。失礼しました」

って。「失礼しました」って、やけに真面目で、「失礼しました」って、下りてきた。その後波多野栄一［＊21］という人が百面相って演ったけど、あれは私は嫌でした

［＊6］二代目一徳斎美蝶（いっとくさいびちょう）……１８９９～１９７６年　奇術師。本名栗原孝次郎。東京出身。父は落語家の三代目人情亭錦紅。松旭斎天外に入門し「天光」と名乗る。１９４４年二代目一徳斎美蝶を襲名。戦後は数少ない日本手品の演者として活躍。

［＊7］二代目柳家小満ん（やなぎやこまん）……１８９２～１９７２年　百面相。本名飯泉真寿美。茨城県出身？　四代目小さんの門人。１９３４年二代目小満んを襲名。顔の表情と小道具で表現する古風な百面相を得意とした。１９５３年頃引退。

［＊8］四代目柳家小せん（やなぎやこせん）……１９２３～２００６年　本名飯泉真寿男。東京出身。落語家。父は柳家小満ん。１９４９

ね。「あれだけバカバカしいといい」という人が居たけど……、汚くてね、それで顔中に付けるんでね、……変装ですからね。まあ、当人も「変装」って言ってるけど。この人のことは吉川潮なんか書いてましたけどね。
だけど、『貫一お宮』は、バカバカしかったけどね。半分貫一で、半分お宮みたいなね。漫才は面白かったですよ。私が、洒落に「先生」と言ったら喜んでね。
「君だけだよ、先生と僕のことを言ってくれるのは」
なんてことを言って、私を味方だと思っていた。

年五代目小さんに入門。1961年真打昇進し四代目小せんを襲名。タレントとしても活躍し「ケメ子」のギャグは流行語になった。

［＊9］新山悦朗・春木艶子（にいやまえつろう・はるきつやこ）……漫才師。新山悦朗（1915〜1973年　本名渡辺次男。長野県出身）と春木艶子（1907〜1970年　本名渡辺ヤマ子。神奈川県出身）の夫婦漫才。

［＊10］新山ノリロー・トリロー（にいやまのりろー・とりろー）……漫才師。新山ノリロー（1936〜2022年　本名渡辺徳夫。朝鮮出身）と新山トリロー（1934〜没年不詳　本名横沢栄司。東京出身）のコンビ。新山悦朗門下。1958年コンビ結成。

［＊11］新山えつや・ひでや（にいやまえつや・ひでや）。漫才師。新山えつや（1945〜2020年　本名栢盛秋好。北海道出身）と新山ひでや（1945〜2019年 本名柘野信司。栃木県出身）のコンビ。1971年コンビ結成。

［＊12］二代目松柳亭鶴枝（しょうりゅうていかくし）……1863〜1923年百面相。本名高橋喜太郎。江戸出身？　三代目小さん門人であったが、百面相の初代鶴枝を私淑し、百面相と鶴枝の名前を継いだ。蛸のゆで上がりの真似は絶品だった。

［＊13］三代目松柳亭鶴枝（しょうりゅうていかくし）……1897〜1947年百面相。本名尾藤三五郎。神奈川県出身。談志は二代目といっているが正確には三代目。元は三代目柳家小さんの門人であったが二代目松柳亭鶴枝門下へ移籍。松柳亭鶴輔の名で百面相を演じた。1924年三代目鶴枝を襲名。1940年に事件をおこし廃業。

［＊14］『嘘つき村』……落語の演目。

［＊15］四代目目鈴々舎馬風（れいれいしゃばふう）……1903〜1963年落語家。本名色川清太郎。東京出身。1921年六代目金原亭馬生に入門。1927年四代目鈴々舎馬風を襲名。鬼と称されたいかつい風貌に「よく来たな」と客を手玉に取る毒舌と愛嬌、声帯模写をまじえた達者な高座で人気を集めた。

［＊16］五代目柳家小さん（やなぎやこさん）……1915〜2002年　本名小林盛夫。長野県出身。落語家。1933年四代目柳家小さんに入門。1950年五代目小さんを襲名。『かぼちゃ屋』『睨み返し』『長屋の花見』など柳派の正統的な滑稽噺を受け継ぎ、戦後の名人として一時代を築いた。1972年落語協会会長就任。

［＊17］五代目鈴々舎馬風（れいれいしゃばふう）……1939年〜　落語家・タレント。本名寺田輝雄。千葉県出身。1956年五代目柳家小さんへ入門し小光。1960年かゑると改名。二つ目時代よりテレビタレントや司会者として活躍。1976年五代目馬風を襲名。

［＊18］マレンコフ……1902〜1988年　ソ連の政治家。

［＊19］吉田茂……1878〜1976年　政治家・総理大臣。東京出身。外務省官僚を経て総理大臣に就任。

［＊20］松×ですよ……東京にある病院「松×病院」を揶揄した言葉。古くから精神病メインの病院として有名。精神病への理解がなかった当時、「松×」「松×行き」と揶揄する隠語があった。

［＊21］波波多野栄一（はたのえいいち）……1900〜1993年　百面相・漫芸家。本名畑野栄吉。東京出身。1919年劇団研究座の俳優としてデビュー。俳優、喜劇、漫才師を経て、戦後百面相の芸人に転身。落語協会に入会して寸劇風の百面相や珍芸を演じた。

アダチ龍光

色物で一番好きだったアダチ龍光。

本名、中川一、ピン芸人ですね。程が良くて何を演っても上手くて、軽くて、それで、どこか泥臭くてね。イギリスの田舎の紳士みたいな感じがして。ここで手品の説明をしてもしょうがないですからね、今度はＤＶＤか何か、ちょっと演ってみます。擬声放談というのを時々演ってですよね。声色っていうよりも、鳥獣の物真似を元々演っていた。

これ前に本に書いたかな？　長年、猫八［＊1］の弟子みたいで、一緒に回ってたのかな［＊2］。端《はな》はね、役者になろうとして、背がちっちゃくダメで、女形、訛ってダメだとか、いろいろなこと言われて、それで活弁になろうとして木村マリニー［＊3］っていうね、……その父親が、木村壮平［＊4］という、その彼をモデルにした『あかさたな』［＊5］というタイトルの三木のり平の芝居になって、『いろは』という、つまり文明開化の頃、東京で大評判の牛鍋店を作って、自分の彼女に、牛鍋屋を一軒ずついろはにほへとと任せて、全部で何人いたか知らないけど、つまり、数多くの女性と関係を持ち、愛人が沢山いた訳です。

木村荘平は、方々に子供がいて、有名なものは木村荘八［＊6］ね。素晴らしい画家

［＊1］初代江戸家猫八（えどやねこはち）……１８６８～１９３２年　動物物真似。本名岡田信吉。江戸出身。歌舞伎俳優、飴売を経て大正初頭に寄席芸人となる。巧みな動物物真似と強烈な毒舌で一世を風靡した。

［＊2］一緒に回ってたのかな……１９２３年の関東大震災で仕事を失ったアダチ龍光を「一座に来ないか」と猫八がスカウト。龍光は「阿達荘一」の芸名で1年半ほど同座した。

［＊3］木村マリニー（きむらまりにー）……１８９２～１９６５年　奇術師。本名木村荘六。東京出身。実業家の木村荘平の六男。

［＊4］木村荘平（きむらそうへい）……１８４７～１９０６年　実業家。山城国出身。１８８０年牛鍋料理

です。見事ですね。粋な、……ね？　木村荘十［＊7］、荘十二［＊8］、映画監督、いろいろな。そのうちの木村荘六のところに行って、芸名が木村マリニーという名前で、それの弟子でいろいろ旅を回ってて、そのうち猫八のところに行ったのかな？このあいだの猫八［＊9］のおとっぁんね、初代。あれは三代目、その二代目に木下華声［＊10］が入ってますからね。初代のところであんまり上手くいかなくて苛められたので、今度は二代目木下華声を、ずいぶん苛めたとか何とかという話も……。苛めたというのは、芸の上ですよ。彼が演るネタを全部先に演っちゃったりね［＊11］、そんな話を聞きましたけどね。

猫八の売りモノはもちろん、今の小猫［＊12］も演っているのと、同じようなものです。それの問答を教えたのがリーガルの万吉さん［＊13］だと言ってました。問答というのは、客が問答を仕掛ける訳だ。客の問いに答えられないと、その客に米一俵あげるとかね、炭を何俵とかって、そういう賞品付きで演った訳ですね。

「一枚でも煎餅とは、これ如何に？」

「一つで饅頭というものです」

面白くも何ともない。

「爺《じじい》が行っても、婆婆《ばあばあ》（バーバー）とは？」

「婆《ばばあ》が読んでも時事《じじ》（爺）新聞と言うがごとし」

店「いろは」を開業。食肉加工業や葬儀業を展開し、巨万の富を築いた。十数人の愛人を抱え、三十人近い子供をなした。

［＊5］『あかさたな』……小幡欣治の戯曲。初演は1967年3月東京芸術座、菊田一夫演出、三木のり平主演。

［＊6］木村荘八（きむらそうはち）……1893〜1958年　画家・随筆家。東京出身。木村荘平の八男。

［＊7］木村荘十（きむらそうじゅう）……1898〜1967年　作家。東京出身。木村荘平の十男。

［＊8］木村荘十二（きむらそとじ）……1903〜1988年　映画監督。東京出身。木村荘平の十二男。

とか、そんなようなことを言った、それを演ってたと言ってましたね。

その猫八の弟子になって、一緒に弟子になったのか知らないけども。それであるとき一人になって、あまりうだつが上がらなくなったときに、何か興行師が来たのかな？　その頃、法外な金を取ってね、アダチ龍光と名を変えて出たらしいです。もう、ガタガタ震えたと言ってましたね。それで最初に鶯か何か鳴いて、我ながら良く出来たんですよ。「ホーホケキョ」というのはね。それで安心して、「ああだ、こうだ」って喋りはじめた。そりゃぁ、そうですよ。千軍万馬往来の侍だからね。その後、吉本に行くんですが……。とにかくまぁ、出て来るとね、「一つ吹きましょう」なんて言いながらね、指笛を吹く訳ですね。

それで、ホーホケキョかな……、指を一本出してね、

「これは鳴りませんな」

で、指を曲げて、

「これをやっちゃいかんね」

それは泥棒ね。指を曲げてそれを咥えて吹くとピーッと音が出るんですよ。それで今度は、人さし指を二本両方から出して、ピューッと吹く。また二本でピーッ、三本ピーッ、四本……、

「……こりゃぁ、入らんわな」

［＊9］三代目江戸家猫八（えどやねこはち）……1921〜2001年　動物物真似・タレント。本名岡田六郎。東京出身。初代猫八の六男。

［＊10］木下華声（きのしたかせい）……1911〜1986年　動物物真似・漫談家。本名長谷川栄太郎。東京出身。父は初代猫八を見出した春風亭大与枝。1930年二代目猫八を襲名。1935年木下華声と改名。

［＊11］彼が演るのを全部演っちゃったりね……龍光自身が『昭和演芸秘史』の中で語った話では初代猫八とのトラブルだという。大阪吉本の寄席に出演中、猫八が出番に遅刻。龍光は猫八の十八番を全部演じてしまい、猫八の面子を潰してしまったという。

とか、そんなようなジョークを演って、

「藪ウグイスの谷渡り、ピーチクチクチクチクチク……、ホーホケキョ」

バーッと拍手。

「ヒバリを演ります」

チーチクチーク鳴いて……、

「これ以上、続かんわな、食い物が違うから……」

なんて、そんなことを言ったりね。笛で呼んでいますなんて、

「早くおいでよ。テーテテ、ピーピピー、ピーピピーピピ」

なんていう、そういうのを演ったりね、ピーッと吹いて、鈴本《すずもと》で、

「このあいだ、ここで演ったら、上野から汽車が出ましたよ」

とか、そんなことを演って……。「七面鳥を演ろう」なんて言ってね、

「ペッペンリョーピキルールルー」

なんて……、「最後にじゃあ、アシカを演る」ってね。

「アウアウアウ、……これはもう声が続きませんわ」

なんて下りてきた、擬声放談でも、もってたアダチ龍光ね。扇子にね、五百円玉がくっついているだけなの。それを手で出したり引っ込めたりするだけで、それで十五分でも二十分でももっちゃうような人でね。私が一度国会議員になってから、

［＊12］四代目江戸家猫八（えどやねこはち）……1949～2016年　動物物真似・タレント。本名岡田八郎。東京出身。父は三代目猫八。子役としてスタートし、江戸家小猫を名乗る。2009年四代目猫八を襲名。五代目猫八は息子。

［＊13］問答を教えたのが……リーガルの万吉さん……リーガル万吉は筆まめで達筆だった関係から、落語界の書記のような仕事もしていた。猫八の問答謎かけを作り猫八に教えていたという逸話がある。

自分たちの事務所のパーティーに出てもらってね、龍光先生の話をする私を横から突いて来る。……その絶妙な内容と間がね、「ああ、見事だな」と思いましたね。

柳家小半治

音曲では半ちゃんと言われた小半治。柳家小半治、田代藤太郎、とうたろう、とうちゃん。

三代目［*1］、四代目［*2］、五代目、三代の小さんの膝代わりを、つまり真打の前に上がる芸人を務めたというのが、とうちゃんの自慢でね。〝いただきの半ちゃん〟といって、昔は何かというと、「五十銭ください」と言った〝いただきの半ちゃん〟。

楽屋でね、何だか分からないんだよ。長い屑箱みたいなのを頭に乗っけて、座ってステテコにね、シャツ姿で、

「プサン行ク船イツデルカ」

そんなことを演ってるんだよな。何だか分からないんだ。半ちゃんの知り合いの二人が会うと、

「よっ！」

「あい」

［＊1］三代目柳家小さん（やなぎやこさん）……1857～1930年　落語家。本名豊島銀之助。江戸出身。1882年初代談洲楼燕枝に入門。1895年三代目柳家小さんを襲名。上方落語の滑稽噺を学んで改作し江戸落語に定着させた功績がある。1928年引退。

［＊2］四代目柳家小さん（やなぎやこさん）……1888～1947年　落語家。本名大野菊松。東京出身。1906年三代目柳家小さんに入門。1929年四代目小さんを襲名。『かぼちゃ屋』『二十四孝』など師匠譲りの滑稽噺に滋味を加えた芸で人気を獲得した。

「あいや！」
「あいや！」
って、手をね、阿波踊りみたいに、「あっ！」、「おやっ！」、「あやっ！」って急に踊りだすの。これが『モリョリョン』［＊3］かなと思いましたね。昔、『モリョリョン』って、私は知らないですよ。一人が、「モリョリョン、モリョリョン」って言うと、皆で「モリョリョン、モリョリョン」って言うんだってね。そんなようなのを見ましたですけどね。

圓太郎師匠［＊4］は、キャリアが長くてね、私が落語家になったとき、出てないから、寄席なんぞ出ないくらい、もっと上なのかなと思ったら、寄席に入ってきて、ああ、大したことねえんだとか、そんな記憶がある。本名、有馬寅之助。後に段々声が出なくなって、くだらねえ落語を演ってました。『息子の恋愛』［＊5］、『屁のマラソン』［＊6］なんていうのを演ってましたけどね。ご子息［＊7］が、NETのプロデューサーでね、『徹子の部屋』という番組を持ってて、私一度出たことがありますよ。宇野信夫［＊8］の話だったか、家に行ったら、圓太郎というのが酷い奴で、自分の子供と父親を縁の下に住まわせたと書いてある。「本当ですか？　それは、有馬さん」って言ったら、「いや、そんなことはないですよ」なんて言っていました。

この人のはね、都々逸でも何でも、例えば「〽　明けの〜かぁぁぁぁぁ〜ねぇぇ

［＊3］モリョリョン……小半治や圓太郎が時折発作のように踊ったという謎の踊り。五代目桂文楽考案の珍芸「モリョリョン踊り」が元だろうか。

［＊4］七代目橘家圓太郎（たちばなやえんたろう）……1901〜1977年　落語家・音曲師。本名有馬寅之助。東京出身。1925年初代橘ノ圓へ入門。後年八代目林家正蔵門下に移籍。1943年七代目圓太郎を襲名。お題噺や謎かけも得意とした。

［＊5］『息子の恋愛』……落語の演目。「異母兄妹」「まちがい」ともいう。ある男が婚約者を連れて父を訪ねると「お前たちは実は異母兄妹だ。結婚できないぞ」という。男がその話を母に打ち明けると「心配ない。お前は父さんの子じゃないから」。

ぇぇ〜」、長いんですよ。小半治さんが出てくると、じゃあ、ちょいと唄って、さっきから言ってる、裏の例えば、『竹になりたや』とかね。『裏《うら》の背戸家《せどや》』。

「〽　背戸家に、一寸《ちょいと》竹植えて　竹植えて雀の来るように　ちょいと竹植えて　雀をとんまらかして　チュチュチュチュのチュン　チュンチュン　裏の背戸家に一寸梅植えて　鶯《うぐいす》の来るように　ちょいと梅植えて、鶯とんまらかして　ホホホのホホホ、ホツホ」

三つ目が、

「〽　柿植えて　柿植えて　カラスの来るように　ちょいと柿植えて　カラスとんまらかして、カカカカのカ　カカ！」

「煩いね、おい。とーんとぶつけてもらいますよ、タタンタン、ツツンツン」

って、帰って来る。ところが、文の家かしくさん［＊9］が歌ったのを聴いたら、

「〽　裏の背戸家に　ちょいとネギ植えて　豚の来るように　ちょいとネギ植えて　豚をとんまらかして　ブブブのブ　ブップブ」って、あんまりバカバカしいんで、呆れ返って唄う。豚をとんまらかして、ブブブのブだってさ。そう言えば、かしくさん、〝目玉のかしく〟といってね、屑屋をやったので、〝屑屋のかしく〟とも言われたこともあり、寄席でお囃子なんか演ってましたけどねぇ、……目玉のかしくって訛るんです。良いんです、これが。

［＊6］『屁のマラソン』……落語の演目。町内の若い衆が「いつまで屁の臭いを握り続けられるか」と競い合う。

［＊7］ご子息……有馬康彦（ありまやすひこ）。テレビ朝日のプロデューサー。人気番組『アフタヌーンショー』『徹子の部屋』などを制作。

［＊8］宇野信夫（うののぶお）……1904〜1991年　歌舞伎作家・随筆家。埼玉県出身。戦前から歌舞伎作家として活躍。若い頃から芸人と交流があり、名人奇人たちの交友や逸話を描いた随筆も多い。代表作に『巷談宵宮雨』『不知火検校』などがある。

［＊9］二代目文の家かしく（ふみのやかしく）……1898〜1980年　落語家・

「何かあるかい」

「〽 よいや恋人よアラブヤの歌こ唄うべゃ……、ずつにずつにセンチメンタルな気持ちだ」

「何を言いやぁがんだい」

テテンテン、トトンと入ってくる小半治師匠、

「〽 今日の苦労は理想のけいこ、添うたその日が揚げざらい」

「〽 三味線は浮気なようだが　粗末にゃならぬ　これが　恋路の寄席太鼓」

と、上がる都々逸でしたね。

「〽 片手ずつ　手と手合わせて　ああ、もったいないと二人で拝んだ　窓の月」

って、こう上がるんですね。

「〽 日本銀行に身延山と金比羅山が金を借りに行ったなら　日本銀行の言うことにゃ　身延山は甲斐の国　金比羅山は……シャヌキ（讃岐）の国へ　返さぬ気だからお断り」

綱上［＊10］を演ってましたな。五条の橋へかかって、どうのこうのとか、必ずあんこ［＊11］が、入りましてね、中にくだらないのが、

「〽 雨が降ろうと丸橋忠弥が［＊12］　テテンテンテンテテン　……うーい、銀座のサロンハルでウイスキーを三杯、『処女林』［＊13］で……」


音曲師。本名柳沢彦一郎。栃木県出身？　大正初期に五代目柳亭左楽へ入門。後年桂小文治門下に移籍。1928年二代目かしくを襲名。素朴で味のある音曲で人気があった。戦時中芸人を廃業して農業や屑屋をやっていたこともある。戦後復帰して芸術協会に加入。晩年、お囃子に転身して文の家可祝と名を改めた。

［＊10］綱上（つなじょう）……端唄『綱は上意』。前半は渡辺綱と鬼の勇壮な立ち回り、後半は下級女郎と男性客の駆け引きが描かれる。寄席の踊りとしても演じられる。

［＊11］あんこ……邦楽の技法のひとつ。唄の途中で他の唄や浪花節、台詞を入れる手法を「あんこ」という。民謡や寄席の音曲などで多く使われた。文中の例

懐かしいでしょう、『処女林』。私たちのもっと前の時代ですよ。モボ・モガ［*14］の頃かな。

「処女林で、アブサンを三杯、あちらでウイスキー、こちらでアブサン、これで終《しめ》えにゃあ源太もどき［*15］で鎧を質に置かざあなるめぇ。裸になっても酒ばかりは、飲まずにゃいられねえ、テテン」

「まあ、まあさん、こちらへどうぞ。どうぞ、こちらへ。かまん、かまん、〽カフエがわすらりょか」

って、こういう都々逸でしたね。小半治は二代目柳家三好［*16］の晩年を真似たといいます。「三好はもっと声が出てたのに、晩年出なくなったのを真似て尻切れトンボになった」って、圓生師匠はそういう評価をしてました。私にとっては、何とも良い芸でしたね。何だっけな、

「〽　エロの襦袢にグロ衿《えり》かけて　出来た模様がナンセンス」

なんて、よく分からないの。

「〽　一昨日別れて　昨日も今日も便りないので　俺は待ってるぜ」

何だか分かんねぇんだ。裕次郎《ゆうじろう》の流行歌《あれ》［*17］ですね。

立ち上がって、都々逸ぶりをやったりね。

「〽　遅いお帰り、私で美味くないでしょうが、うちの寝酒も忘れずに。えー、い

をあげると「雨が降ろうと丸橋忠弥が」までが本歌で、その後の丸橋忠弥の台詞はあんこということになる。

［*12］雨が降ろうと丸橋忠弥が……歌舞伎や講談の演目『慶安太平記』に出てくる人物。槍の名手で由井正雪の幕府転覆計画に参加する。酒が大好きで連日飲み歩いて泥酔しているという設定がある。

［*13］処女林……新橋にあったカフェーキャバレーの名店。戦前のカフェーブームの一翼を築いた。

［*14］モボ・モガ……1920年代に流行った「モダンボーイ・モダンガール」の略。洋服や洋楽、洋食など欧米の風俗や流行を取り入れる若い男女を総称していった。また、普通選挙や職業婦人、女性解放といった新し

っぱいのお運びでパラパラッと、どうもありがとうございます。大変なんですよぉ」

ここでねぇ、まくらなんかを振っていましたね。

「このお酒、強いわね。うん、力政宗」

って、言ってた。「大関の方がいいよ」って誰か言ってましたけど、どういう訳だか、「強いね、力正宗」って、そんなことを言っていました。

「どうもダメ、一杯飲むと胸が動悸がして、二杯飲むと顔がぼーっとして、三杯飲むと落ち着いて、後は何杯でも、じょじょじょじょ」

「じゃあ、飲めんじゃねえか」

って。

「富士の山ほどお金をためて、困る御方を救いたいとは、慈善家だねそっちは」

「富士の山ほどお金をためて、端から五銭ずつ使いたいって、しみったれだな」

「富士の山ほど借金ためて、端からそろそろ踏み倒す、おっとっとと」

「鍋が食いてえな」

「そっちは三徳の浜鍋［*18］。そっちはなんだい？」

どこそこの何鍋っていろいろあってね。

「そっちは何だい？」

「こっちは社会鍋」


い考えもモボ・モガの象徴とされた。

［＊15］源太もどきで……浄瑠璃『ひらかな盛衰記』の中で、主人公の梶原源太は家宝の鎧を質屋において、その金を元に廓通いをするという設定がある。

［＊16］二代目柳家三好（やなぎやさんこう）……1854～没年不詳　音曲師。本名中田宗太郎。出身地不明。明治初年四代目三遊亭圓生に入門。以来橘家圓喬、三代目小さんと、名人に仕えた。美声と粋な音曲が売り物であった。

［＊17］裕次郎のあれ……石原裕次郎のヒット曲『俺は待ってるぜ』。1957年に発表し大ヒットを記録した。同年日活より映画化され、裕次郎が主演をつとめた。

「社会鍋？　あれは食えねえもらいがある」

からって、「あれは半ちゃんの了見だよ」なんて、楽屋ではそんな悪口を言っていましたですけどね。

で、都々逸が終わると二つぐらい唄う。『唐傘』なら。

「〽　唐傘の骨はばらばら　紙ゃ破けても　離れぇ　離れまいぞぇ千鳥掛」

って、こう唄うもね、

「〽　骨はばらばら　紙は破けて」

お囃子が、

「タランカ　タンカチンケチャンカチンチャンチャチャン」

と入って。

「〽　離れ　離れまいぞえ　ちょいと千鳥掛」

って。

「〽　庭の牡丹が　ちょいと丸髷ならば、チャンカツンカ　池の　池のアヤメが
えんや　ちょいと投島田　チャンカチャンカ」

いいね、池のあやめが投島田。庭の牡丹が丸髷ならば、

「〽　あまりあまり、長いと、ちょいとお客さん、飽きる。ちょいと　ここいらで
ちょいとここいらで　ちょいと代わりましょう」

[＊18] 三徳の浜鍋……料亭「三徳」。品川遊郭の近くに店を構え浜鍋やカニ鍋を提供した。

って、唄う。「ちょいと代わりましょう」って下りて来ちゃうんですからね。ああいうものを大事にしてけばいいのに、どういう訳だか寄席がそういう判断をしないで、……段々浅いところへ上げて、最後には予備みたいにして、……飼い殺しみたいになってしまうんですね。寄席に来れば、まあ、割をやってお終いというような扱いでした。

〆子和子英二喜美江、下座

寄席に通ってた頃、前座の次あたりにね、〆子・和子［＊1］って漫才が出てきた。なんてセコい漫才だと思って……。この〆ちゃんというのが千代若・千代菊［＊2］の娘。これは寄席にあんまり出ない、後年出るようになりましたけどね。出てきたけど、

「もう帰ろうよ」

「今来たばっかりでしょう」

「うん、じゃあ、ちょっとだけ歌って帰ろうよ」

「ダメよ、帰っちゃ」

なんて演っていたからね。これが余興にね、『津軽海峡冬景色』［＊3］を歌うの。こ

［＊1］東和子・西〆子（あずまかずこ・にししめこ）……漫才師。東和子（1928〜1985年　本名塚田和。北海道出身）と、西〆子（1932〜1986年　本名安藤〆子。愛知県出身）のコンビ。東和子は東喜美江のハトコ。戦後上京して英二・喜美江の弟子となった。〆子は松鶴家千代若・千代菊の長女。1949年コンビ結成。メリハリのあるとぼけた音曲漫才で人気があった。

れが素晴らしいったって、何たってね、これだけ音程を外すというのは難しいんじゃないか。録音、残ってないかな？　その外れ方が何ていって褒めていいか分からないくらい、見事なの。

「ちょっと師匠あれを演ってよ」

なんて演らせたことが、二度、三度ありました。まあ声が自慢の民謡を唄ったりなんかする。ですから、圓生師匠なんかはやっぱり嫌がるでしょうね。民謡なんか唄うというのは、あんまり好きじゃない。

春楽［＊4］という歌舞伎の物真似、声色です。

「月が出た出た　月が出た」

これ、もとは緑波［＊5］さんか。

「(口調を真似て）あん　月が出た出た　あん　月が出た［＊6］」

って。昔はベースになる曲が決まっていて、

「あまり辛気臭さに［＊7］棚のだるまさんをちょいと下ろし　鉢巻させたり　まま　転がしてもみたり」

これだとか、

「山寺の和尚さんが、毬を蹴りたし　毬は無し　猫をかん袋に押し込んで　ポンと蹴りゃ　ポンと鳴く　ポポラポンと蹴れば　猫が何と鳴く　山寺の和尚さんは」

［＊2］松鶴家千代若・千代菊（しょかくやちよわか・ちよぎく）……漫才師。松鶴家千代若（1908〜2000年　本名安藤定夫。栃木県出身）と、松鶴家千代菊（1915〜1996年　本名安藤ふゆ。東京出身）の夫婦コンビ。古風な音曲漫才を得意とした。千代若の「もう帰ろうよ」という挨拶は有名。生前は芸術協会所属。

［＊3］『津軽海峡冬景色』……石川さゆりの曲。1977年発表し、大ヒットを記録。

［＊4］四代目柳亭春楽（りゅうていしゅんらく）……1902〜1977年　声色・落語家。本名井口林太郎。出身地不明。1920年代に落語界へ入り、長らく落語家として活動していたが、戦後声色の芸人となった。

って入る訳ですね。それを甚語楼さん［＊8］は、

「君のはね、声色じゃないよ、台詞だよ」

なんて言ってました。でもそれを聞いていることによって、歌舞伎なんぞ、覚えるんですよね。

「（歌舞伎の口調で）それは花魁、あんまり袖なかろうぜぇ」

なんて演っている訳ですよ。『籠釣瓶』［＊9］を、

「（歌舞伎の口調で）夜毎に変わる枕の数ぅ〜」

大播磨［＊10］のつもりで。……勘三郎［＊11］で、髪結新三［＊12］を、

「（歌舞伎の口調で）おい忠七、よっく聴けよ。普段は帳場をまわりの」

とかね、やれ、井上正夫［＊13］の
「（歌舞伎の口調で）お前が娘を殺したのか？」［＊14］

だとかね、知らないのも覚えるんですよ。猿之助、猿翁の猿之助［＊15］で。

「（歌舞伎の口調で）あの野郎、ふざけやがって」

って、乱暴なぷすぷすって切れる調子。この猿翁は私も見ていますけどね。

やれ、壽美蔵改め市川壽海《じゅかい》［＊16］。だけど客が知らなくなってくる。昔々のばっかりだからね、ほとんど知らない、ウケない。ですから、春楽さんも、段々出番が浅くなってダメになっていく。目が悪くても、眼鏡もないんだ。……私が眼鏡を買っ

［＊5］古川緑波（ふるかわろっぱ）。1903年〜1961年　喜劇俳優・タレント・随筆家。本名古川郁郎。東京出身。雑誌編集者をへて、当初は素人の余技として声帯模写などを披露。周囲の勧めもあり喜劇俳優に転身し、インテリ層に響くモダンなコメディの旗手として活躍した。

［＊6］「月が出た出た　月が出た」……民謡『炭鉱節』の一節。声帯模写の元祖古川ロッパは当時人気を集めていた『炭坑節』で物真似をする芸を開拓。声帯模写の新時代を築いた。

［＊7］あまり辛気臭さに……小唄『棚のだるまさん』。古川ロッパ以前の声色はこの小唄に合わせて俳優の物真似をした。

てあげたのかな？　それを「お棺の中に入れましたよ」て話を、誰に聞いたのかな。そんな勝手な自慢話だけど、ありましてね。

だけど、そういう人たちが、例えば曲芸師や何かかが出ているとね、そこへ伴奏音楽という下座音楽が入りましょう？　下座音楽を聴くことによって、いろいろ覚えるんですよ。

『四谷怪談』［＊17］だったかな、勘九郎［＊18］が演ってるのを見に行って、そこで『竹になりたや』なんかが、もちろん長唄の大間でね、長く唄っていましたが、「ああ、これは『竹になりたや』、ここに入るんだな」とかって覚えるんですね。

「（口三味線）チンツツン　チンツツン　チンツツチンツツ　ツンチチチン、〽煩悩菩提の撞木町よ」

これ、覚えようとした訳でもなんでもない。ガキの頃から毎日聴いてるから……、その頃は分からないですよ。これが『娘道成寺』［＊19］なんてね。

そういうそのものを聴くことによって、昔のいろいろな古い芸事を思い出すというか、頭の中に入ってる、様々なことを思い出す。「ああ、聴いてて良かったな」ってのはありますね。

おやゑさん［＊20］って、〝日暮里小町〟と言われた美人だった、その面影はありましたね。この人は小勝《こかつ》、おじいさんの小勝の息子さんか何か［＊21］と一緒になるの。

［＊8］古今亭甚語楼（ここんていじんごろう）……１９０３〜１９７１年。落語家。本名田中秀吉。東京出身。１９１９年柳家三語楼に入門。１９３３年に一度廃業して帮間になる。戦時中志ん生門下となり復帰。１９４３年古今亭志ん馬を襲名して真打昇進。１９４９年三代目柳家小せんを襲名。１９５８年古今亭甚語楼と改名した。

［＊9］『籠釣瓶』……歌舞伎作品『籠釣瓶花街酔醒』の通称。１８８８年初演。

［＊10］初代中村吉右衛門（なかむらきちえもん）……１８８６〜１９５４年　歌舞伎俳優。本名波野辰次郎。東京出身。三代目中村歌六の次男。朗々たる台詞と巧みな演技で六代目尾上菊五郎と人気を二分し、「菊吉時代」を築いた。通称「大播

初めは苦労したらしいんですけどね、道楽者で、どうのこうの、……一方の意見ですから。か細い声の人でしたけども。

だからその後に、おてるさん［*22］って中年で入って来ましたけど、この人あたりまでか。私の頃は、およしさん［*23］とかおすず［*24］さんとかね、芸術協会にはおまき［*25］さん。湯浅喜久治［*26］ってのは、この人を芸術祭の舞台にあげましたよ。何か賞を取りましたよ。下座という、そういうものにも光を当てようっていう、……こういうの大嫌いでね、照れないかなって。

このおすずって奴が、留さんのさん馬がね、出っ歯のおすずにね、張り板とあだ名を付けた。……昔の家に打ってある薄い板、張り板って……この人を嫌がっていまして。

おきみ［*27］というのも居た。三味線は上手いもんだからね、圓歌師匠が、『肝つぶし』［*28］なんぞやると、鈴本の楽屋をね、下座の部屋からずっと舞台の後ろを歩いて、新内流しのていで弾いて演ったりなんかして、「キザなことをしてやんな」と思って……。おすずさんというのが、可楽師匠［*29］がたまたま、『たち切れ線香』［*30］を演ったんだね。『たち切れ線香』というのは、あんなの誰でも出来るんだ。ただ、黙って涙を流していりゃあ、いいんだから。小文枝でも出来るんだから……。いや、失礼、失礼、文枝。そのときに、ラストで三味線がぷつんと終わるから、男

磨」。

［＊11］十七代目中村勘三郎（なかむらかんざぶろう）……１９０９〜１９８８年　歌舞伎俳優。本名波野聖司。東京出身。三代目中村歌六の末子。１９５０年十七代目勘三郎を襲名。老若男女演じ分ける演技力と愛嬌で人気を獲得し、戦後の歌舞伎界を支えた。

［＊12］髪結新三……歌舞伎作品『梅雨小袖昔八丈』の通称。１８７３年初演。

［＊13］井上正夫（いのうえまさお）……１８８１〜１９５０年　映画俳優・舞台俳優。本名小坂勇一。愛媛県出身。１８９６年松山の地方劇団で初舞台を踏む。愛媛訛りという欠点を有しながらも演技力と写実で克服し、大看板となった。

が、「どうした?」と言うと、芸者屋のおかみが「線香がたち切れました」という、こういう落語ですね。……ところが切らねえんだよ。平気で弾いているんだよ。可楽師匠、しょうがねえから何か言って降りて来た。……謝れない、このおすずが。……子供心、もう子供じゃないか、もうそこそこ売れてたな。「謝れない人って可愛そうだな」と思いました。私はすぐ謝っちゃう。「大変ですから」って、すぐ謝っちゃう。謝るってのは、いいんですけどね。謝りゃ、向こうは「しょうがねえ」ってなる。だから楽屋で「謝っちゃえ、謝っちゃえ」ってなるんだよ。

　余談も余談だけどね、まあ、例によってみんな連れて俺が飲んでいたころね、山本晋也[*31]だとかいろいろ居ましたよ。デーブ・スペクター[*32]って、アメリカのコ×キみたいな奴が居るだろう。ああいう奴らを連れてね。そしたらね、景山[*33]がね、利口な奴なんだけど、小室直樹先生[*34]と仏教の話になって、先生、

「(口調を真似て)君、それは仏教の書物のどこに出てるの、仏典のどこに書いてあるの?」

　って、

「おい、景山、謝っちゃえ」

　って。それで謝らないで理屈をつけて、自分の立場を……って、それはダメなんだよ。謝っちゃうのが一番いい、日本人って、謝られたらどうしようもない。

[＊14] お前が娘を殺したのか……井上正夫の当たり役『大尉の娘』の台詞。『大尉の娘』は中内蝶二が執筆した演劇作品。

[＊15] 初代市川猿翁(いちかわえんおう)……1888~1963年　歌舞伎俳優。本名喜熨斗政泰。東京出身。初代市川猿之助の長男。1910年二代目猿之助を襲名。男性的な芸風と先進的な新作歌舞伎で人気を獲得。1963年孫の市川團子に三代目猿之助を譲り猿翁と改名。

[＊16] 三代目市川壽海(いちかわじゅかい)……1886~1971年　歌舞伎俳優。本名、太田照造。東京出身。1894年初舞台を踏む。1907年に市川壽美蔵を襲名。1949年三代目市川壽海を襲名。門閥のない下回りの俳優から人

因みに言うと、俺が飛び出したときに小さん師匠が俺に謝ると言ったら、俺、「どうしようか」と思ったね。

「おい、ぐずぐず言わずに、俺が謝るから帰って来ねえか」

って、言われたら、これは俺、困ったね。帰らなかったら世間が許しませんよ。日本教が許さない。「なんだ、あの野郎」って。袋だたきどころじゃないですよ。

「小さんが謝ってる。謝ってるんだ、お前、師匠が弟子に対して。小さんは、悪いところは何もねぇんだよ。むしろあいつ、それをあの野郎、帰らないとは」

って、えらい目に遭うでしょうな。だからまあ、そういう意味では小さん師匠に感謝していますよ。勝手させてくれたということには。

立花家万治［*35］って、橘《たちばな》おつやさん［*36］の夫で、やせた人でね。万治元来枯れ木のごとし［*37］って、駄洒落がありましたけど、……一度ぐらい聴いてるか……。あんまり記憶に無いんですね。

さっきの〆子・和子の話に戻しますとね、後に良い漫才になるんです。ネタで覚えてるのはね、梅橋［*38］が作った、梅橋っていったって、松岡勤治の梅橋。これがね、滅茶苦茶な梅橋じゃなくて、その前の梅橋ですね。鶯春亭梅橋。

これが書いたラブレターを題材にした台本を演って、それが恋の話じゃなくて、コイコイの話だって、こういうのがあって、

間国宝にまで上りつめた。戦後の映画スター市川雷蔵は養子。

［＊17］『四谷怪談』……四世鶴屋南北作による歌舞伎作品『東海道四谷怪談』。文政八（1825）年初演。

［＊18］五代目中村勘九郎（なかむらかんくろう）……1955〜2012年　歌舞伎俳優。本名野哲明。東京出身。父は十七代目勘三郎。父譲りの達者な演技力と明るい芸風で歌舞伎界のスターとなる。2005年十八代目中村勘三郎を襲名。テレビや商業演劇でも活躍。古典歌舞伎を現代的な演出で再生させた「コクーン歌舞伎」や、江戸の芝居小屋を模した「平成中村座」で、歌舞伎の可能性を大きく広げた。

「あなたにもらった帯留の　だるまの模様が、ちょいと気にかかる……、散々遊んで転がして、後であっさり」

「それは『トンコ節《ぶし》』〔＊39〕じゃないか」

「そうか。道理ですらすら出来ちゃった」

ってていうのがサゲ、とってもいい漫才になりましたですね。で、〆ちゃんは早く死んじゃって、和ちゃんが残る。このコンビの師匠が英二・喜美江という漫才で、これは、

「〽　君と一緒に歌の旅〜歌えば楽しユートピア〜　昨日も今日も朗らかに〜　陽気な歌の二人旅〜　ギターを弾こうよ　三味弾こよ　弾けばひとりで歌が出る」

「あなたは本当に美しいね」

って、訛るんだよね。

英二さんは二枚目でね、好男子なんだけどね、

「髪はカラスの濡れ羽色、三国一の富士額《びたい》、眉毛は山野の三日月眉毛、目元ぱっちり、鼻筋通って、口元純情で、おちょぼ口、背は高からず、高からず」

「何で背は高からずって、低からずって言えないの？」

「ああ、そうか、口元純情におちょぼ口、背は高からず、……低いや」

これで、

〔＊19〕『娘道成寺』……歌舞伎舞踊『京鹿子娘道成寺』。女形舞踊の最高峰ともいわれる。

〔＊20〕おやゑさん……おはやしの加藤やゑ。加藤八重ともいう。落語協会のおはやしの重鎮であった。

〔＊21〕おじいさんの小勝の息子さんか何か……舞踊家若柳吉次郎のことか？父の勧めで落語家三升家勝太郎になったが、後年若柳流の舞踊家に転身。

〔＊22〕おてるさん……おはやしの平川てる。落語協会所属。

〔＊23〕およしさん……おはやしの田中よし。落語協会所属。

〔＊24〕おすずさん……おはやしの池上すず。落語協会所属。

「（口三味線）チャンチャンチャンチャン。〜　何をどうして何とやら」
浪花節《なにわぶし》、あれは誰の節だったのかな……、奈良丸節《ならまるぶし》［*40］か。とにかく三味線がいけて、声が出て、美人でという、……背の低い人でしたけどね。

喜美江さんが亡くなって、……こんなことを喋っていいのかね。英二さんが私にというより、独り言みたいにね、

「男を作って逃げてもいいからね、死んでほしくなかった」

って言っていました。いろいろ聞くと、英二さんはヒットさん［*41］と漫才を演っていたのかな。それでヒットさんの伝記［*42］によるとね、英二さんが若き日の喜美江さんにメロメロになっちゃって、「有望な漫才師だって、これじゃあ、やってられねえ」って別れたと。で、その喜美江さんと一緒になったんですよね。

まあ、一緒になったって、手を出したんじゃない。それで死んだ後、結局、芸が喜美江さんにあって、英二さんに無い訳ですから、見事にやっぱりこれも没落していきましたけどね。一時はもう、英二・喜美江っていったら、もうラジオのレギュラーで、皆知ってました。本当は、中野忠晴［*43］が歌った『バンジョーで唄えば』のメロディーも、皆、英二・喜美江のメロディーになっちゃう。今、「うちら陽気なかしまし娘［*44］」とかね。そういう出の唄を持っているのは、今は東京ボーイズ［*45］ぐらいかな。「未だに芽が出ねぇ」［*46］とか、そんなことを言ってるよね。

［＊25］おまきさん……須賀まき（すがまき）。日本芸術協会所属。１９５６年東横落語会「寄席の下座」で池上すず、橘つやなどと共に芸術祭賞奨励賞受賞。

［＊26］湯浅喜久治（ゆあさきくじ）……１９２９〜１９５９年　演芸プロデューサー。東京出身。文化学院在学中に安藤鶴夫の弟子となり、「東横落語会」「若手落語会」の設立に携わった。１９５６年から５８年までの３年間芸術祭賞を連続受賞。「芸術祭賞男」と異名を取った。

［＊27］おきみ……おはやしの大山きみ。芸術協会所属。

［＊28］『肝つぶし』……落語の演目。元々は上方落語の作品。思い込みの激しい男が友人の恋わずらいを直そうと暴走をする。

曲芸の色物というのは寄席に来ると、あんまり何か言わなかったですよ。一言も喋らなかったみたい。だから富士夫さんが出てくると、いきなり鳴り物で上がると、洋服姿で出てって、皿を回す。または帽子の縁だけ、ワーッと回してみると。最後に一升瓶に水を半分ぐらい入れて、頭の上に乗っけて皿を二枚回している。そのうちに、高座に肘を突いて、逆立ちをしながら、段々一升瓶を逆立ち出来る状態まで後頭部へ持ってって逆立ちをして、それを落として、フーッとため息をついて、幾らか笑いがあってお終いとかね。

一徳斎美蝶《いっとくさいびちょう》さんが出て来ると、皿を持って、

「グルグルッと回します」

って、ただ皿を回して、皿が段々高くなってくる。そのあいだに皿回しじゃないけれども、包丁を二つ入れてグルグル回ったり、回っている茶碗をポンと立てて、チンと叩いてずっと下に入れて、

「山寺は鐘つき」

なんて言いながら、最後は大きな皿を、ガラガラガランッて回して、

「へい、お後」

それだけみたいな。あとほかにね、箱を積むネタが、あまりにバカバカしいって色川さんが書いていますけどね。時々立ち上がって、火を食べたりなんかしていま

［＊29］八代目三笑亭可楽（さんしょうていからく）……1897〜1964年　落語家。本名麹池元吉。東京出身。1915年初代三遊亭圓右に入門。六代目春風亭柳枝、五代目柳亭左楽門下を転々とし、1946年八代目三笑亭可楽を襲名。

［＊30］『たち切れ線香』（たちぎれせんこう）……落語の演目。『たちきり』とも記す。上方落語発祥の人情噺の大ネタ。ネタの最中に三味線（楽器）が入る『ハメモノ』の演出があるのが特徴の噺だが、ここでは落語家が話し終わっても三味線が鳴り止まないトラブルを指している。

［＊31］山本晋也（やまもとしんや）……1939年〜　映画監督・タレント。本名伊藤直。東京出身。

したけどね。

それから自分の弟とカミさんを横においてね、傘を出すんだ。傘を五、六本。皆、ネタが見えちゃうの。日劇ミュージックホールで演っていた泉和助［*47］が、……和っちゃん先生が、これを見て「あれは、種明かしか？」なんて言ったぐらいでね。何だか分からない、何を考えているんだか、何をしているか分からない人たちでした。

あるとき、

「富士夫さん怒って帰っちゃったよ」

「えっ、あの人でも」

って。何かあったのかね。パッと帰っちゃったりなんかしたことがある。だから我々の知らない世界で、いろいろなことがあったんでしょうけど、……ただ舞台を楽屋から、また若い頃、客席から見てて、正直言って端のうちは面白かった。初めて見る芸ですから……、音曲なんか分かりませんから……、だけど、逆に音曲の方は、段々分かるようになってきて、「ああ、これはこの芝居のここなんだな」とか、知識がつながるようになる。

だけど、見ていた富士夫さんだとか、美蝶さんだとかというのは、これは飽きます。李彩［*48］だって飽きます。


［＊32］デーブ・スペクター……アメリカ出身のタレント・コメンテーター。

［＊33］景山民夫（かげやまたみお）……1947～1998年　放送作家・小説家・タレント。東京出身。放送作家としてスタートし、制作も出演もこなすマルチタレントとしても活躍。後年は小説家としても活躍し、1988年『遠い海から来たCOO』で第99回直木賞受賞。立川流Bコース門人で立川八王子と名乗った。

［＊34］小室直樹（こむろなおき）……1932～2010年　経済学者・社会学者。東京出身。

［＊35］立花家万治（たちばなやまんじ）……1882～1958年　音曲師。本名橘万次郎。東京出身？

「（口調を真似て）どんぶり鉢に水、出す」
って、面白くも何ともないもん。
だけど、色川先生のように言えば、飽きることを含めて楽しむ場所だということになりますか。

大正初期に七代目翁家さん馬へ入門し、翁家さん治と名乗る。桂さん治を経て、戦後に立花家万治と名を改めた。

［＊36］橘つや（たちばなつや）……１８９８〜１９８２年。１９歳でおはやしとしてデビュー。各団体を転々とした後に落語協会へ落ち着いたが、戦後芸術協会へ移籍。晩年は「おはやしの名人」と称され、芸人たちから尊敬された。

［＊37］万治元来枯れ木のごとし……名僧・一休宗純の逸話をまとめた『一休咄』に出てくる「なんぢ元来枯木のごとし」という台詞の地口。万治は枯れ木のようにひょろひょろの痩身であった。

［＊38］鶯春亭梅橋（おうしゅんていばいきょう）……１９２６年〜１９５５年　落語家。本名松岡勤治。東京出身。都立化学工業学校在学中に演芸作家の正岡容へ入門。１９４４年古今亭志ん生に入門。１９４５年古今亭今輔門下へ移籍。理論的な新作落語で注目されたが、肺結核で夭折。

［＊39］『トンコ節』……流行歌。西條八十作詞、古賀政男作曲。１９４９年コロムビアの新人歌手、久保幸江が発表。民謡調のメロディと官能的な歌詞で一世を風

靡した。

［＊40］奈良丸節……浪曲の節。二代目吉田奈良丸は平易ながらも優美な節回しを売りにした。節の面白さとわかりやすさは漫才や漫談にも取り入れられ、数多くの芸人が奈良丸節をベースにしたネタを演じた。

［＊41］大空ヒット（おおぞらひっと）……１９１３〜１９９０年　漫才師。本名小深田一生。大分県出身。戦前は都上英二と「大空クリーン・ヒット」のコンビで活躍。コンビ解消後、上京して東喜代駒の門下に入り、東京漫才の人気者として売り出した。戦後三空ますみと夫婦コンビを結成。

［＊42］ヒットさんの伝記……１９８９年青磁社から発売された『漫才七転び八起き』。ヒットの生い立ちから晩年まで自叙伝のである。

［＊43］中野忠晴（なかのただはる）……１９０１〜１９７０年　歌手・作詞家。愛媛県出身。武蔵野音楽学校在学中より歌手活動をはじめ、卒業後にコロムビアに入社。ジャズコーラスグループ「ナカノリズムボーイズ」で人気を集めた。戦後は作詞家として活躍。

［＊44］かしまし娘（かしましむすめ）……漫才師。正司歌江（１９２９年〜　北海道出身）、照江（１９３３年〜　北海道出身）、花江（１９３６年〜　秋田県出身）の女流トリオ。１９５６年結成。明るく華やかな音曲漫才と「うちら陽気なかしまし娘」のテーマで上方漫才を代表する大スターとして君臨。後年はそれぞれ女優、タレントとして活躍した。

［＊45］東京ボーイズ（とうきょうぼーいず）……歌謡漫談家。旭五郎（１９４４〜２００７年　本名大内重昭。福島県出身）と菅六郎（１９４４年〜本名菅野寿雄。東京出身）と仲八郎（１９４８年〜　本名中村美治。富山県出身）のトリオ。１９６５年結成。歌謡曲に合わせて謎かけをする「謎かけ小唄」で人気を獲得。

［＊46］未だに芽が出ねぇ……東京ボーイズの持ちネタ。トリオ時代より謎かけ問答の最後に「最後に東京ボーイズを　謎かけ問答で解くならば　種をまかない畑です。いつまでたっても芽が出ない」と歌って終わるのが恒例だった。

［＊47］泉和助（いずみわすけ）……１９１９〜１９７０年　喜劇役者・演出家。本名和田佐紀。佐賀県出身。戦前エノケン一座に加入。二村定一一座を経て、戦後に日劇ミュージックホールの専属コメディアンとなり日劇コメディの主軸となった。

［＊48］二代目吉慶堂李彩（きっけいどうりさい）……。１９０９〜１９９２年　中国奇術師。本名高杉福松。東京出身。父は初代吉慶堂李彩。戦後に二代目を襲名。父同様に片言の日本語をしゃべりながら演じる中国奇術で人気を集めた。

漫談とボーイズ

その頃、落語は落語協会、色物は芸術協会って言われていましたね。そのトップに十返舎亀造・菊次、あれは素晴らしかったな。一時、楽屋で流行語が出来ましたよ。

「なにしろ私ァ《あっしゃ》は、旅慣れてますからねぇ」

というのがね。

「女学校に行ったたって？　女学校は女でしょう」

「何しろ私ァ成績が良かったたですからね」

とか何とかって、最後に、

「そんなのないわ」

って、今の漫才の、

「もうあんたと、ようやってられんわ」

とかっていうので切るのと同じで、「そんなのないわ」というのが、お終いのフレーズで。

一から十までやって元へ返る、十返《とがえ》り。十返舎って名前をつけて、それを亭号にしていた。ネタをもらったのが中禅寺司郎・滝喜世美［*1］、……司郎さんの真似を

［＊1］中禅寺司郎・滝喜世美（ちゅうぜんじしろう・たききよみ）……漫才師。中禅寺司郎（1910年～没年不詳。本名小和田利信。東京出身）と、滝喜世美（1921年～没年不詳。本名小和田カネ子。東京出身）の夫婦漫才。

［＊2］毒蝮……毒蝮三太夫（どくまむしさんだゆう）……1936年～　俳優・タレント。本名石井伊吉。大阪出身。1948年子役としてデビュー。1968年談志の命名で毒蝮三太夫と改名。

［＊3］桂三五郎・河内家芳江（かつらさんごろう・かわちやよしえ）……漫才師。桂三五郎（1900年～没年不詳　本名大村眞太郎）と、河内家芳江（1907～没年不詳。本名大村ヨシヱ）の

毒蝮〔*2〕が演るんだ。変なのを演るね、あいつ。あるいは、桂三五郎・河内家芳江〔*3〕とか浅田家章吾・雪江〔*4〕、言っちゃ悪いけど、三五郎さんも章吾さんも、元落語家だろうけどね、あんまり面白いって印象は残ってない。

それで色川の兄さんに、

「ねえ、岩てこ・〆蝶〔*5〕は、どう?」

って、言ったら、「良いですよ」というの。ちょっと前の色物ね。それを見たかったなと。その後浅草へ出ていた、あの丸一連のとこに出てくるはげ亀〔*6〕だとか、そういった一連の曲芸の、……ピエロたちのね、都々逸が堪らない。

あと、漫談の牧野周一さんとかね、山野一郎〔*7〕。牧野さんの場合はね、

「(口調を真似て)みどりが多いですね。五月みどり〔*8〕とか、畠山みどり〔*9〕とか、よりどりみどりでございますね」

だけど、本にも書いたけど、例えば「のしちゃう」なんて古い言葉を現代に合わせようとして入れてくる。当人は現代に合わせようとしているんだけど、客観的には合わないところに無理を感じて、痛々しいような印象になりましたよね。

弟子の牧伸二〔*10〕の方が……、そりゃあ牧ちゃんは、あの頃は、とにかく寄席なんか出ないくらいに……。あの、「寄席に出ないでくれ」って言われるんだ。寄席よりも人気があるから。例えばてんや・わんや〔*11〕とか、Wけんじ〔*12〕だとかな。

夫婦漫才。三五郎は元々桂小文治門下の落語家。河内家芳江は大正時代からの女漫才師。

〔＊4〕浅田家章吾・雪枝（あさだやしょうご・ゆきえ）……漫才師。浅田家章吾（１９０７年～没年不詳　本名森田国雄。東京出身）と、浅田家雪枝（１９２２年～２０００年　本名渡辺安代。埼玉県出身）のコンビ。夫婦ではない。章吾は春風亭華柳門下の落語家であった。

〔＊5〕寿家岩てこ・〆蝶（ことぶきやいわてこ・しめちょう）……漫才師。寿家岩てこ（１８９４～１９４５年　本名佐藤岩一。東京出身）と〆蝶（１８９８年～１９４５年？　本名宮崎きく。東京出身）のコンビ。岩てこは神楽師・佐藤岩てこの息子。

寄席の方も、「ああいうので、ウケられちゃ困ります。後がやりにくくなります」からって、逆に出さなかったりする。それよりは程の良いというか、落語の邪魔にならない芸を歓迎したという。……こういうことなんでしょうけどね。

山野さんはね、古いそのままなんだね。これが堪らねえんだよな。これは私の趣味ですから、何とも言えないけどもね。もちろん牧野さんのほうがウケるし、東宝でトリを取ったり、圧倒的な人気を持っていた訳なんですけどね。

杉ひろし・まり［*13］、紹介に∧スイング・コント∨とあって、その頃としては、ハイカラだったんでしょうね。

出（テーマ曲）がアレクサンダー・ラグタイム・バンド。ボレロを弾いていたりね。なにかね、……聴いてて薄気味悪いような、ズバッと言うと変態性欲だとか、そういうようなものを持っているような感じね。違ってたら御免なさい。そういうようなものを俺は感じてね。当たってるんじゃないかなと思うんですけどね。

それからシャンバロー［*14］も、私は好きじゃなかったな。宮田五郎、柳四郎、岡三郎か……。そのうち、何かモメて宮田さんが出ちゃって、残った史郎と三郎に邦一郎という若いアコーディオン弾きを入れて、三味線バローからシャンバロー。宮田さんの方が逆にまあ、消滅してしまったんですけどね。なかなか洋楽では難しいです。

［＊6］湊家はげ亀（みなとやはげがめ）……太神楽曲芸師。元々は赤丸一宗家・丸一鉄三郎の弟子であったが後年独立。かっぽれ梅坊主などとともに明治時代の浅草の人気芸人であった。

［＊7］山野一郎（やまのいちろう）……1899～1958年　活動弁士・講談師・漫談家。本名山内幸一。新潟県出身。1917年頃活動弁士としてデビュー。活動写真衰退後は講談に転身。六代目一龍斎貞山の門人となり一龍斎貞寿と名乗る。そのかたわら漫談家としても活躍。

［＊8］五月みどり（さつきみどり）……1939年～　歌手・女優。本名面高フサ子。東京出身。1956年5月「五月みどり」としてデビュー。

例えば、辻ひろしとバイオリン・ハッタリーズ［＊15］。寄席なんかには出ませんですけどね、バイオリンで越後ライオンなんていって、皆で越後獅子を弾いたりなんかしてましたっけ。私はハーモニカダンディ［＊16］なんていうのは好きだったんですけどね。曲芸のキッチントリオ［＊17］だとか、いろいろなそういうのがありました。自転車曲乗りであるとか、まあ、三遊亭銀馬［＊18］さんの倅、小金井ブラザース［＊19］、染之助・染太郎さんの弟子ですけどね。ちょっとした曲芸をやったり……。寄席の色物というのは、また別なものでございましたね。

［＊９］畠山みどり（はたけやまみどり）……１９３９年～　歌手。本名千秋みどり。北海道出身。１９６２年に発表したデビュー曲『恋は神代の昔から』で人気歌手となる。

［＊10］牧伸二（まきしんじ）……１９３４～２０１３年　ウクレレ漫談家・タレント。本名大井守常。東京出身。高校卒業後、計器会社で働くかたわら演芸コンクールに出演。１９５７年牧野周一に入門。ウクレレを弾きながら世相をボヤく「やんなっちゃた節」で一世を風靡。

［＊11］獅子てんや・瀬戸わんや（ししてんや・せとわんや）……漫才師。獅子てんや（１９２４～没年不詳　本名佐々木久雄。東京出身）と瀬戸わんや（１９２６～１９９３年　本名妹尾重夫。大阪出

身)のコンビ。てんやは警察官、わんやは市役所職員の出身。師匠内海突破の斡旋で1952年にコンビを結成。長らく東京漫才の大スターとして君臨した。

[＊12] Wけんじ……漫才師。東けんじ(1923~1999年　本名大谷健二。栃木県出身)と宮城けんじ(1924~2005年　本名寺島文雄。宮城県出身)のコンビ。1961年コンビ結成。

[＊13] 杉ひろし・まり(すぎひろし・まり)……漫才師。杉ひろし(1918~没年不詳　本名斎藤勝。福岡県出身)と杉まり(1923年~没年不詳　本名斎藤冬子。福岡県出身)の夫婦漫才。ギターと三味線で洋楽を演奏する芸で人気を博した。

[＊14] シシャンバロー……歌謡漫談グループ。柳四郎(1917~1988年　本名白井泰一。東京出身)、岡三郎(1917~2003年　本名池田、延次郎。東京出身)、邦一郎(1930~1999年　本名旭千弘。新潟県出身)のトリオ。長唄出身の柳と岡、音楽教師出身の邦という変わった経歴の持ち主でもあった。

[＊15] 辻ひろしとバイオリン・ハッタリーズ……歌謡漫談グループ。辻ひろし(1926~1983年。本名辻弘。東京出身)を中心としたグループ。1954年「辻ひろしとバイオリン・ハッタリーズ」を結成。1961年にトリオを再編し「辻ひろしとザ・ハッタリーズ」と改名。

[＊16] ハーモニカダンディ……ハーモニカ・コミックバンド。高瀬晋一(1929年~没年不詳　本名、福島常雄。東京出身)をリーダーを中心に活躍した。

[＊17] キッチントリオ……太神楽トリオ。宝家楽三郎(1896年頃~没年不詳　本名荻原光重。出身地不明)、息子の竹二郎(1926~没年不詳　本名荻原武雄。東京出身)利二郎(1936年~　本名荻原利夫。東京出身)によって結成された曲芸トリオ。

[＊18] 三遊亭銀馬(さんゆうていぎんば)……1902~1976年　落語家。本名大島薫。東京出身。1920年八代目桂文楽に入門。二代目三遊亭金馬門下を経て三代目金馬門下におさまる。三遊亭圓洲を経て、戦後三遊亭銀馬と改名。

[＊19] 小金井ブラザーズ……太神楽グループ。三遊亭銀馬の息子、小金井辰夫・辰次によって結成。洋服姿で演じるジャグリングで人気を集めた。

噺家の本名

落語界の歴史というんですかね。……例えば今、私の年代、七十歳ちょいと前ですね。これより下の年代が居ます。志らく［＊1］だとか、談春［＊2］だとか、もっと下のも居る。私の上の年代は文楽、志ん生。そのちょっと上の、四代目小さんとか、五代目圓生［＊3］とか、それから文楽・志ん生と同じだけど、年はちょっと若い六代目圓生とかありますが、文楽、志ん生、柳橋［＊4］、金馬［＊5］、権太楼［＊6］、今輔［＊7］、その連中、正蔵とか。その一つ前の世代が、三代目小さんとかね。橘家圓喬［＊8］、名人といわれた圓右［＊9］、圓左［＊10］、小勝［＊11］だとか……、小勝はその中間、まあ、同じですね。

その上が圓朝［＊12］の時代になりますか。そこから圓朝、圓朝の弟子たち、圓右だ、圓左だ、小圓朝だ。圓喬だ、または三代目小さんだ。その後が、文楽、志ん生、圓歌、正蔵だとかという。で、現代には談志とか志ん朝とか圓楽［＊13］とか、まあ、歌丸だとか、いろいろ居ますわな。談志および雑魚が……。

そういう分け方が、ざっと出来るので、これが落語の系統というか、ざっと喋った歴史みたいなもんですけどね。私が落語に会った頃は、会長は桂文治［＊14］、八代目、八世家元と書いた文治、顔の長い、

［＊1］立川志らく（たてかわしらく）……１９６３年〜　落語家・映画監督。本名新間一弘。東京出身。１９８５年談志に入門。

［＊2］立川談春（たてかわだんしゅん）……１９６６年〜　落語家。本名佐々木信行。東京出身。１９８４年談志に入門。

［＊3］五代目三遊亭圓生（さんゆうていえんしょう）……１８８４〜１９４０年　落語家。本名村田源治。東京出身。１９０５年四代目橘家圓蔵に入門。１９２５年五代目三遊亭圓生を襲名。

［＊4］六代目春風亭柳橋（しゅんぷうていりゅうきょう）……１８９９〜１９７９年　本名渡辺金太郎。東京出身。９歳で四代目春風亭柳枝に入門。１９２６年六代目柳橋を襲名。１９

「(口調を真似て) えろう長い顔どすえ……」

上を見て真ん中見て、下を見てると、真ん中を忘れちまって、真ん中(なんだか)分からないって、長い顔をしてね。

「(口調を真似て) お前がそう言うけど、亭主をそういう粗末にしちゃいけない、口が欠けたら、土瓶なら換えられるけど、亭主は、そう換える訳にいかないんだから」

「(口調を真似て) それはそうですよ、亭主は土瓶よりえらいでしょう。亭主は古くなるとやかんになりますからね」

って、こう言ったときに、

「(口調を真似て) バカなことを言うんじゃないよ」

と返すやり方があるけど文治師匠、

「(口調を真似て) これは驚いたね、おい、聞いたかい。言うことはくだらねえ、亭主は古くなるとやかんになるとよ」

って、こういう受け身のリアクションね、「あまり他には居ないな」と思って、時折私もそれを使っているんですがね。

実権は文楽師匠が取ってました。黒門町の師匠。今は、(町名改革で) 上野一丁目の師匠、嫌だね。文楽、志ん生、……順に言うとね、圓歌、圓生、正蔵、柳枝《りゅうし》[*15]、馬風、さん馬、圓蔵[*16]、小圓朝、つばめ[*17]、まあ、こういうふうに圓窓

３０年日本芸術協会を設立し会長就任。

[＊5] 三代目三遊亭金馬(さんゆうていきんば)……１８９４～１９６４年 落語家。本名加藤専太郎。東京出身。１９１３年初代三遊亭圓歌に入門。１９２６年三代目金馬を襲名。十八番は『居酒屋』『孝行糖』など。

[＊6] 初代柳家権太楼(やなぎやごんたろう)……１８９７～１９５５年 落語家。本名北村市兵衛。東京出身。１９１９年頃初代柳家三語楼に入門。１９２３年権太楼と改名。１９２７年真打昇進。

[＊7] 五代目古今亭今輔(ここんていいますけ)……１８９８～１９７６年。落語家。本名鈴木五郎。１９１４年初代三遊亭圓右に入門。以来四代目今輔、三代目柳家小さん、桂小文治の門

〔*18〕とか、こういく訳ですがね。私は名前をちゃんと覚えているんだよな。名前が言えるというのは、昔みんな覚えてたと思うんですけどね。

今の、やれ、小益の文楽〔*19〕だとか、そういうのに聞いても分からないんじゃないですか？　八世文治、本名、山路梅吉、桂文楽、並河益義。志ん生、美濃部孝蔵。圓歌、田中利助。圓生、山崎松尾。正蔵、岡本義ね。柳枝、島田克巳。右女助〔*20〕、吉田邦重。小さん、小林盛夫。馬風、色川清太郎。さん馬、高安留吉、圓蔵、市原虎之助。小圓朝、芳村幸太郎。若旦那らしい名ですな。つばめ、深津龍太郎、浪人者みたいでね。圓窓、村田仙司とか、そういうのを覚えてますよ。

これを何ていうのかな、ひいきなのかマニアなのか、これを愛というのかね。愛……、ちょっと違うか。これを大事にする了見が仲間とでもいうのかな、一つのことで全部をくくってはいけないということ、……そんなことないと思います。そんな人たちに出来ることなら思い出として遺してもらいたい。そのために残していくんだと、まあ、こういう言い方をしとるんですけどね。それにしても、……立川談志、満六十八歳、十二月で六十九歳になります。シックスナイン。よく喋ったと褒めてやるか。「（大事なのは量じゃなく）内容だ！」、この野郎！

下と渡り歩く。１９４１年五代目今輔を襲名。新作落語の「お婆さん落語」を開拓。

〔＊８〕四代目橘家圓喬（たちばなやえんきょう）……１８６５～１９１２年　落語家。本名柴田清五郎。江戸出身。七歳で三遊亭圓朝に入門。１８８５年四代目橘家圓喬を襲名。

〔＊９〕代三遊亭圓右（さんゆうていえんう）……１８６０～１９２４年　落語家。本名沢木勘次郎。江戸出身。１８７２年頃二代目三遊亭圓橘に入門。１８８３年真打昇進。１９２４年二代目三遊亭圓朝を襲名するも急逝。

〔＊10〕初代三遊亭圓左（さんゆうていえんさ）……１８５３～１９０９年　落語家。本名小泉熊山。江戸出身。１８７１年頃三遊亭圓朝に入門。１８８６年真打昇進。

［＊11］五代目三升家小勝（みますやこかつ）……1858〜1939年　落語家。本名加藤金之助。江戸出身。1873年に四代目翁家さん馬に入門。1903年に真打昇進。1907年五代目三升亭小勝を襲名。1926年より13年間落語協会会長としても活躍。

［＊12］三遊亭圓朝（さんゆうていえんちょう）……1839〜1900年　落語家。本名出淵次郎吉。江戸出身。父は初代橘家圓太郎。若い頃より『牡丹灯籠』『真景累ヶ淵』『乳房榎』『死神』『鰍澤』などの傑作を創作し、素噺一本で新境地を開いた。弟子や後進の育成にも熱心で三遊派を築き上げた。通称「落語中興の祖」。

［＊13］五代目三遊亭圓楽（さんゆうていえんらく）……1933〜2009年　本名吉河寛海。東京出身。1955年六代目三遊亭圓生に入門。1962年五代目圓楽を襲名し真打昇進。

［＊14］八代目桂文治（かつらぶんじ）……1883〜1955年　落語家。本名山路梅吉。東京出身。1898年六代目三笑亭可楽に入門。後年六代目文治の養子となる。1928年八代目桂文治を襲名。1947年落語協会会長に就任。

［＊15］八代目春風亭柳枝（しゅんぷうていりゅうし）……1900〜1959年　落語家。本名島田勝巳。東京出身。父は音曲師の四代目柳家枝太郎。1921年四代目春風亭柳枝に入門。1943年八代目春風亭柳枝を襲名。

［＊16］七代目橘家圓蔵（たちばなやえんぞう）……1902年〜1980年　落語家。本名市原虎之助。横浜出身。1923年八代目桂文楽へ入門。破門、転職、復帰を繰り返し、1946年四代目月の家圓鏡を襲名し真打昇進。1953年七代目橘家圓蔵を襲名。

［＊17］四代目柳家つばめ（やなぎやつばめ）……1892〜1961年　落語家。本名深津龍太郎。東京出身。元は義太夫語り。1907年頃三代目春風亭柳朝に入門。後年五代目三升家小勝門下へ移籍。1927年四代目柳朝を襲名。1947年四代目柳家つばめを襲名。

［＊18］五代目三遊亭圓窓（さんゆうていえんそう）……1889年〜1962年　落語家。本名村田仙司。東京出身。五代目圓生の実弟。元は力士。1910年頃四代目橘家圓蔵に入門。1925年五代目圓窓を襲名。1940年頃、三代目圓左を襲名。戦後、圓窓の名に戻した。

［＊19］九代目桂文楽（かつらぶんらく）……1938年〜　落語家・タレント。本名武井弘一。東京出身。1957年八代目桂文楽に入門し、桂小益と名乗る。1992年九代目桂文楽を襲名。

［＊20］桂右女助（かつらうめすけ）……1908〜1971年　落語家。本名吉田邦重。東京出身。1930年桂文楽に入門。1937年真打昇進し右女助と名乗る。右女助時代に発表した『水道のゴム屋』が大ヒットを飛ばした。1956年六代目三升家小勝を襲名。

◆講談師の章（談志百席　第二期）

この章の録音は、平成17年（2005）3月28日
アバコクリエイティブスタジオ303スタジオで行われた。立川談志69歳、春。

【読者のための前説】

本章では、談志師匠が入門前から寄席で聴いて楽しんでいた講釈師について、たっぷりと語ります。

『談志百席』の録音も二期目に入り、談志師匠にも余裕が出来て、音の言葉で遊び始めたスタジオ録音でした。本章は、音で聴かないとその面白みが理解しにくい箇所や、本題と関係のない箇所を割愛させていただいて、立川談志の芸談や、ノスタルジーの中のリスペクトを中心に編集しております。割愛部分がどうしても気になる方は、どうぞ、CD集『談志百席』で、音で聴く立川談志の世界をご堪能ください。

談志百席第二期について

立川談志めにございます。さて、講談の思い出話を喋ってほしいと、川戸貞吉［*1］の注文でね、勝手なことを言うんだ。私の講釈歴というのは、講釈歴といったって、器用ですから講釈もかじりました程度で、ちょっと演るぐらいですけどね。因みに私はうちの弟子に修羅場［*2］を必ず覚えなさいと、

「（講釈の口調で）馬上において三左衛門、御手をかざして見てあれば」［*3］

［＊1］川戸貞吉（かわどさだきち）……1938～2019年　アナウンサー・演芸評論家。神奈川県出身。早稲田大学時代より談志と親交を結び、生涯の親友として付きあった。

［＊2］修羅場……講談の芸の一つ。主に合戦の様子を描く際に使われる手法で、拍子木と張り扇を活用し、調子よく語って行く。

［＊3］馬上において……談志が語り始めたのは修羅場の基礎といわれる『三方ヶ原軍記』。徳川家康と武田信玄の合戦を描いたもの。

［＊4］清掻と卵、卵で幕が開き……古川柳。清掻とは吉原の遊女が弾いた単純な三味線旋律を邦楽に取り入れたもの。卵売りは行商の一つ。

［＊5］五代目一龍斎貞丈（いちりゅうさいていじょう）……1906～196

って、あれね。

「(講釈の口調で) 三千一組、二千一組、あるいは千人、八百人。五百、三百、ここかしこ。八方四面にたむろをなして、その勢およそ三四万。魚鱗、鶴翼長蛇形、虎頭円月、雁行、一文字、真ん丸一行、丸手形、もがり落としに鉾、矢立、あるは八門遁甲」

八門遁甲、……備えを言っているわけね。

「(講釈の口調で) 備えを固めし有様は、兜の星を輝かせ、鎧の大袖小袖を揺り合わせ得物得物を飾りたて、みな華やかに出で立ちたり」

ってなことを言ってね。張り扇でダンカダンダンダンダンってやつね。

「(講釈の口調で) さて真っ先に突き並べたる楯の板には、みな目印の定紋の斑。枝菊、桔梗、鶴の丸、手綱三巴、三階松、牡丹、片喰」

あのね、これ喋ってるとね、

「(それぞれ口調を変えながら) 牡丹、片喰、抱き茗荷、短冊、中黒、八重桔梗、重ね扇に三つ柏、丸に上の字　五三桐」

こう速くは変えませんけどね、変えるのが当たり前なんです。今の奴は、皆変わらんですよ。ただ演ってるの居ますけど、圓楽でも何でも。お前らには分からないだろうからねぇ。今の講釈師だって知らないですよ。変えた方が、聴衆を捉えると

8年　講談師。本名柳下政雄。三重県出身。1925年四代目昇龍斎貞丈に入門。五代目馬琴とは実の従兄弟にあたる。

[＊6] 七代目一龍斎貞山(いちりゅうさいていざん)……1907~1966年　講談師。本名佐藤貞之助。東京出身。1922年六代目貞山に入門。1947年七代目一龍斎貞山を襲名。

[＊7] 二代目神田山陽(かんださんよう)……1909~2000年　本名浜井弘。大手出版社社長から講談師となり、品川連山。神田小伯山を経て1955年二代目神田山陽を襲名。

[＊8] 五代目宝井馬琴(たからいばきん)……1903~1985年　講談師。本名大岩喜三郎。愛知県出身。1925年四代目馬琴

いうか、変化が出てくるということなんでしょうが、……そのうちに伝統というのはね、変化をつけるという本来の目的よりも、あれが出来るか出来ないかということになってくるの。

　例えば前も話しましたね。

「『一声と三声は呼ばぬ卵売り』と申しまして、卵屋は二声に限ったそうです。『卵ぉー、卵ぉー』なんてんでね」

ちなみに、「清掻《すががき》と卵、卵で幕が開き」と［*4］いう吉原を読んだ句がありますが。

これがねぇ、「一声じゃあ、具合が悪い」と、こういうことになってね、

「『卵ぉー、どぉーれぇ』、何か門番が出てきそうで……」

とかね、「武者修行に行ったようです」とか。あれはね、「卵ぉー」と言ったのが、「頼もう」に聞こえたということで、「どぉーれぇ」を加えたと。

「一声じゃ具合悪いですよ、『た・ま・ごぉ』、何かワルツみたいですな」

って、べつにこれでもいいんです。だけどやっぱり「卵ぉー、どぉーれぇ」という小噺を成立させるためには、「頼もぉー」に近い声を出す訳。「どぉーれぇ」と言いたくなるような……、頼もうに近い言葉で、「卵ぉー」と言う。本来は、「卵ぉー」という売声が、そう聞こえたということなんですがね。これが伝統芸なんですよ。


へ入門。1934年五代目馬琴を襲名。重厚な語り口と堅実な講談で一時代を築いた。

［＊9］二代目大島伯鶴（おおしまはっかく）……1877〜1946年　講談師。本名大島保利。福島県出身。父は初代大島伯鶴。戦前の講談界の大幹部として君臨。六代目貞山と人気を二分した。

［＊10］「曲垣平九郎の一席のお噂」……間垣平九郎は講談の演目『寛永三馬術』に出て来る人物。

［＊11］三代目神田伯山（かんだはくざん）……1872〜1932年　講談師。本名、岸田福松。東京出身。1883年二代目神田伯山に入門。松山、小伯山を経て、1904年三代目を襲名。

寄席に出てくるんですから、講釈は聴きましたよ。

落語協会には、貞丈［＊5］、貞山［＊6］、小伯山、後の山陽ですね。亡くなりました、山陽先生［＊7］。

芸術協会という歌丸が、今やっているところね。……やっているったって、別にやっている訳じゃねえだろうけれども、会長になっている。で、こっちには馬琴《ばきん》先生［＊8］がいました。……宝井馬琴。あの、糞《ふん》詰まりの馬琴。

「（口調を真似て）宝井馬琴でござりまする」

っていうね。糞詰まりってあだ名があった。もう、上手いですよ。若い頃に、その頃人気を博した大島伯鶴［＊9］の芸をよく学んだ。面白く、また上手かった。……俺と同じように、……理屈述べるようになってね。いつだっけな？　参議院で二度ばかり落っこってた。大岩喜三郎って本名で。で、どっかで会った。そしたらね、

「君、参議院に当選したら、すぐ辞めるんだよ。それが粋なんだよ」

っていきなり言うの。頭に来てね。人の居る広いところで、

「先生、そういうつもりだったんですか？　選挙で入ったら辞めるつもりだったんですか？」

ってなことを言ったことがある。それまでは、それほど馬琴先生に対して他意は

［＊12］神田四天王……三代目神田伯山の門下に集った優秀な講談師たち四人の総称。初代神田山陽、初代神田ろ山、三代目神田伯治、五代目神田伯龍。

［＊13］初代神田ろ山（かんだろざん）……1890～1946年　講談師。本名小林寅吉。東京出身。旧制郁文館中学卒業後の1907年三代目伯山に入門。1919年頃ろ山と改名。

［＊14］初代神田山陽（かんださんよう）……1897～1948年　講談師。本名石村利兵衛。神奈川県出身。1913年三代目神田伯山に入門。伯英を経て、1922年山陽と改名。

［＊15］新聞……講談・浪曲に存在したジャンル。その時々の新聞記事や事件を一席のネタにまとめて口演す

なかったんですけどね。圓蔵がね、

「あれは嫌な奴だ」

って言ってたんですよ。これもすべてじゃないでしょうけどもね。一時代を画したというか、若手時代から死ぬまで馬琴ですよね。ナンバーワンでしょうな。

馬琴、貞丈、貞山というあたりが、私が聴いていた当時の重鎮ですね。寄席に出て、またどこでもウケて。

一龍斎貞山先生、どこでもウケたって訳じゃないけど、怪談で売って、ポピュラリティーがあった。そのちょっと前になるかな、先輩にあたるというのかな。私は売れまくった大島伯鶴を聴いてないんですよ。小学生のときにね、大島という同級生がいて、そいつに伯鶴ってあだ名がついたんです。大島だから伯鶴なんですよ。小学生のあだ名になるくらいの知名度があったということですね。

馬琴先生は、それを模していたといいますかね、

「(口調を真似て)紅白の梅を取りまするという曲垣平九郎の一席のお噂……」[＊10]

って、言いました。「……という、一席のお噂でございます」、喋り方が似てんだよ。それでね、その伯鶴、そのあたりの時代に三代目伯山[＊11]門下の神田四天王[＊12]というのがいた。神田ろ山《ざん》[＊13]、これは三代目伯山をすっかり真似たという。師匠そっくりのドスの利いた、「次郎長は……」と、演っていたそうです。

るスタイルの総称。

[＊16] 伊藤痴遊（いとうちゆう）。１８６７〜１９３８年　講談師・政治家。本名井上仁太郎。横浜出身。若い頃は自由民権運動の闘士として活躍。政府により言論弾圧を受けたのを機に独立独歩の講談師としてデビュー。政治講談と称し、高座の上から政治問題や政治家伝を論じた。

[＊17] 作田玄輔……初代伊藤痴遊の新作講談。

[＊18] 三代目神田伯治（かんだはくじ）ん…１８８９〜１９４０年　講談師。本名大沢順太郎。東京出身。父は二代目神田伯治。１９０２年二代目桃川如燕へ入門。後に三代目神田伯山門下へ移籍、三代目伯治を襲名した。

それから山陽［*14］、これもまたその先生の前の山陽ですね。馬風はよく真似してました。

「(口調を真似て) 次は、代わりまして、この山陽で……」って、こんなような物真似をしてます。新しいものをやれば、新聞［*15］も読めばね、伊藤痴遊［*16］の『作田玄輔』［*17］なんていう、まあ、馬琴先生も演ってました。そして玄人好みだった伯治［*18］、そして私の最も惚れた伯龍［*19］、……見てないんですよ。もうちょっと早く、子供の時分に客席にいれば聴けたはずで……、何度も言う通り山藤章二［*20］画伯にもらったSPレコードの『小猿七之助』［*21］を聴いてね、戦慄が走りました。

そのエピソード集を喋れということですよ。当然アトランダムになる、けども一応こう、意識の中で、この人、この人、この人というふうに、演ってくれと、こういう注文がございましたのでね。川戸貞吉……、あの野郎。

講釈師の亭号

大阪の落語家の亭号は、桂と笑福亭と、可朝が月亭なんていってますがね。東京は、三遊亭とか三笑亭、古今亭、金原亭、入船亭。……これは今の扇橋って奴に俺が復活させた名前ですけど、ほかに柳亭とか、立川なんてのも出てきましたよ。月

［＊19］五代目神田伯龍(かんだはくりゅう)……1890〜1949年　講談師。本名戸塚岩太郎。東京出身。1902年三代目神田伯山に入門。1912年五代目伯龍を襲名。『小猿七之助』『天保六花撰』などの世話物を得意とし、名人と称された。

［＊20］山藤章二……山藤章二(やまふじしょうじ)。1937年〜　風刺画家・似顔絵作家。

［＊21］小猿七之助』……『小猿七之助』……講談・浪曲の演目。

［＊1］昇龍斎貞丈(しょうりゅうさいていじょう)……講談の名跡。初代は後の四代目貞山。二代目は三代目錦城斎典山、三代目は六代目貞山、四代目は典山の弟子。五

の家というのもあるし、橘家、翁家、いろいろあります。当代だけの名前、台所おさんだとか、五街道雲助とかね。もちろん弟子がいれば、それを付けるんでしょうけど。そういう沢山の亭号がありますよ。鶯春亭だとか、春風亭とかね。

講談もあったんですね。私が知る範疇においても、神田では、伯山とか、伯龍とか、山陽、小伯山、松鯉。それから、邑井。邑井貞吉。邑井一、邑井操。それから一龍斎貞丈。貞丈は本来、昇龍斎[*1]、昇る龍の斎と書いた。一立斎と書いて、「いちりゅうさい」と言います。一立斎文慶[*2]、文車[*3]。巾着切り文車。それから当時泥棒伯圓[*4]といった松林伯圓。

お客が、

「今日は泥棒にするか？　巾着切りにするか？」

って、相談してて捕まりそうになったという、こういうエピソードが成り立つぐらい有名で、巾着切りというか、市井の盗人、義賊、鼠小僧みたいな、そんな感じをよく出したという文車。〝がちゃがちゃの文車〟っていう、……一立斎文車。または文慶、これは名人です。それから伯圓ですね。松林伯圓。あるいは小金井、宝井、田辺、田辺南龍とかね、南鶴とかね。

記憶のあるところでは、越山[*5]、……大谷内越山。越後の人で訛ったけど、文芸ものをやって、「名人だ」と残っておりますね。正流斎南窓[*6]。これ、寄席を経

代目は四代目の弟子であるが、恩人の六代目一龍斎貞山への配慮から「一龍斎」と亭号を改めた。六代目は五代目の息子。

[＊2]一立斎文慶（いちりゅうさいぶんけい）……1846～1915年。江戸出身。二代目一立斎文車に見込まれて講談師となる。晩年は「世話物の名人」と称された。

[＊3]立斎文車（いちりゅうさいぶんしゃ）……講談の名跡。三代存在する。初代は幕末の講談師で泥棒の出るネタが上手かったところから「巾着切り文車」と持て囃された。二代目は初代の弟子で、幕末から明治初年に活躍。三代目は二代目の弟子で1884年三代目を襲名。

[＊4]二代目松林伯圓（しょうりんはくえん）……1834～1905年　講談師。本名若林駒次郎。常陸国下館

営してたんですね。秋葉原のあっちの方で、とんぼ軒［*7］という。そうしたら、何かの恨みか何かで殺されちゃうんだよ［*8］。木戸番か何かにね。これが写真に出て、見た人が、

「ああ、なるほど、これは人殺しをしそうですね」

って。

「そうじゃない、これは殺《や》られた人ですよ」

って、当時噂話があった。

それから、中国の故事にありますなぁ［*9］、桃の林に牛を放すという。放牛舎桃林［*10］、……梅の林とかね。そういう古語に由来する清草舎英昌［*11］。そういう人たちが、明治から大正、昭和の頭まで、綺羅星の如く並んで、好事家というよりも、頭がいいという言い方が分かりやすいんですけど、文士とかそういった連中を引きつけたんですね。


出身。初代の芸養子で1854年に二代目を襲名。泥棒ネタを十八番にした。その人気と実力は三遊亭圓朝と並び称され、「講談中興の祖」ともよばれる。

［＊5］大谷内越山（おおやうちえつざん）……1885〜1946年　講談師・宗教家。本名大谷内新吉。新潟県出身。1907年二代目桃川如燕に入門。知性的な芸風を武器に「教育講談」「文芸講談」などの新講談を開拓。

［＊6］五代目正流斎南窓（しょうりゅうさいなんそう）……1861〜1923年　講談師・寄席経営者。本名高野藤八。東京出身。幼い頃より松柳亭太麗と称して講談を修業。後にとんぼ軒席亭で四代目南窓を称した蜻蛉切平八の娘婿となり五代目南窓を襲名。

［＊7］とんぼ軒……下谷竹町に存在した寄席。元々は辻講釈の蜻蛉切平八南窓を自称したが1885年より経営していた講談席「宝集亭」を五代目が受け継いで改築。1912年「蜻蛉軒」と改称。大正期に色物席となり落語や色物も出演するようになった。南窓亡き後六代目雷門助六が買収し「六三亭」として経営。

［＊8］殺されちゃうんだよ……1923年6月21日夜、南窓は寄席で雇っていた下足人・小野某によって殺害された。

［＊9］中国の故事にありますなぁ……中国の故事『馬を崋山の陽に帰し、牛を桃林の野に放つ』。悪政を布く王朝を滅ぼした周の武王は戦が終わった後に、軍馬と牛を解放して世に二度と戦争をしないことを誓った伝説がある。

［＊10］放牛舎桃林（ほうぎゅうしゃとうりん）。講談の名跡。二代存在する。初代桃林は江戸時代の人で初代宝井馬琴の門人。師匠没後に独立。講談師きっての人格者とうたわれた。二代目は初代の門弟で息子。1898年二代目桃林を襲名。

［＊11］清草舎英昌（せいそうしゃえいしょう）。講談の名跡。二代存在する。初代は幕末から明治にかけて活躍した人。二代目は初代の門弟。講談師の伊藤燕旭堂を父に持ち、幼い頃から高座に立った。後に初代英昌門下へ移籍し二代目を襲名した。

小金井芦洲代々　その一

小金井、……一番上が芦洲［*1］です。私のまぁ、友達というか先輩ですけどね。一緒に金のない頃ウロウロしていた、芦洲、本名は岩間虎雄、虎雄というんだけど、藤堂高虎と同じで「雄」と書いて「たか」と読む。虎雄で虎さん。「虎さん」って言っていたら、「虎雄（とらたか）です」と言ってましたけどね。でも、虎雄（とらたか）という顔じゃねえよ。

よく見りゃ二枚目なんだけどね。愚図で酒飲みで、滅茶苦茶でね。上野の駅で酔っぱらって気が付いたら山形に居たという、……本当の話らしいですよ。どうも寒いので、雪が降ってんだと。ずっと寝ていて、車掌も車掌だね。帰りの汽車賃もらって、切符もらって帰ってきたとかね。私がまだ前座から二つ目の頃、ウチの近所で演芸会を演りに来たよ。

ちょいと乙な年増が惚れてね、それで親切にしたのは、ウチの母親なんですよ。「お前の先輩だから親切にした」って。ウチへ泊まってね、朝、長屋ったって二軒長屋だけど、ちっちゃいところですよ。修羅場の講釈演ってんだよ。そうしたらね、来た人がね、「あのお経は、上手いですね」と……。お経だと。怒りやがったね。「お経とは、何ごとだ！」ってね。

［＊1］六代目小金井芦洲（こがねいろしゅう）……1928～2003年　講談師。本名岩間虎雄。東京出身。1941年四代目芦洲に入門。1949年五代目西尾麟慶を襲名。1965年六代目小金井芦洲を襲名。

［＊2］龍斎貞鳳（いちりゅうさいていほう）……1926～2016年　講談師・タレント。本名今泉正二。東京出身。1938年五代目一龍斎貞丈に入門。戦後はタレントとしても活躍し『お笑い三人組』では一世を風靡した。

［＊3］『浜野矩随』（はまののりゆき）。講談・落語の演目。

［＊4］一龍斎貞花（いちりゅうさいていか）……1928～2003年　講談師。本名柳下基一。神奈川県

同期として、貞鳳［＊2］さんね。参議院で一緒だった。貞鳳さんの講釈はね、最初は下手クソだったです。……才気はあった。それがねぇ、面白くなって、見事に伯鶴になる、……辞めちゃったんだよ、もったいないけどなぁ……。だから、圓楽の『浜野矩随』［＊3］なんて、あれは全部貞鳳さんのネタですよ。結構なもんでした。

そして、貞丈先生のご子息の貞花［＊4］、後の貞丈、……このあいだ亡くなりました貞丈さんね。そんなところで、今は虎さんとか、ただ一人元気で演っている伯龍［＊5］、……その頃の伯治です。神田伯治。そのくらいになっちゃった。

あとは、私よりちょっと後輩になる貞水［＊6］とか馬琴。琴鶴［＊7］といっていましたね。

「こちら、金隠しです」

金隠しって、そういった冗談があったぐらい。……清水か何か、あっちの方から出て来てるんです。それらが、一番上の年齢というか、ポジションになって来た訳ですね。その虎さんの芦洲の、前の芦洲［＊8］。これは宝井馬秀。「一席のお噂にござります」と言ったホラ吹きの馬琴の、糞詰まりの馬琴の……、弟子分になったのかな……。

虎さんというのは、ずっと素人で、桜洲の前の松村伝次郎［＊9］、麟慶から桜洲になった、この人の弟子なんです。だから松村の弟子の虎さん……。若衆っていって

出身。後の六代目一龍斎貞丈。父は五代目貞丈。法政大学在学中に講談の面白さに目覚め１９４７年父に入門。一龍斎貞花と名乗り若手講談師として売り出した。１９６９年六代目一龍斎貞丈を襲名。

［＊5］六代目神田伯龍（かんだはくりゅう）……１９２６～２００６年　講談師。本名小村井光三郎。東京出身。１９３７年五代目神田伯龍に入門。１９４７年四代目伯治を襲名。１９８２年六代目伯龍を襲名。

［＊6］六代目一龍斎貞水（いちりゅうさいていすい）……１９３９～２０２０年　講談師。本名浅野清太郎。東京出身。１９５５年五代目一龍斎貞丈に入門。１９６６年真打昇進し六代目一龍斎貞水を襲名。２００２年人間国宝に認定。

いましたよ。若い衆ですね。ちょっと整理しますよ。虎さんがいて、虎さんの上に桜洲……。つまりね、この辺を私が追いかけたんです。

　馬琴、貞山、貞丈という……、あまり売れない人たち。だけど、講釈通にしたら、これにすがるよりしょうがないじゃないか。またそのすがるだけのものが残っているという人たち。明治の客を唸らせた、私がこれから話をしようという芦洲だとか、それから二代目伯山［*10］、三代目伯山、お爺さんの馬琴［*11］、そういった人たちと一緒に演っていた人たちなんです。それが木偶坊伯鱗［*12］だとか、桃川若燕先生［*13］、若い燕ですね。そして、神田松鯉［*14］。

　この小金井芦洲の話に戻しますと、……〝虎んべ〟の話をします。虎んべの師匠と、虎んべのあいだに、私が惚れた明治の生き残り証人みたいな芦洲が居たんです。馬秀から芦洲になります。それを虎公が取り上げちゃうんだから、「ウチの名前だから返せ」［*15］って言うんですね。それで桜洲という、隠居名と言いますか、桜の洲になったんです。桜洲先生を私は追いかけました。その桜洲が、こよなく惚れたのが秋元格之助という、……これは名人の芦洲と伝わっている。

　それで、志ん生師匠が弟子になってね、芦風。講釈をやっていたらしいですよ。嫌な講釈だろうね。

「（志ん生の口調で）んぇ〜、切られ与三郎がぁ〜」

［＊7］宝井琴鶴（たからいきんかく）……１９３５〜２０１５年　講談師。本名山梨務。静岡県出身。後の六代目宝井馬琴。１９５９年五代目馬琴に入門。１９６６年真打昇進し琴鶴と名乗る。１９８７年六代目馬琴を襲名。

［＊8］五代目小金井芦洲（こがねいろしゅう）……１８７７〜１９６１年　講談師。本名上野正吉。東京出身。４０歳の時に大島小伯鶴に入門。後に四代目芦洲門下へ移籍。１９５０年五代目芦洲を襲名。１９５８年小金井桜洲と改名。

［＊9］四代目小金井芦洲（こがねいろしゅう）……１８８８〜１９４９年　講談師。本名松村伝次郎。東京出身。父は四代目神田伯龍。１９０１年神田伯鯉（三代目

だからどこかで、やっぱりそういう口調が演りたいんでしょうね。

「（志ん生の口調で）この金をぉ、懐に入れていいかぁ、善とぉ悪とのぉ二筋道ぃ」

何を言いやがんだ、志ん生師匠ね。で、秋元の芦洲、伯山だ、やれ典山［*16］だ、伯鶴だという、そういうところで演っていて、名人中の名人と言われた。片や典山、片や芦洲。ここへ馬琴という軍談専門のお爺さんが居る。喋りたくてしょうがないので、「雪降りの狆コロ」というあだ名が付いて、嬉しくて、嬉しくてしょうがないという、――そういう表現ですがね。この人の修羅場を聞いたら、堪らなかっただろうな。そういう記事が残っていますね。有竹修二先生［*17］の、『講談・伝統と話芸』……、私の座右の書です。

この芦洲、……秋元の芦洲、……私の好きな作家の一人というか、……好きな作家って少ないんだよ。とにかく好きな作家は、岡本綺堂と子母澤寛［*18］なんだよ。現代は、またちょっと違いますけど、現代では山本七平さん［*19］とか、小室直樹さんとかってね。

「私の雪の描写が上手いと云われるのは……」

子母澤先生の文ですよ。

「芦洲の影響でしょう」［*20］

って、書いてありますよ。そのぐらい、上手かったんですね。

芦洲）に入門。1905年師匠と共に神田一門を離脱し、西尾麟秀と改名。西尾麟慶を経て1936年四代目芦洲を襲名。

［＊10］二代目神田伯山（かんだはくざん）……1843〜1921年　講談師。本名玉川金次郎。江戸出身。1857年初代神田伯山に入門。1870年二代目伯山を襲名。1904年伯山の名前を弟子の小伯山に譲り、自らは松鯉と改名。

［＊11］四代目宝井馬琴（たからいばきん）……1853〜1928年　講談師。本名小金井三次郎。江戸出身。父は三代目東流斎馬琴。1866年父に入門。1899年四代目馬琴を襲名。襲名の際、東流斎馬琴から宝井馬琴に名を改めている。

行ったり来たりしますけどもね、貞丈先生がね、

「(口調を真似て)玄界灘　相模灘　乗り切りまするは　江戸湾に入ってまいります
この船が　江戸の人たちは待ちに待った　沖の暗いのに白帆が見ゆる　あれは紀ノ国蜜柑船とうたった　紀伊国屋文左衛門[*21]船出の一席にござりまする」

と、いった貞丈先生が、芦洲話をしているんですね。『不如帰』[*22]、武男と浪子です。その浪子が船に乗って、武男が待っている海岸。そこへ船が近づくと待ちきれなくて、口調は……、知りませんよ。(録音は)残っていないと思います。朗々と喋るという部分もあったんだろうな。

「(講談の口調で)浪子は思わず船縁を蹴るってぇと、ポーンと飛んで砂浜へ、ひしと武男にすがって……」

というところがね、客がね、

「おお、ちょっと先生、待ってくんねえ。いくら何でも浪子というのは、片岡陸軍中将の令嬢だよ。それを、裾を露わにポーンと船から縁へ飛ぶかね?　先生」

と、言ったらね、張り扇を一つ、ポンと入れて、

「おォ、客人!　恋に思案があって、堪るけぇ」

つったってんだけどね。何とも堪らねぇんだ。そういうのを読んで興奮して、この稼業になっちゃったんだよ。それで声が、こんなになっちゃったの。こういうことね。


[*12]二代目木偶坊伯鱗(でくのぼうはくりん)……1882~1965年　本名久保金蔵。東京出身。1895年頃、三代目神田伯山に入門し、松山と名乗る。戦後、二代目木偶坊伯鱗を襲名。

[*13]三代目桃川若燕(ももかわじゃくえん)……1900~1959年　講談師。本名寺田善四郎。東京出身。1925年二代目若燕に入門。1939年真打昇進。1952年三代目若燕を襲名。

[*14]二代目神田松鯉(かんだしょうり)……1885~1967年　講談師。本名玉川悦太郎。東京出身。父は二代目神田伯山。1895年父に入門。1921年二代目松鯉を襲名。

［＊15］うちの名前だから返せ……当の芦洲は『講釈師　小金井芦洲聞書き』の中で「桜洲爺さんは未亡人の勧めで芦洲を襲名したが、法事や墓参りもしないためにお寺や未亡人から苦情が来て名前を返した」という旨を説明しており、「オレは、談志に文句言ってやったんだ」と怒りをあらわにしている。

［＊16］三代目錦城斎典山（きんじょうさいてんざん）……1864～1935年講談師。本名青山嶽次郎。江戸出身。1877年三代目一龍斎貞山に入門。1890年頃四代目貞山を襲名。1907年三代目錦城斎典山を襲名。

［＊17］有竹修二（ありたけしゅうじ）。1902～1976年　新聞記者・作家。兵庫県出身。

［＊18］子母澤寛（しもざわかん）……1892～1968年　作家。本名梅谷松太郎。北海道出身。

［＊19］山本七平（やまもとしちへい）……1921～1991年。評論家。東京出身。

［＊20］芦洲の影響でしょう……1955年に子母澤寛が発表した随筆集『小説のタネ』の中に「霧の場面を描く度に筆者は、いつも若い頃に度々きいた芦洲の講談の霧の場面の語り口の中へ引込まれてそれを書くのですよ」とある。

［＊21］『紀伊国屋文左衛門』（きのくにやぶんざえもん）……講談、浪曲の演目。

［＊22］『不如帰』（ほととぎす）……講談・浪曲の演目。原作は徳富蘆花の小説。

小金井芦洲代々　その二

今から四代前の……、今からったって、今は芦洲居ませんけどね。四代目の虎さん、本名が岩間虎雄。その前がね、馬秀から、宝井馬秀から小金井芦洲になって、小金井桜洲、桜洲になった、上野正吉。その前の芦洲が村松と言ったり松村と言ったりしてますけどね、松村が本当で、松村伝次郎。そして秋元格之助。

本来はこの人が伯山になる訳だったんです。伯山の初代は知らないです。二代目も伯山が有名なんだ。圓喬です。あの圓蔵の圓鏡じゃないですよ。橘家圓喬。それからあと、越路太夫［＊1］、それを明治の三名人という、二代目伯山。そのご子息は、私の好きだった松鯉爺さんです。

本来は、秋元格之助の、志ん生師匠が一時期弟子入りした先生が、伯山という名前を継ぐ訳だったんです。二代目伯山、……名人です。それで、伯鯉［＊2］という名前だった。この人、〝間延び〟というあだ名があった。……顔が間延びしているんですよ。それが女なんかを演らせると、いい女、絶品なのが出てくるんだってね。何とも堪らないの、芸の力ですね。

その〝間延び〟に、伯山の三代目を譲ろうとしたんです。自分は隠居して神田松鯉。神田まつりの洒落です。ところがこの伯鯉の間延びはね、滅茶苦茶なんだって

［＊1］二代目竹本越路太夫（たけもとこしじだゆう）……１８３６～１９１７年　義太夫節太夫。本名二見金助。摂津国出身。義太夫三味線から１８５８年五代目竹本春太夫に入門し、義太夫語りとなる。１８６０年二代目竹本越路太夫を襲名。１９０２年竹本摂津大掾を襲名。技芸、声、人格全てを兼ね備えた稀代の名人であった。

［＊2］伯鯉……元は蓁々斎桃葉という人の弟子であったが、余りにも素行が悪いために蓁々斎一門を追い出された。

［＊3］その頃の寄席は、15日です……明治時代から１９２０年代にかけて落語・講談ともに月の上席、下席が基本であった。関東大震災後、落語席が先に上中下の10日制に変更。講談もこ

……。例えばその頃の寄席は、十五日です［＊3］。今、東京の寄席は、十日ですね。十日持たないから近頃は五日になったりなんかしています。まぁ、それはイイんですけど……、例えば十日なら十日のうちに、半分以上抜いちゃうんだってさ。理由は何だって？　酒と、博打なんです。客はあんまり上手いから文句も言わないんだって……。ぶつぶつ文句を言いながら、「また抜きやがった」って文句を言いながら、客が詰めかけたという、そういうエピソードが残っています。

　このことを、文楽師匠が『あばらかべっそん』で書いていますよ。一緒に旅をして、金をくれないんだって……。女の芸人が居てね、金をくれなきゃあね、文句も言いますよ。でも、高座を聴いていると、あんまり上手いから、つい言えなくなっちゃうというくらい、上手かった。上手いね、昔の人はね。で、まあまあ、生活条件、状態、仕組みも違うからね。で、あまりずぼらなので、この伯鯉に名前をやらずに自分の弟子の小伯山にやるんです。これが『次郎長伝』の、

「バカは死ななきゃ治らねえ」

　っていう、あのフレーズは残っていますよね。『石松の閻魔堂』なんか。

　ところが、「間延びにやるならともかく、あんな小伯山みたいな奴は何だ。節がねぇ浪花節みたいなもんだ、まるでデロレン［＊4］だろう」とまわりの連中はバカにしたんですって。声だけ、やたらでかくて。それが、みるみる次郎長伝で、八丁荒ら

れに続いた。

［＊4］デロレン……浪花節の蔑称。浪花節の源流がデロレン祭文という下等の大道芸にあることを馬鹿にして言った言葉。デロレン祭文は大道や門口に立ってホラ貝や錫杖を鳴らしながら心中事件や伝説を語った。

し［*5］の人気となって、帝都一、東京一、東京近郊を全部含めた、……当時としての芸人のトップの位置になるんですね。

因みに言うと、その伯山が松鯉先生の兄弟子になるんです。「（口調を真似て）え〜、あんちゃん……」と言った私の知っているこの人が、おとっつあんの後、二代目松鯉になる。今も、松鯉って居るんじゃないですかね。

その一件があって伯鯉は芦洲になるんです。それで三代目伯山は売れて、門人の四天王が、私の惚れた「（口調を真似て）山谷堀からお客が四人《よったり》で、芸者が一人……」、この話は後ほどしますね。「山陽であるとか、典山が死んだら何を聴きゃいいんだ？」って、訊いたときに、「伯治を聴きなさい。小味だけど、伯治が素晴らしい、硬軟二つ、硬いものも、やわらかいものも出来るよ」と言われた。

それから、ろ山。ろ山から次郎長伝を教わったのが広沢虎造［*6］、「（口調を真似て）旅ゆけば〜」って、「（口調を真似て）バカは死ななきゃ〜治らない〜」、……あれは伯山のフレーズです。伯山から、ろ山に行って、虎造に行って無くなっちゃったと、こういうことです。この秋元の芦洲、「私の雪の描写は、芦洲を聴いていた影響でしょう」と、子母澤先生に言わせた芦洲。その後に芦洲の直弟子で四代目になった松村伝次郎、これは録音が残っています。

いいんだ、これがまた、江戸前というか、堪らないですよ。浪花節の林伯猿［*7］

［＊5］八丁荒らし……その人が出ると向こう八丁町の寄席の客がすべて奪われてしまい、他の寄席が不入りになってしまうほどの名人や人気者を八丁荒らしと呼ぶ。

［＊6］二代目広沢虎造（ひろさわとらぞう）……1899〜1964年　浪曲師。本名山田信一。東京出身。1917年二代目広沢虎吉に入門。1922年二代目虎造を襲名。軽妙洒脱で明朗な浪曲と十八番の『次郎長伝』で一世を風靡した。浪曲界の大スターとして知られ、その人気は芝居や映画にも出演するほどであった。

だか、あのあたりとリレーで演っているの、録音があります［*8］。その秋元という名人に惚れて惚れて、自分は商人《あきんど》なんですけどね、惚れまくって、つまり今で言う、追っかけ。ずっと追っかけて、三十代の後半あたりから、……とうとう好きで、芸人になるんですね。これを私は聴いてたんです。虎公が名前を取り上げちゃったという、宝井馬秀。

で、馬秀の頃は、それほど分からなかったんです。芦洲になって縁があって聴いたら、もう離れられなくなっちゃった。頭が良いんですよ。

「(口調を真似て）これは、鄙《ひな》にも稀なイーィィ女でござんす。いい歳つかまつって、どうもみっともねえもんで……。えー、そんなに力入れることはねぇんですけれども、どうも、あいすいません。言い訳するぐれえなら言わない方がよかった」

とかね。

「(口調を真似て）孫は子より出でして、その愛、子に勝れ……」

ちょっと似てないな。「するってててえ」と言うんですが、「どうやら、するってててえと」、物真似だけ、ちょっと感じだけ出そうとすると、花魁が、

「二度とこの里へ来ない方がようざます」

と、言われまして、次郎左衛門が、

「こんなところへ来るんじゃない。あゝ　止そう」

［＊7］林伯猿（はやしはくえん）……1906〜1963年　浪曲師。本名加藤喜一。三重県出身。寄席の下足番から鼈甲斎雲龍に入門。後年、林伯猿と名を改めて独立。文芸浪曲を開拓し、粋で知性的な話術で浪曲界の大御所となった。

［＊8］録音があります……『談志人生全集3　絶好調』では春日清鶴とリレー口演をした『小夜衣草紙』が残っているとある。

と言って、はしご段をとんとんとんとんと下りてきます。幇間が、

「旦那、どうしました?」

「いや、お前にもいろいろ世話になった」

……似ていませんよ、タイミングだけですよ。

「世話になったな。じゃあ、二度と俺はこの里には来ねえから……」

着ている羽織をふわっとかけてやった。かかった羽織を、ついおどけて、「お化け～」とやって、……ここで切れた。

妖刀村正を持って、パパパパパンと上がって、それで例の『吉原百人斬り』といいますかね。……佐野次郎左衛門の噺で勘九郎がこのあいだ二の替わりか何かに出していましたでしょう。

「(口調を真似て) 花魁、そりゃあんまり、袖なかろうぜ。夜毎に変わる枕の数、浮き川竹の勤めの身では、昨日に勝る今日の花と、心変わりはしたか知らねど、もう今夜にも身請けのことを取り決めようと、昨夜も宿で寝もやらず、秋の夜長を待ちかねて、菊見がてらに……」

これ、播磨屋の真似なんですがね。

「(口調を真似て) 廓の露、濡れてみたさに来てみれば」

勘三郎、先代のつもり。「案に相違の愛想尽かし」という有名な『籠釣瓶花街酔

醒』、あれの縁切り場のところ。

あるときね、ポーンと盛り上がってきたところに、客が拍手したらしいですね。中手が来た。そうしたらね、本牧亭［＊9］は、二階ですよ。下に居た奴が切れたと思って、「お中入り～」と声を出したらしいんだよね。それを聞いて、「じゃあ、今日はここまでで」って切れ場にしたっていう話もあるしね。聴いていてユーモアがあって、これは有竹先生も書いてますけどね。

「この人に江戸の町々を語らせておくべきだった」

江戸というか、東京になっていますけどね。もちろん、頭の中に江戸の切り絵図みたいなのがある訳でしょうからね。それが亡くなった岡本文弥［＊10］、新内のあの師匠も、よく知っていたという話を聞きましたがね。

何の噺だったたか、三尺物［＊11］というんですかね。

古い寺があった。その寺のところへ次郎吉が居ると、中からごそごそ出てきやがった。

「問屋番の何とかと申します」

「ああ、そうかい。で、こっちは何とかでございます。何とか、何とか、何とか……。私はこの寺の坊主で」

って、酷い奴で、坊主がここで博打をやってやがったとかね。

［＊9］本牧亭……上野に存在した講談席。1857年講談席として開場。一時、色物席になるものの1950年に講談席として復活。唯一の講談専門席として奮闘を続けた。1990年閉場。

［＊10］岡本文弥（おかもとぶんや）……1895～1996年　新内節太夫・随筆家。本名井上猛一。東京出身。幼い頃より母と叔父より新内の手ほどきを受ける。1923年「新内岡本派」を再興し独立。岡本文弥と名乗る。文芸新内やプロレタリア新内といった作品を発表し人気を集めた。戦後は新内研究家・随筆家としても活躍。

［＊11］三尺物……俠客や任俠が出て来る講談演目の別称。国定忠治、清水次郎長

これは別のネタで、普通の話をしているんですよね。喩えて言うと、五～六人集まっていたところへ、旅人が、フッと入ってきた。

「おや、旅でございますか？」

「へい、ちょっとお邪魔を……」

「さあさあ、こちらへ」

「いやいや、ここで結構」

「まあ、そう言わずに……、いやあ、この辺ではね、近ごろ夜になるとね……、そう言えば旅のお方は、どちらの方から？」

「いやいやいや」

こんなような話をね、何気なく聴かせるのが腕だったんです。ということは、逆に言うとね、そういうのでも聴かせてないとね、修羅の盛り上がりだけやっても、もたねぇんですよ。もっとも昔は四十五日だか、三月だか演っていた訳でしょう。十五日って連続モノを演る訳でしょう。あとはもう、入れ事［*12］を言ってるんですよ。

「いやぁねぇ、犬というてぇと、昔の犬はね、……犬というのは獣偏に肉と書いて……」

って、そんなようなことを言っていた訳です。そんなようなことを言っているう

伝などが代表例。侠客が差した長脇差が三尺であったからとも、侠客が三尺帯を締めていた関係から「三尺物」ともいう。

［＊12］入れ事……台本や原作にない台詞やギャグを即興に入れ込んでいく行為。昔の落語家や講談師は色々な入れ事をしてネタを膨らませていった。

ちに、トントンと音がした、女中がクルッと開けたら、外でドカンと音がした。ババババンと入ってきた。旅人が、ポッと立ち上がるってぇと、目の前に持っていた荷物をスポンと広げると、出てきたのは刀がガラガラガラー！　その一本を抜くと……。

こういう演り方で、引き込むシーンがポーンと入ってくる、その上手さみたいなのがね、桜洲先生にもね、松鯉先生にもありました。

小金井芦洲代々　その三

「（口調を真似て）この噺は、これから、こうこう、こうなるというのは、ちょうど明日の今時分でございます」

というね、温厚な顔をしたお爺さんでしたね。本牧亭の女主［＊1］が、「松鯉先生と桜洲先生、そして貞吉先生いなくなって、張りがなくなりました」って。それで若燕先生が亡くなってね、……よーく分かります。昔、「志ん生と柏戸［＊2］がいなくなったら死んじゃおうか」と言った人を聞いています。柏戸というのは柏戸剛じゃなくて、その前の柏戸秀剛です。そっぷ形（痩せ形）のね。

そして志ん生は、美濃部孝蔵。「んえ〜、まぁえぇ〜」という、あの志ん生師匠で

［＊1］本牧亭の女主……石井英子（いしいひでこ）。1910〜1998年　本牧亭席亭。東京出身。上野鈴本の席亭鈴木孝一郎の三女。1948年本牧亭の席亭に就任。1990年閉場するまでの間、名物女将として奮闘を続けた。

［＊2］柏戸秀剛（かしわどひでたけ）……1918〜1982年　力士。本名佐々木秀剛。岩手県出身。戦前は前頭として活躍。戦後

すけどね。それで秋元、松村、桜洲の芦洲、上野正吉、その後は、岩間虎雄、……虎さん。

この人ね、本にも書いたかな。浅草の講談組合でね、辻講釈、無料、タダですよ。講談を広めるというためなのか、浅草寺の境内に行ったら虎さんが演ってるんだよ。『国定忠治』かな。……墓場だか刑場かに行ってねぇ、そこにあった死骸から腕を切って、自分の腕みたいにぶら下げてね。廓の女が、「まぁ、寄ってらっしゃい」って触ると、手がズバッと抜けちゃったという、そのくだりを演ってんだ。

私は、「兄さん、上手《うめ》ぇなぁ」っつった。……そういう記憶がありますよ。二人で歩きながら、飲んだくれてね、よくウチに泊まってた。上野の地下道のところで、スマートボール屋に並んでやんの。それで長靴履いてスマートボールやってんの。いい格好じゃないよ。「何やってんだ、兄さん?」って、「いや、この女が惚れてるんだ」って、「嘘だい」。それでね、……つまり、講釈師の歴史の中にいる人だから、世間と関わりがないから、この噺は、こうこうというような理屈は何もない。

「いやあね、おい、小ゑん……」と言ったかな、「アンタ」と言ったかね。「松鯉爺さん、皮肉だよ、あいつは。俺がね、『秋色桜』を演ってきたんだよ」

『秋色桜』というのは、親孝行の若き女性……、これが秋色という俳号を持っててね。今、上野に秋色桜ってぇのがあって、秋色の碑があります。「井戸端の桜あぶな

は伊勢ノ海部屋親方となり、柏戸剛などの名力士を育成。晩年は相撲協会理事に就任。

し酒の酔《えい》」って書いてありますよ。つまり、大変若い女性なれど、句が上手い。頭が良いというので、徳川様がお呼びになって駕籠屋《かご》が来るけども、おとっつあんが、「御城の中を見たい」と、こう言う。見たいと言うが、まさか連れて行く訳にはいかないから、お供ということにして連れて行く。秋色は駕籠に乗って、おとっつあんはお供でやってくる。

途中まで来ると、

「駕籠屋さん、ちょっと止めてください、水をもらって来てください」

と言って、駕籠屋を脇にやったところで、おとっつあんと自分がすり替わって、自分は着物の上に雨具をつけて、ぱっと見は判らないようにして、……まさか親を歩かせるというのは、道に反するということで歩いた。

で、向こうへ着いて駕籠屋が開けると、秋色と思いきや、まあ汚い親父が出てきて驚いて、この話が向こうへ伝わると、ますます親孝行あっぱれであると、一途お褒めにあずかったという。……〝虎公〟の演る噺じゃないんだ。『秋色桜』なんてぇのは。『命くれない』なんてのを、演ってりゃあいいんだよ。

それでね、またそういうのを演じるんだよ、『西郷南洲』だとか、南洲って顔じゃねえんだよ。もう三度笠なんだよ。三尺物のドス一本持ったら、堪らないって芸人なんだよ。だけどそういう客観的判断がない。

「よしなよ、『西郷南洲』なんぞ」

「いいんだよ」

って、それを分解して、

「兄さんの芸は、こうこう、こういう訳ですから、今の時代と……」

そういう話が出来ない。精々、「止しなよ」って……。その感覚が合ったときには、「おめぇがそう言うなら、止してもいいがな」って、こういう感じなの。同じことを嫌いな奴が言うと、「喧しいな、この野郎！」、こうなってくるんです。

で、そのあるとき、私が親しい、……親しいというよりも、お互いのセンスというか、それを分かった上で、突いたり褒めたりしている部分が伝わりゃ、いわゆる、以心伝心がある仲間と決めてくれたからであろう。……それとて野暮なことを言ったら、ポーンと切れちゃうところで付き合っている芸人仲間ですよ。今、そういうのも居なくなりましたけどね。

だからそれらは、そうでない人が言った場合、「良いこと言ってくれた。ありがとうございます。なかなか言いますね、大将」ってなことになるんだろうけどね、今は、微妙なんですよ。

話を戻してこの虎さん、

「おい、松鯉爺さん、皮肉なもんだよ。俺がその『秋色桜』を演ったらね、

［＊3］『火の車お萬』……講談・浪曲に出て来る伝説上の女侠客。上州真庭村の女侠客で血気盛んなところから「火の車」とあだ名がついた。

『いや、あんちゃん、良かったよ』

　って褒めてくれる。

『良かった、良かった。今の、火の車お萬［＊3］は良いね』

　って……、解説するとね、火の車お萬というのは、女賊というか、毒婦というかね、悪女とでもいうかね。

「（講釈の口調で）『何、吐《ぬ》かしやがるんだ、この野郎！』って、火の車のやつぁ、怒りやがったから、男みてぇに、クルッてケツを捲るってぇと、彫り物見せて、『ふざけるな』って、啖呵ぶつけやがった。『何をしやがるんだ、さあ、どっからでも……』」って、こういうキャラクターの人物ですね。それが親孝行でおとっつあんの代わりに歩いた……、貞女を火の車にしちゃったという、「……いいね、何とも言えない品がよくて、……あなたの『秋色桜』を聞いていると……」そんな言い方はせずに「いやぁ、結構な芸だ。火の車お萬みたいだ」と、こういうことを言った。分かります？　分かる？　嘘でしょー？

　その虎さんも死んだ。……今度は俺の番だ。「取りあえず勝手気ままに生きてきて」と、ここに辞世がかかってくる。どうも、その虎さんが、最後の講釈師みたい……。ちょっと違うんですが、今の伯龍になってる伯治。私より先輩ですよ。大森で天ぷら屋をやってるので、天ぷら屋の伯治って、悪口言うんですけど。この人の

［＊4］立川志の輔（たてかわしのすけ）……１９５４年～　落語家・タレント。本名竹内照雄。富山県出身。１９８３年談志に入門。１９９０年真打昇進。

［＊5］春風亭昇太（しゅんぷうていしょうた）……１９５９年～　落語家・タレント。本名田ノ下雄二。静岡県出身。１９８２年春風亭柳昇に入門し、春風亭昇太と名乗る。

［＊6］柳家花緑（やなぎやかろく）……１９７１年～　落語家。本名小林九。東京出身。１９８７年、祖父五代目柳家小さんに入門。１９９４年真打に昇進。

［＊7］『富士の巻狩り』……講談・浪曲の演目。父を工藤祐経に殺された曾我十郎と五郎の兄弟は艱難辛苦の末に成人し、立派な若武者となる。建久4年、工藤が

講釈は、……時代によって変わるから、これはどれを是としていいか分からないが、私の追いかけた講談と少しちがうんだ。少なくも私本位で言うと、今のこぶ平だとか、ああいうのは、もう落語じゃないと思っているんですよ。

談春は、いいですよ。志の輔［*4］も……。だけど昇太［*5］は、新作だからいいようなものね、どっか違うんだよな。花緑［*6］なんていうのは、まぁ、普通の並みの奴。講釈師は、悪いけど違うんですよ。貞水でも、馬琴でも……。つまり、今、軍談は誰か居るのかな？　居ないんじゃないのか？

「（講釈の口調で）三千一組、二千一組、あるは千人　八百人。五百三百　ここかしこ　八方四面にたむろをなして　その勢およそ三四万」。さっき言ったね、ええ。「信成しかと見届け、『いで言上せん』と駒の頭立て直したるとき、敵方の大将……」

つまり修羅場であるとかね。まぁ、系統としては今の馬琴がやるでしょう。大徳寺焼香場の、例の秀吉が亡くなって、秀頼はじめ、徳川家康、石田三成、全部並んだ。そこのくだりだとか……。それからまた、富士の巻狩り［*7］ですか。「（講談の口調で）笹竜胆の幔幕は源二位頼朝殿の御陣所なり、そのまた向こうに見えるは」という、ああいうところとかね。例えば、『二度目の清書き』［*8］でね、「四十七人の引き上げを諸侯の見物町人まで、褒めざるものは一人もなく、中に心ある武士は、これぞ武士の鑑よと、涙を流したとえたるも、みな大旦那様のお力ゆえ」なんてな

源頼朝に同行して富士山の巻狩りへやって来ることを知った二人は富士の裾野へと急ぐ。大雨降る中で兄弟は厳重な陣屋を突破し工藤を討ち取る。

［＊8］『二度目の清書き』……講談・浪曲の演目。赤穂藩の重臣・大石内蔵助は仇討の本心を悟られないように放蕩三昧の日々を送っている。大石の本心を知らぬ母と妻のお石は離縁を迫り、大石は離縁状をつきつける。後に吉良上野介を討った大石は妻子にあてて、初めて自らの本心を明かした二度目の清書きを送る。

［＊9］『漢楚軍談』……江戸時代の読本及び講談の演目。中国明時代の小説『西漢通俗演義』を夢梅軒章峰と称好軒徽庵が翻案した。三国志の世界をベースに漢の劉邦と楚の項羽が活躍して

ことを言う。

それから物語ですね。

「入って来てくんねぇな」

「おう、じゃあ、俺はこれから、うん、行くけども、おめえどうする？」

「おっ、俺は、お前さんの後なら付いて行きやすよ」

「嬉しいことを言ってくれるなぁ、お前は……。じゃあ、俺の後を付いてこい……。おいおい、付いてこいって、そんな側へくっつきやがって……」

「いやいや、洒落だよ」

「洒落か、おい」

二人で歩きながら、日本橋から室町へかかってきて右へ入る。どこそこの店《たな》をひょいと曲がったときに、塀の上に猫が居やがった。猫が尻尾をピンと立てやがって、それが、ピョンと向こうへ落ちた。

「何だろう？」

と、

「おい、ちょっと見てくんね」

と、

「構わねえ」


漢を立ち上げるまでを描く。

［＊10］『三国志』……中国の作品及び講談の演目。古代中国に存在した蜀・魏・呉の三国が中国統一を巡って争いを続ける。日本では小説の『三国志演義』が親しまれる。劉備玄徳を中心に軍師の諸葛孔明、兄弟分の関羽と張飛を軸に、ライバルの曹操との争いや伝説が描かれる。

［＊11］『太平記』……室町時代に成立した軍記物語及び講談の演目。後醍醐天皇の即位と鎌倉幕府の滅亡を発端に、後醍醐天皇と足利一族の対立、南北朝分裂などの動乱や合戦模様を描く。近世に入ると僧侶や武士から生まれた「太平記読み」なる職業と芸能が現れるようになる。これが今日の講談の発端ともいう。

って、その野郎、……兄ぃと言われた奴が、塀へ両手をつくってぇと、こう、背を丸めたところへ、

「おう、乗ってみてくれ」

「兄ぃ、見るよ」

ピョイと上がって向こう見た。「ウワッ！」て言うと……、これね、何の噺でもない。ただ勝手に喋ってるだけ。ストーリーを知っている訳でも何でもないですよ。器用だからね。「おお、家元はご器用だ」て、あれなんだよ。こういうような喋り方をする。または源平の合戦を演っていると、それらしく出るんだろうね。あそこにいる武将だとか、またはそこにいた女将《にょしょう》たちの、何とも堪らない。そういう目の前に浮かぶ、……つまり落語が人情だとすると、向こうは史実というか、歴史ですな。それらを教えた。そこでみんな覚えた歴史、それこそ『漢楚《かんそ》軍談』[*9]であるとか、『三国志』[*10]であるとかね。『西遊記』であるとか、またはこっちへ来ると、『太平記』[*11]読みっていうのが居たぐらいですからね。あるいは、『日蓮記』[*12]みたいなのがあったり、やれ『宮本武蔵』を読むとか、『大久保彦左衛門』[*13]を読むとか、それからまた歴史が、『太閤記』から、やれ家康のあれだとか、そこに出てくるいろいろな人たちというね。

そこを基準に判断すると今の講釈は、また違ったものだと思うしか手がないんで

[＊12]『日蓮記』……日蓮宗の開祖・日蓮上人の生涯を辿る講談。様々な法難に対して屈しない日蓮の姿を描く。敵対者に草庵と信者を攻撃される松葉ヶ谷法難、伊豆に島流しされる伊豆法難、日蓮一味を嫌う武将・東条景信によって殺されかける小松原法難、斬首刑の直前で命拾いをする龍口法難などの演目が存在する。

[＊13]『大久保彦左衛門』……講談・浪曲の演目。徳川幕府の重臣で「天下の御意見番」と称される大久保彦左衛門が弱い庶民や貧乏侍を助け、権力をむさぼる旗本や悪徳商人を次々と挫いていく痛快譚。

[＊14] 金襖……講談の種目。お家騒動物や武家騒動を描いた作品「金襖物」と呼ぶ。かつて歌舞伎や文楽の時代物で金襖を用いて豪華

す。でも談志が言う硬軟、硬い、つまり金襖［*14］というんですけどね、『伊達の評定録』［*15］。それが違ったところで定着をしていく、……ならば、むしろ、それこそドキュメント……昔は新聞読みが居たりね。松林伯圓、泥棒伯圓と……、「こんな事件がありますす」と。それから歴史を読む、修羅場を読む、または市井の話をする。大谷内越山みたいな文芸ものをやるとかね。百花繚乱といってもいいくらいの時代があったんですね。懐かしく感じて、ここで声を嗄らして喋ってみて、どれだけの効果があるやら……。幸か不幸か分からんです。言えることは、悲しいです。

邑井貞吉

邑井貞吉［*1］。私共が知ったときは、もうお爺さんといいますかね。髭を生やした時代があったっていっています。で、圓生師匠の本に、「若い頃にキーキー声して嫌だったと思っていた。あるとき雨が降ったんで本牧亭に入って、その枯れた味が素晴らしいもので……」って書いた文章がありますがね。時々、貞丈、貞山の、小伯山の間に、……この人たちが出ないときに邑井先生が出ていました。

『秋色桜』を演ってました。それからなんぞってぇと、「（口調を真似て）我が子を返せ。子を戻せ。野道山道」、『良弁杉』［*2］。鷲に子供をさらわれて、それが後に良

絢爛な城内や御殿を演出したところからこの名がついたという。

［＊15］『伊達の評定録』……講談・浪曲の演目。江戸時代、伊達藩で発生した伊達騒動の顛末を描いた講談。若君を暗殺してお家騒動を計画する悪臣原田甲斐一味と若君を命がけで守ろうとする片倉小十郎一味の対決が描かれる。

［＊1］四代目邑井貞吉（むらいていきち）……1879～1965年　講談師。本名相川喜太郎。山梨県出身。1895年三代目邑井貞吉に入門。1905年四代目貞吉を襲名。

［＊2］『良弁杉の由来』……講談の演目。

弁という有名な高僧になって母親と会うと、……そんなようなスジでした。

それから『正直俥夫』［＊3］なんという、

「(口調を真似て) 君は、この極寒の中で……」

この真似は、上手いなぁ……。真似て演ると、

「(口調を真似て) 何故、股引《ももひき》を穿いて、いなさらん」

そのとき、かの俥夫は、実はこうこう、こういう訳でござりまする。でね、一席ですから、内容的に面白くないんだ。

「柿をいくつ食ろうたのじゃ?」

「半分にござりまする」

それがね、講釈場へ行くとね、貞丈、馬琴、貞山、この人たちがかえってダメなんですよ。

むしろ邑井先生の『甲斐勇吉』［＊4］だとかね、浪六［＊5］の『八軒長屋』だとかね、そういったその文芸ものもさることながらね。その『漢楚軍談』だとかね、堪らんのですね。

それでまぁ、非常にアトランダムですけどね、二枚目でしてね。奥さんが竹本東猿［＊6］。義太夫語りの女房の方が芸の評価が高かったって言ってましたですけどね。当人が言ったか、周りで言ったか。それでその伯山だとか、やれ、その後に来

［＊3］『正直俥夫』……講談の演目。

［＊4］「甲斐勇吉」(かいのゆうきち)。講談の演目。

［＊5］村上浪六(むらかみなみろく)……１８６５〜１９４４年　小説家。本名村上信。大阪出身。別名ちぬの家浪六。１８９１年、小説『三日月』を発表しデビュー。明治の書生の姿を描いた『当世五人男』で人気作家の地位を確立。

［＊6］二代目竹本東猿(たけもととうえん)……１８７９年〜没年不詳。本名相川ゐい。若娘義太夫の花形として売り出し、１９０６年頃に二代目竹本東猿を襲名。

た、伯龍、ろ山、山陽なんていう、伯鶴とかに、若いのに伍して付き合ってた。ただ、伍してと言っても芸の質が違うなって想像するんだけど……。

というか、その頃はね、芸人との付き合いというのが、何より大事なの。付き合うためには金がなきゃいけない。金を得るのには、余程家が良いか、売れてなきゃいけない。家が良くて付き合いで入ってったのが、このあいだ亡くなった柳橋師匠。あの下手くそな柳橋じゃなくて、前の渡辺金太郎。

柳橋師匠は、柏枝といった若手の頃、噺は上手かったと聞く。で、邑井先生の場合は、女房が亭主を立てて付き合いをさせたので、それらに伍してきたと。そうとも言わないと納得できないくらいの違いなんだよな。もちろん下手だし声が違うしね。「(口調を真似て) しょんなことは知りませんから」、こんなような調子でね。

いつか正月、圓生師匠の下駄を間違えて履いて……、またセコいんですよ、この邑井先生の下駄が。圓生師匠が怒って、それでも先輩だから、そうは言えなくてね、「(口調を真似て) 何でげすこれは？　人の下駄を……」

……なんて。小さん師匠が、小さんになったので、先代の四代目、平山菊松、そして三代目豊島銀次郎。代々の名前を継いだ挨拶をちゃんとやらないと、周りに対して、「何だかんだ言われるから……」と文楽師匠が言ったんでしょうね。当人もその気になって、……貧乏してるのに、まだラジオ局の専属にもなってないのに、ラジオの仕事も出来てないのに、……何もないのに……。目白に『志むら』[*7] という古い菓子屋があって、そこの菓子をやっと手に入れて、これを皆に配る。それを持って私、はるばる行く訳ですよ。……田園調布に居ましたよ。野を越え山越えって感じですよ。田園調布から多摩川べりまで下りて、家まで行きましたです。

娘さんが新橋の芸妓でしてね [*8]、非常に金銭的には恵まれた先生です。

「私はね、入門したその日に、師匠にオカマ掘られちゃった」

って、言ってたよ。凄いね。入門して師匠にカマ掘られちゃったってえのは……、どうしよう。で、私とね、「私とね」ったって、先生が主でしょうけど、一緒に仕事したという言い方も出来ないことはないんだ。

日立製作所の中でね、仕切ったのは池袋の芸能社でしたよ。そこへ三木助師匠とか、小さん師匠とか文楽師匠、つまりちゃんと芸人を選んで（仕事に）送っているという、センスのあるところでしたよ。これでね、日立へ邑井先生と行ってね、先生帰るかと思ったら、「いや、東海村へ行ってきます」。そこに原子炉が入ったんで、それを見に行くと。「お年寄りが？」と思いました。

上野の広小路のところで立ってたらね。そこで工事をやってんですよ。ジーッと見てるんです。見てるのが好きなんですって。それで若い頃ね、アメリカへ行っているんですね。若い頃ってぇから、昭和の頭か大正か、で、志ん生の師匠の志ん生

［＊7］志むら……目白の和菓子屋。1939年青山で創業し、後に目白で店を開いた。和菓子の老舗として知られる。

［＊8］娘さんが新橋の芸妓でしてね……貞吉の娘・相川喜代（1905〜没年不詳東京出身）。若い頃に新橋の芸妓となり「兼千代」と名乗る。新橋随一の芸妓として人気を博した。晩年は貞吉を引き取り、臨終を看取った。

［*9］ですね、そのころ馬生です。本名を鶴本勝太郎、鶴本の志ん生が、一緒に行ったらしいですよ。

それでシカゴだかどっかでね、馬生が喋っている、その鶴本の志ん生ね。フッと高座の声が聞こえなくなっちゃったんだって。何だろうって舞台の袖かなんか行って見たんだろうね。そうしたら、ピストルを喉に突きつけられているんですって。……何だろう？　ギャングが来たんだか何だか分からないけど、ローリング20なのかね、その頃。……もっと前かな。とにかくそんな話とかね、途切れ途切れですけどね。

で、汽車に乗っていてね。コインが珍しかったんでね、もらったの。貯めてね、袱紗みたいなモノに入れて、それを洗面所だかどっかへね、置き忘れちゃった訳ね。したら、車掌が持ってきて、「これは誰のだ？」って言うんだってさ。それで手ぇ出したらね、くれないんだ、値を高くしちゃう。つまり、お礼を支払えっていうことなんだろうけどねっていう、そんな話だとかね。アメリカへ行くことになったっていうんで、誰のところに相談に行ったのかな。講釈師だか何だかに、「英語教えくれ」と言ったらね、今さら行ったって英語なんぞ分かりゃしないんだから、「アイ・ドント・ノーと言いたまえ」と言われた。

「何ですか？　そのアイ・ドント・ノーってのは」

［＊9］四代目古今亭志ん生（ここんていしんしょう）……1877～1926年　落語家。本名鶴本勝太郎。東京出身。若くして二代目古今亭今輔に入門。1912年六代目金原亭馬生を襲名。1924年四代目志ん生を襲名。通称「鶴本の志ん生」。

［＊10］野口英世（のぐちひでよ）……1876～1928年　医学博士。福島県出身。

［＊11］一席語りました……野口英世と邑井貞吉が出会ったのは事実で、1915年

「私は分かりませんっていうことです」

その当時、七つの海を日本郵船が仕切ってましたからね。船に乗って、なんぞってえと、「アイ・ドント・ノー、アイ・ドント・ノー」なんて……、帰りの船にはね、これ本に書きましたよ。帰りの船でね、もう明日上陸というのかな、横浜だか神戸だかに着くという。

「僕は紋付きになって袴を穿いてね、髭を生やして、ステッキを持っていったらね、外国人のその乗船の客が来てね、『キャーキャーキャーキャー』言ってんだ」

とさ。それからね、

「何言ってんだい、この俺が分かんないのか」

って、言ったら向こうで、

「『アイ・ドント・ノー』って、……向こうもこの言葉を知ってますねぇ」

って、一つのネタにしてたんでしょうけどね。それで、行きの船で、野口英世博士[*10]に一席聴かせたって言ってました。「演ってくれ」と言われてね。「あの黄熱病の野口英世にね、旅の徒然というか、慰めというか、一席語りました[*11]」って言ってました。

そういう話がね……、例えば私が国会へ、三十五歳のとき行った頃ね。グループに入りまして、挨拶に行く。すると、

１１月出航の佐渡丸号において同船している。英世は渡米直後に送った手紙の中に「船の中に貞吉という講談師たちとあった」と印象を記している。

[＊12] 津島文治（つしまぶんじ）……１８９８～１９７３年　地方政治家・参議院議員。青森県出身。作家・太宰治の兄。戦後は参議院に当選し議員としても活躍。

[＊13] ディック・ミネ……１９０８～１９９１年　歌手・俳優。本名三根徳一。徳島県出身。

[＊14] 森一生（もりかずお）……１９１１～１９８９年　映画監督・演出家。愛媛県出身。

[＊15] 市川春代（いちかわはるよ）……１９１３～２００４年　女優・歌手。本名加々良春代。長野県出身。

「こちらは太宰治さんのお兄さんです」

　太宰のお兄さん、津島文治［*12］。他にも、元陸軍大将ですとかね。本当に時代を逆行したような感じがしましたですね。そういうのはとっても大事なことだなと思いました。

　ディック・ミネさん［*13］のパーティーで、こんなジョークがあったな。

「いくつテクニックを知ってる？」

「70知ってる。一つが正常位で、あとはシックスナインだ」

　って、そんなような……、こっち置いといて。同じテーブルに、森一生［*14］、監督のね。そのころ大映にいましたです。市川春代さん［*15］、……去年、亡くなりましたね。美人の明るい少女役。それで淡谷さん［*16］が居てね、……何と、鈴木傳明［*17］ですよ。驚いたことがありますよ。サインを持ってますけどね。中野英治［*18］が居た。そんなような話を、まぁ、どっかで談志の持っているエピソードを聞きたいなっていうのが、あるのかも知れませんです。

　もっと聞いときゃよかったなと思う、そういう意味ではね、春野百合子さんなんか聞いといてくださいよ。もう最後ですよ。俺もそうかも知れません。いいときの俺ね。いいときの『つるつる』［*19］だかとね、『居残り』［*20］とか『芝浜』［*21］、『らくだ』［*22］なんていうのもね、『夕立勘五郎』［*23］とかね、くだらないの含めて

［＊16］淡谷のり子（あわやのりこ）……1907〜1999年　歌手。本名淡谷のり。青森県出身。

［＊17］鈴木傳明（すずきでんめい）……1900〜1985年　映画俳優。東京出身。明治大学卒業後、映画俳優としてデビュー。

［＊18］中野英治（なかのえいじ）……1904〜1990年　映画俳優。本名中野榮三郎。広島県出身。元はプロ野球選手であったが、1925年日活に入社して映画界入り。

［＊19］『つるつる』……落語の演目。

［＊20］『居残り』……落語の演目。『居残り佐平次』ともいう。

［＊21］『芝浜』……落語・講談・浪曲の演目。別名『芝の革財布』。

ね。聞いといた方がいいですよ。

で、その邑井派っていうのがね、もちろん邑井一［＊24］、邑井操［＊25］。明治の頃に、邑井一の倅［＊26］が、「講釈師になりたい」［＊27］と言ったら、「名人に二代なしって……」、笑い話にも使われていますがね、倅が「なりたい」と言ったら、「名人に二代なしだから、止せ」って、名人でも何でもない奴が言ったたって話があるんですがね。

邑井一は本当の名人ですから。そこにいた邑井吉瓶［＊28］、こいつは面白かったらしい。染物屋から来たんで、染め物の瓶から取ってね、吉瓶と付けたっていう。

それこそ文字も何も読めなかった。けども、喋らせると記憶力がよくて素晴らしかった、その吉瓶が、

「師匠、私が手取り足取り教えますから……」［＊29］

といって、一のご子息の倅さんに常に付いていて、客席にいたりなんかして、客席から「そこは違う」とかダメを出して、のち貞吉を継がせこれまた名人にしたといいます。貞吉先生はきっとその貞吉のお弟子だと思うんですけどね。それにカマ掘られちゃった。

邑井操［＊30］って方がいましたよ。あんまり寄席に出なかった。寄席って講釈だったら本牧亭一つですけどね。それをね、どっかで聞いたんだ。『森永伝』演って、森

［＊22］『らくだ』……落語の演目。
［＊23］『夕立勘五郎』……落語の演目。
［＊24］邑井一（むらいはじめ）……1841～1910年　講談師。本名村井徳一。江戸出身。1856年二代目一龍斎貞山に入門。1874年三代目一龍斎貞吉を襲名。1877年頃に一龍斎派を抜けて本名から邑井貞吉と改名。
［＊25］初代邑井操（むらいみさお）……1843～1904年　講談師。本名小林徳次郎。静岡県出身。元は紺屋の職人であったが講談が好きで邑井一に入門。
［＊26］三代目邑井貞吉（むらいさだきち）……1862～1902年　講談師。本名村井徳久。江戸出身。邑井一の息子。幼い頃から芸を仕込まれて育つ。188

永ってキャラメルのお菓子の森永です。いいんですよ。って、ことはね、頭が良いの。一応、〝虎んべ〟だとか、ああいうのと違うんだよ。ちゃんとその時代、モノの分解、ちゃんとしてるっていう人なんだよな。こういう人が講談の本道みたいなものをちょっとかじって、本道というか伝統ですね。演ってくれたらいいのに……。

早稲田の駅前で靴屋をやっていた奴がいた。片足でね、本郷へ行っちゃう奴。それで「片足は本郷へ行くわいな」[*31]って、伊藤痴遊[*32]の娘さんを女房にしたんでね、痴遊になるんです。伊藤痴遊ってのはね、国会議員にも、……代言人ですよ。代言人が、一度国会議員になっているんですよ。あとは府会議員に入ったり、落っこったりしてたというね。だからその人の書いた『痴遊全集』、素晴らしい、現にもう歳を取った井上馨にも会ってるしね。それで結構、質問してるしね。そういうのをずっと書いた、それこそ明治の生き残り、元勲というんですか……。それからエピソード、講談の盛りの話、……自分が講釈師になった。やれ因縁だとか、落語の世界だとか、新派の始まりとか、壮士《そうし》劇とか、全部書いてあるんですよね。

この痴遊の名前を継いだって……、そうなると講釈は、もうもう誰が何になろうと、……落語界だってそうじゃないですか。小益が文楽になっても、誰も何とも騒動も起きないんですよ。世間が相手にしないからですよ。もし相手にしたら怒りますよ。文楽師匠が全盛の頃、あるタイミングでポンと亡くなって、「小益を文楽に」

6年頃三代目貞吉を襲名。父以上の逸材と期待をされたが肺病のために夭折した。

[＊27]講釈師になりたい……父の一は倅の徳久を医者にしたかったらしい。一方倅の徳久は勉強よりも遊芸が好きで、幼い頃には既に講談の一席や二席を軽く演じることができたという。

[＊28]邑井吉瓶（むらいきっぺい）……１８６２～１９０５年　講談師。本名渥美彦太郎。江戸出身。１８７９年頃五代目土橋亭里う馬に入門。１８８４年頃講談へ転身。邑井操へ入門し邑井蘭瓶と改名。１９００年二代目吉瓶を襲名。

[＊29]私が手取り足取り教えますから……師匠から息子を預かった吉瓶は高座で粗相をすれば髪をつかんで高座から引きずり下ろし

と言った日にゃあね、そりゃ大変な問題になるでしょう。左楽［＊33］なんて名前……、私は冗談に……、冗談にしなかったら怒りますから……。北村銀太郎［＊34］って末廣亭の親父ね、落語界を仕切っていた一番トップですよ。

「左楽、継ぎましょうか？」

　ったら、

「バカ野郎、お前は」

　って。冗談にせよ、向こうはバカ野郎って言うぐらい、そういう名前を平気で継いじゃう。だから、ものには、ついでみたいなもんかも知れないけどね。で、無理に、今、何かこぶ平［＊35］っていうの、何か無理に盛り上げているみたいで、俺は、嫌だなあ。小朝というのは、ああいうのが好きなのかね。……好きなんですよ。嫌いとは言わせない。何なんだろう？　とかくこう、集めて盛り上げてっていう、……違うんだよ。上手い奴が出りゃいいんです。俺みたいな奴が出りゃいいんですよ。盛り上げたってどうにもならない。……と思うが如何ですかね。

　俺みたいなって言い方、……非常にね、一般常識からいったら腹が立つだろうけどね、言っとくが俺、そこまで恥さらしてんだ。言っちゃあいけない言葉ってぇのは、数多くありますよ。差別用語であるとか……。なかでも「俺みたいになれよ」なんて、最も言っちゃいけないです、日本教に反する言葉ですよ。……だけどその

て殴り倒す、稽古覚えが悪いと平然と罵倒するなど厳しく貞吉を仕込んだ。

［＊30］二代目邑井操（むらいみさお）……1912～1996年　講談師・評論家。本名川村義太郎。東京出身。1953年四代目邑井貞吉に入門。

［＊31］片足は本郷へ行くわいな……落語の『お七の十』のオチ。『八百屋お七』ののぞきからくり「あたしゃ本郷へ行くわいな」という台詞から来ている。

［＊32］二代目伊藤痴遊（いとうちゆう）……1910～1983年　講談師。本名妹尾謙治。東京出身。1952年十二代目田辺南鶴に入門。妻が痴遊の娘だった関係から1958年に二代目痴遊を襲名。足が不自由で義足をつけていた。

［＊33］五代目柳亭左楽（り

通りなんです。俺みたいになりゃあ良いんです。気に入らなきゃ、追い抜いていきゃあ良いじゃないですか。

なれやしねえじゃないですか、あんなバカ野郎共なんぞ。こういう言葉をね、吐きたくなる。

それで邑井派っていうのは、今、なくなってしまったんですね。講釈師が増えているから、悟道軒圓玉［＊36］とか、女流講釈を含めていろいろな名前が出来ていますよ。だけど邑井派は、なくなってしまいましたね。

「（口調を真似て）我が子を返せ、子を戻せ。野道山道、良弁様はこの寒い極寒の頃に、何で、股引を穿いておりませなだ？」

あぁ、目を瞑ると聞こえてきます。録音テープ、沢山持っています。……聴くといいです。


ゆうていさらく）……１８７２～１９５３年　落語家。本名中山千太郎。１８８８年春風亭柳勢に入門。１９１１年五代目左楽を襲名。

［＊34］北村銀太郎（きたむらぎんたろう）……１８９０～１９８３年　新宿末廣亭席亭。東京出身。

［＊35］林家こぶ平（はやしやこぶへい）……１９６２年～　落語家。本名海老名泰孝。東京出身。初代林家三平の長男。１９７８年父に入門。２００５年九代目林家正蔵を襲名。

［＊36］二代目悟道軒圓玉（ごどうけんえんぎょく）……１９４２年～　講談師。本名貝野光男。埼玉県出身。講談師。１９６３年田辺南鶴に入門。南鶴没後は服部伸門下へ移籍。１９７８年真打昇進し二代目悟道軒圓玉を襲名。

神田伯山

講釈がですな、落語、講談と言ったぐらいですから、その下に浪花節があり、……歴史的には浪花節に席巻されちゃうんですすけどね。それで今度は、講釈も落語が上になっちゃう。戦時中の協会は六代目貞山［＊1］が、東京大空襲で亡くなった桝井長四郎の貞山がですね、会長になっていましたんで、圓生師匠は、こよなくそれを嫌ってた。嫌ってたって……、その頃圓生師匠なんぞチンピラだから、歯牙にもかけられませんけどね。

「(口調を真似て) さてもその夜は、極月の十四日……」

金語楼師匠が貞山との二人会を吉本へ頼まれて行った。それで貞山が水も濡らさぬ『二度目の清書き』。でもう、人気絶頂の金語楼もしゃかりきになって笑わせたり泣かせたり演ったんでしょうね。それで終わった日に、

「ああ、おい、敬坊（本名・山下敬太郎）。おい、敬坊、ちょっと来い」

って、一杯飲んで、

「いやなぁ、お前さんがウケててなぁ、……この俺がお前さんに負けちゃいけないと思って、しゃかりきについついなってしまったが、若気の至りと言いたいけど、いい歳をして恥ずかしかった。……儲けたのは、あいだに入った吉本だな」

［＊1］六代目一龍斎貞山（いちりゅうさいていざん）……1876～1945年　講談師。本名桝井長四郎。東京出身。1886年四代目一龍斎貞山に入門。1907年六代目貞山を襲名。品格のある高座と朗々たる講談で一時代を築いた。

［＊2］服部伸（はっとりしん）……1880～1974年　浪曲師・講談師本名服部辰次郎。東京出身。1892年初代浪花亭駒吉に入門。1903年一心亭辰雄と改名。1935年喉を壊し講談に転身。

［＊3］初代木村友衛（きむらともえ）……1900～1977年　浪曲師。本名高木民蔵。神奈川県出身。1911年木村重友に入門。若くして天才の評判をとり、大看板として活躍。

と、言ったのを聞いたときに、思わず手をついて涙が出て、お礼を言ったと、金語楼師の数多い本の中のどこかに書いてありました。

浪花節から転じて講釈を演った人が居るんですよ。服部伸［＊2］みたいな。てことは、講釈が全盛で、それが落ちてきて、全盛だからみんな惚れまくって、それを演っていて、落ちてきたから、「俺にも出来るだろう」というんで入って来たという見方も、出来ないことはない。曰く、のちの木村友衛［＊3］。「（口調を真似て）〽酒の機嫌で河内山」って美声で売った。木村若衛［＊4］さんの師匠ですね。

その木村友衛、……一《ひと》っ節で昔のレコードの片面三分埋めちゃったという逸話がありますよ。私は、この人と一緒に旅してるんですよ。覚えてますよ。トリは村田英雄［＊5］。……まだヒット曲のない頃の村田、上手かったですよ。若き村田英雄。それからね、マギー信沢《のぶさわ》［＊6］って手品師が出てきて。マギー司郎《しろう》［＊7］って、この間見たら老けちゃったね。人のこたぁ言えない。俺も老けたんだろうけどね、俺の知ってるマギー司郎ってのは若くてね。それで、「マギーっつうのは、信沢さんの弟子か？」って言ったら、「よくご存じですね」ってあいつ言ってたけどね。

それからね、漫才とかね。そういう旅の興行をしていくんですね。銚子だとか浦安だとか。そのときに友衛さんがもう声が出なくなって、講釈を演ってんですよ……、喋りだけのところをね。……良くないんだ。思わず、「ここで唸って欲しい」

［＊4］木村若衛（きむらわかえ）……1913～2005年　浪曲師。本名稲葉幸太郎。神奈川県出身。1928年木村友衛に入門し、師匠譲りの『河内山』『塩原太助』といったネタを継承。美しい上声を活かした歌謡調の浪曲で人気を集めた。

［＊5］村田英雄（むらたひでお）……1929～2002年　浪曲師・歌手。本名梶山勇。福岡県出身。

［＊6］ギー信沢（まぎーのぶさわ）……1919～1986年？　奇術師。本名信沢清一。茨城県出身。多賀高等工業学校（現茨城大学）在学中、奇術研究家の長谷川智に師事。戦後マギー信沢と名乗りデビュー。

［＊7］マギー司郎（まぎーしろう）……1946年～　奇術師・タレント。本名野澤司郎。茨城県出身。1968

っていうふうになってくる。服部伸、つまり長谷川伸［*8］に心酔したんで、その「伸」をもらって服部伸ですね。元来、目を開かなかった人だったらしいんですけどね、しゃがれ声でね、

「（口調を真似て）『大石蔵之助の東下り』［*9］を……」

って、いうような感じでね、面白くなかったな。

それこそ全盛だった訳でしょう。節の奈良丸［*10］、唊呵の辰雄、一心亭辰雄といったんです。で、節の奈良丸、吉田奈良丸、『奈良丸くずし』［*11］って歌が、後に流行歌の先駆けみたいになって当たるんですがね。「〽 笹や笹々 笹や笹 大高源吾は橋の上」って、つまり浪花節で来るね。

あの、「いい子だ、いい子だ、ねんね〜」あれは歌になったりするじゃないですか。「〽 小倉生まれで玄海育ち〜」って、村田節を古賀政男［*12］が採譜してあの歌にして歌謡曲にする訳ですけどね。村田節と同じように、奈良丸節。それの娘さんが、名人の春野百合子ですね。この奈良丸節の奈良丸、唊呵の辰雄と言ったぐらい、浪花節の中の唊呵が切れたんでしょう。なかには華柳丸みたいに、ほとんど唊呵みたいな人も居ましたからね。今では、ほんの僅かでね。まあ、声が悪かったせいもあるんだろうけど……。

それが講釈になると、聴いてられねえんだな。服部先生に悪いけどね。もちろん

年マギー信沢に入門。

［＊8］長谷川伸（はせがわしん）……1884〜1963年　小説家・劇作家。本名長谷川伸二郎。神奈川県出身。

［＊9］『大石東下り』……講談・浪曲の演目。

［＊10］二代目吉田奈良丸（よしだならまる）……1879〜1967年　浪曲師。本名広橋広吉。奈良県出身。1895年頃に初代吉田奈良丸へ入門。1902年二代目奈良丸を襲名。1929年弟子に奈良丸の名を譲り、吉田大和之丞と改名した。娘が二代目春野百合子。

［＊11］奈良丸くずし……俗曲の一つ。奈良丸の節のメロディと奈良丸の十八番であった『大高源吾』の文句を加えて誕生。数多くの替

本職だからって、俺は好きでなかったのは居ましたよ。田辺南龍先生［*13］なんてえのは……。南鶴先生［*14］は面白かったけど……。南龍先生なんか、あんまり面白くなかったな。まぁ、自分の好き嫌いはこっちへ置いといて。

例えば活弁の山野一郎がね、一龍斎貞寿といって、貞山を真似したテープなんかありますけどね、……上手くないけど演ったりね。国井紫香［*15］という浅草の売れっ子の映画説明が、講談を演ったりね、結構みんな講談を、演りたがったってえのは、魅力があった。……その魅力が、落ちてきたからだということでしょう。それでそのときに私が、すがっていったのは、よく話す桜洲の芦洲、神田松鯉、邑井貞吉。

そのちょっと後になるのかな？　桃川如燕。のちの伯山先生［*16］の話なんですけどね、桃川如燕の伯山、五山の伯山。あだ名はね、最徐行っていうんだね。ゆっくりという意味ですよ。さっきは落語家の系譜の悪口を散々《さんざ》っぱら言いましたけどね。如燕もやっぱりどっかの部分で伯山が欲しいと……。だって虎さんの芦洲は伯鶴になるって言いだして、

「いや、止しなよ。伯鶴になるって、圓生から柳枝になるみたいなもんだよ。小さんから圓生になるようなもんだよ」

って、いうのを言ったことを、……虎んべの奴、本気でそんなこと考えていやが

歌が作られた。元の歌は「笹や笹々 笹や笹 笹はいらぬか煤竹を 大高源吾は橋の上 明日またるる宝船」。

［＊12］古賀政男（こがまさお）……１９０４～１９７８年　作曲家・演奏家。本名古賀正夫。福岡県出身。

［＊13］五代目田辺南龍（たなべなんりゅう）……１８７８～１９５４年　講談師。本名関川正太郎。東京出身。１８９１年二代目宝井琴凌（四代目馬琴）に入門。１９０６年五代目田辺南龍を襲名。格調高い講談を得意とし講談界の大御所として奮闘を続けた。

［＊14］十二代目田辺南鶴（たなべなんかく）……１８９５～１９６８年　講談師。本名柴田久弥。滋賀県出身。元は落語家であったが１９１７年二代目桃川如燕に入門し講談師へ転身。後

った。

だから話がまた戻るとね、正蔵なんてのは、小朝がなった方が良いんですよ。名前が売れちゃうと変えられないんだな。俺、どうしようかな？　みんな俺が継いじゃおうか？　圓朝、圓生、柳枝、小さん、全部俺がつけちゃう。俺がみんなつけちゃう。立川柳枝圓生なんとかって。「じゃあ、お前はどうなんだ？」って……。これもう前座の名前じゃなくて、真打の名前ですからね。これで良いんだと思います。

如燕先生の昔なんぞってぇと、この人はね、『鉢の木』[*17]を演っていたと、有竹先生の日記に書いてある。いや『鉢の木』ではなかったかな。つまんないネタなんですよ。さっき言った貞吉先生の『正直俥夫』じゃないけどもね。それでね、机竜之助、『大菩薩峠』[*18]、あれを演っていた。俺、聴く気にならねぇんだ、『大菩薩峠』なんて、嫌なんだ。子母澤寛なら良いんだよ。『りゃんこの弥太郎』[*19]なら良いんですよ。『関の弥太っぺ』（長谷川伸原作）なら良いんですけどね。

もちろんいろんなレパートリーは持ってたりしたろうけども、連続ものをちゃんと演れて、『大菩薩峠』みたいなものに手を染めるというか……。だけど講釈の口調が〝最徐行〟だからね、とっつけなかったですよ。如燕の頃、……それが他に居なくなって来るとね、昔の雰囲気を持ってる。だから浪花節語りも木村松太郎[*20]、ちょっと違うけど広沢瓢右衛門さん[*21]、もう声も出なくなった松太郎にすがるん

に田辺南龍門下へ移り南鶴を襲名。

[＊15] 国井紫香（くにいしこう）……1894～1966年　活動弁士・講談師。本名国井吉之助。東京出身。1915年弁士としてデビュー。活動写真衰退後は六代目一龍斎貞山の身内となり講談師となった。戦後、二代目猫遊軒伯知を襲名。

[＊16] 五代目神田伯山（かんだはくざん）……1898～1976年　講談師。本名岡田秀章。東京出身。浪曲師からスタートし、二代目桃川若燕、三代目小金井芦洲、五代目神田伯龍門下と転々とする。神田五山として売り出し、1949年三代目桃川如燕を襲名。のち再び五山を名乗り、1957年五代目伯山を襲名。「最徐行」と呼ばれる独特の語り口で『大菩薩峠』『天保

ですよ。やがて落語も、そうならないで欲しいと思いますけどね。

うちの弟子が頑張ってますから、大丈夫だと思うけども、それはダメでもしょうがない。先に死んじゃうんだからね。と、如燕先生、やっぱり伯山の弟子になってたことはあるんですね。如燕［*22］というのはね、良い名前なんだなぁ。どう喩えたらいいかな。柳家でいえばね、小三治から小さんになる。これは当然です。それをたとえば馬楽という名の落語家が自分はもう馬楽になってんのにね、下手すりゃ小さんなのにね、圓生になりたくなって、もういっぺん圓楽になったりね、圓之助になったりなんかするのと同じこと。つまり具体的には桃川如燕というのは、大看板の名前です。

如燕から、なんと神田五山なんていう名前に改めた。間抜けな名前ですよ、それは伯山になるために五つの山になって。本来は、伯山は系統的にいいますと、山陽さん、素人口調の山陽。面白かったけどね、バカバカしくてね。この方が、小伯山だったから、……中年からの素人からなった人ですからね。小伯山っていう名前になったから、自分はやっぱり伯山になるつもりでいたでしょう。その大先輩の如燕が伯山になっちゃった。如燕から、五山に戻って、また伯山になって。それでは面白くないんで、山陽を継いだって、……そんな感じですよ。蝶花楼馬楽が名前を小さんに取られて、自分は小さんになろうと思ってなれなくて、しょうがないから正

水滸伝』『村井長庵』などの大ネタを演じた。

［＊17］『鉢の木』……講談の演目。原作は能の『鉢の木』。

［＊18］『大菩薩峠』……中里介山の小説。

［＊19］『弥太郎笠』……子母澤寛の小説。1931年9月より『サンデー毎日』で連載され大ヒットを記録した。

［＊20］木村松太郎（きむらまつたろう）……1897～1985年　浪曲師。本名江本正男。東京出身。1913年初代木村重松に入門。1918年木村松太郎と改名。

［＊21］広沢瓢右衛門（ひろさわひょうえもん）……1897～1990年　浪曲師。本名小島美士五郎。大阪出身。1911年浪曲師としてデビュー。1912年

蔵になったとかね。これは岡本義といった蝶花楼馬楽。小林盛男の小三治が小さんになっちゃったから、桂右女助のままじゃどうもっていうんで、三升家小勝になった吉田邦重とか、そういう例と同じようなもんでしたよ。

偏屈で通ってましたけどね。川戸（貞吉）の話なんかによるとね、私はそんな意識はなかった。確かに変わってるというか、皆と行動を一としない。まぁ、講釈というのはいつも分かれたりなんかしてるんですよ。虎公の芦洲が一派作ったりね。逆にその方が健康みたい。劇団みたいにあっちに出たり分かれたり……。まあ、古い話で文学座［＊23］から『雲』が出たり、『昴』が出たり、いろいろなことをして、……私の友人ですけどね、芥川比呂志［＊24］。

それで、落語の協会ってのは、落語協会と芸術協会だけずっと続いて、ずいぶん長いんですよね。……立川流ってのがあるよ。でね、この伯山は協会から抜けているので、本牧亭へ出ないから聴きようがなくて……、でも、時々自分の、……今で言うとライブショーみたいなの演ってたっていうんだね。それで川戸の貞やんの話によると、私とは出てたっていうの。言われてみるとね、私は講釈に惚れてたせいか、それが向こうに通じたのか、「先生、二人会やってください」、客が来なかったですよ。木馬亭［＊25］で。私は『芝浜』か何か演って、『天保水滸伝』［＊26］の『平手の駆けつけ』演っている。……テープ録ってありますよ。

広沢瓢右衛門と改名。大変な悪声であったが、『乃木大将』『雪月花三人娘』『太閤記』などお笑い浪曲を武器に活躍。

［＊22］桃川如燕（ももかわじょえん）……講談の名跡。三代存在する。初代（１８３２〜１８９８年　本名杉浦要助。江戸生まれ）幕末から明治中期にかけて活躍した名人。二代目（１８６６〜１９２９年　本名斎藤嘉吉。江戸生まれ）は初代の弟子。父は名人と称された春錦亭柳桜。１８９８年二代目を襲名、師匠と並ぶ名人と称された。三代目が後の五代目神田伯山。１９４９年襲名。

［＊23］文学座……日本の劇団。１９３７年に久保田万太郎、岸田國士、岩田豊雄の協力で結成。

［＊24］芥芥川比呂志（あく

「（口調を真似て）そこを離せ」

こういう声でね。

「（口調を真似て）平手は駆けた、駆けた、駆けた」

ってなもんですよ。木馬亭で、客が少なくて、恐縮して挨拶に行ったのか、どうなのか？　やっぱり尊敬してたからじゃないですか。尊敬の定義っていうのは価値基準が同じで、相手の方がそれに対する造詣が深いと、こっちが浅いと。その深さ、浅さの差を埋める行為が尊敬ですからね。尊敬していけば、向こうはちゃんと遇してくれるというのが、私の考え方……。

その頃は、そんなことはないですよ。惚れているから、先生のところへ行って……。って、ことは、あんまり脇で「いい」って言われなかったんだろうね。で、「いい」と言った相手が、どこの誰べえだか分からない。名前は通ってなくても、……そこそこ通ってたな。そ奴にって、……私ですよ。立川談志に、「いい」と言われて嬉しかったのか……。で、伯山先生の考えていることを、私が上手に琴線に触れるような「価値観が似てる」っていうポイントにおいて、ヨイショをしてたのか。志ん駒［＊27］のヨイショと違うよ。あれは、サイドボードにある酒を持ってひっくり返ったりなんかする……。ああいうのと違う……、あいつはあれでいいけどね。そういうことかなあ。

たがわひろし）……1920～1981年　俳優・演出家。東京出身。父は芥川龍之介。戦後、俳優としてデビュー し文学座に入団。1958年文学座を脱退し、福田恆存などと劇団雲を結成。戦後の演劇界を代表する人物であった。

［＊25］木馬亭……浅草にある寄席。1907年開館。1931年安来節専門小屋「木馬館」として再開場。1970年1階部分を浪曲専門席「木馬亭」として開場。2階の木馬館で行われていた安来節席は1977年に終了。以降、大衆演劇劇場に転身した。

［＊26］『天保水滸伝』……講談・浪曲の演目。

［＊27］二代目古今亭志ん駒（ここんていしんこま）……1937～2018年

で、何を演ってもらったか？　……あのね、思い出のことについてね、結構いろいろ思い出してるけどね、これの何千倍かな。……何千倍と言わなくても、何百倍の生活をしているんだろうな。ほとんど覚えてないですよ。とにかく各国へ行った話、どういう芸人に会った話、……これでも良しとすべきなのかな。

小さん師匠とか圓生師匠ならね、

「(圓生の口調で) どうぞお前さん、こちらに入ってください……」

なんてなことを言って、

「(圓生の口調で) 時刻が来るってえと、六軒家のあれを、デーン、……三十石の船唄てぇの唄いまして、〽　やれ～」

とかね、

「(小さん『長短』の口調で) 夕べ夜中に起きて驚いちゃった」

「(小さん『長短』の口調で) 泥棒か？」

「(小さん『長短』の口調で) う～ん、泥棒じゃねえんだよ。外へ出て空を見ると、真っ赤なんだよ。ことによると、明日は雨が……」

こういうの知ってるからね。伯山先生は、いつも一緒に居る訳じゃないですから、ほんの僅かな、極端に言えば、十遍ぐらいしか会ってないかも知れないね。それを耳がいいから覚えちゃうんだろうけども、文句はさっき言ったように最徐行。

落語家。本名徳永一夫。埼玉県出身。

［＊28］『青龍刀権次』……講談・浪曲の演目。

［＊29］松井錦声（まついきんせい）……1928～1990年　声帯模写。本名松井輝清。東京出身。

「（口調を真似て）慶応の元年師走の二十二日でござります」

こういう喋り方なんです。

「（口調を真似て）行くところのなくなった青龍刀の権次［*28］は、寒さの中で、『どうしようかなぁ。ウチへも帰《けえ》れねえし……』と、行くところ宛てもなく歩いてかかって来ました。ところが湯島の切通でござります」

こういう喋り方なんですよ。

「（口調を真似て）二人連れが歩いてる。『いい気なもんだ。こちとらぁ、懐に金はねぇし　泊まるところもねぇといってるのに』、男と女」

こういう。松井錦声［*29］が物真似をしてた文句は覚えてますがね。

「（口調を真似て）武蔵の国、荏原郡。ここに浜野矩康。荏原郡は、海苔が安く取れたので矩康《のりやす》。そんなことはございませんが、その倅で矩随《のりゆき》……」

こういう最徐行の喋りで……。だがそれが、悪い奴が見事にぶった斬られたところがありましたけどね。

「（口調を真似て）『うぬは何だ！　クソを食らって西へ飛べ！』、かかってまいります。利き腕を見事に摑んで引いた。トントンと、のめってくる。後ろから、『これでも食らえ』と、蹴り上げました」

って、こういうような喋り方。貞丈先生は、

「(口調を真似て)トントンと、のめってまいります。それを後ろからピシャッと決められて、グルッと回って、向こうへストンと押してそれっきりでございます」

「(口調を真似て)後ろからこれを突いたから、突かれた方は堪りませんで、トントンとのめって庭の岩に」

貞山ですね。

「(口調を真似て)突く方は、いや、そんな気で突いた訳じゃねえんだ。ただ来たからひょいと、ひょいと放った。これがひょいとじゃねえんだ。力が強い。技がある。芸がある武力を持ってる極意の奴だぁ」

『羽賀井一心斎』[＊30]、堪らねぇ。

「(口調を真似て)向こうはそのままブンと飛んで居なくなっちゃった。何でも聞いてみると　インドのカルカッタってえところで、お茶を……」

こんなようなね、こういう声、……松鯉先生ですよね。

「(口調を真似て)突いてまいりましたのを、えも言わさずに手を取って　これを両の手に提げて大地に叩きつけるべく、空へ向かって手を上げた。上にいる人間は堪りましぇんぞ」

なんてなことを言うのが、貞吉《ていきち》先生でね。

「(口調を真似て)かかってまいりましたのも、ピシッとそこで受けた。『何を小癪

[＊30]『羽賀井一心斎』……講談・浪曲の演目。江戸時代の剣術家・羽賀一心斎を題材にしたもの。

な！』って、払って来るのを、こいつをまた持って、スポンと手刀を取った。向こうがそのままかかってくるのを、ウッと押さえまする。これをまた力がございまするから、また違います」

って、こういうような威勢のいいのが馬琴。こういうのはなぁ、まぁ、いいや、知らなくても……。

五代目一龍斎貞丈

「講釈師　つかえたときに　ポンと打ち」

「講釈師　扇で嘘を叩き出し」

　講釈師が伝えた史実というんですかね、それが一般日本人に浸透してったわけです。もう時代と共にそれらが段々変わってきて、……司馬遼太郎［＊1］の世界になったり、もっと分散して浅田何とか［＊2］いろいろなのが書いてますけどね。

　講釈師が演った昔からある話。例えば、

「（講釈の口調）弁慶と牛若丸が月の輝く五条の橋を……、牛若は鞍馬の天狗と別れて、笛を吹きながら、揺られ揺られ風に乗りながら歩くと言った方がいいくらいの感じで来る。ふと見ると、一人の男、足駄履くってぇと……」［＊3］

　弁慶との出会い……。「ここと思えば、またあちら」というのを演ったり、

「今宵の月が……、これがお前《めぇ》っちと俺との最後の月だ」

「親分」

　なんてこと言って、赤城の山のね、忠治のくだり［＊4］とか、そういう皆が知ってるところを演るとかね。または、知らないところを教えてやるとか。一龍斎貞丈先生、本名は柳下政雄先生。何か分かんない話を演ってるんですよ。


［＊1］司馬遼太郎（しばりょうたろう）……1923～1996年　小説家・評論家。

［＊2］浅田次郎（あさだじろう）……1951年～　小説家。本名岩戸康次郎。東京出身。

［＊3］」弁慶と牛若丸が……講談・浪曲の演目『五条橋』。

［＊4］忠治のくだり……講談・浪曲の演目『国定忠治』。上州の大侠客国定忠治は強欲な代官松井軍兵衛を斬り殺した罪で追われ者となる。忠治は子分と共に赤城山に立てこもるがここにも捜査が及ぶ。忠治は子分たちに別れを告げて、赤城山を去る。

［＊5］『金色夜叉』……講談・浪曲の演目。原作は尾崎紅葉の小説『金色夜叉』。貫一が熱海の海岸でお宮を蹴

もちろん、芸があるから話を聞かせますよ。でも、話芸で聴いていると、何だか分かんないんだ。で、話の途中で、

「あっ！　間貫一さん、……皆さんがここまで聴いていらして、『この話は何だろう』とお思いになっておりましていただろう。この声、一言聞きますてぇと、話は分かったと思います。間貫一……、『金色夜叉』［＊5］にござります」

と、こう入ってくんですね。

器用でね、時間の伸縮が自由なんですよ。貞丈先生、

「先生、すみません、短く」

「あぁ、いいよ、うん」

皆に尊敬されまして、若いのを連れてっちゃぁ、御馳走してくれたり、新しいものを見せてくれたり、作家連中との付き合いもあって、いわゆる文化人です。

先生に連れてかれて新喜劇を見たんですが、渋谷天外さん［＊6］と、友人ですからね、寿司屋を予約して、天外さんがシャコが苦手なもんで「どけといてくれ」って言っといた。そしたら寿司屋が間違えてシャコだけ集めちゃったんだね。

で、天外先生が入ってきたらね、

「はい、お待ちどおさん、シャコ」

「ウワァー！」

飛ばすシーンで知られる。

［＊6］二代目渋谷天外（しぶやてんがい）……1906〜1983年　喜劇役者。本名渋谷一雄。京都出身。父は初代渋谷天外。戦後、盟友の曾我廼家十吾とともに松竹新喜劇を結成。同座の座長兼作家として『桂春團治』『親バカ子バカ』などの名作を生み出した。

と、言って、ひっくり返って逃げちゃった。そんな話を私共にしてくれました。貞丈先生は、器用ですから何でも演れちゃうんだよ。『金色夜叉』だろうがね、一龍斎のお家芸の義士伝の数々ね。『倉橋伝助』[*7]だとか、『堀部安兵衛』[*8]、『中山安兵衛』であるとか、みんな演っちまう。

で、何が言いたいのかっていうとね、貞丈先生がね、もっと不器用でね、売れなくていろんなものを演っていいてくれたら、もっと凄いもんが出来上がっちゃったんではないかなっていう気がするんですよ。これは反省材料ですよ。……いや、私は下手に演ってるから大丈夫か？　下手だしなぁ……。

死んだ松井錦声っていうのが真似が上手かったですね。こういう口調です。貞丈先生、眼鏡をかけて出てきまして、お客の顔を見て、ああ、こういうあれだなっていうんで眼鏡を取ります。その眼鏡を取るのも一つの物真似の対象になってましたね。かけてるのを取ります。

当人が言う訳じゃないけど、物真似はみんな、

「(貞丈の口調で）ご紹介にあずかります、貞丈でありまするが、元禄の何年刃傷いたします。それまたこの城の明け渡しになりまする」

こういうような喋り方。誇張した喋り方ですけどね。それで、講釈の寄席というか本牧亭へ出る。聴いてる。……どっか違うんですよね。新しいということかな、

[＊7]『倉橋伝助』……講談・浪曲の演目。

[＊8]『堀部安兵衛』……講談・浪曲の演目。「安兵衛の生い立ち」、「高田馬場の決闘」、「安兵衛婿入り」等、いくつかの演目が存在する。

[＊9]『小夜衣草紙』……講談・浪曲の演目。

[＊10] 四代目昇龍斎貞丈（しょうりゅうさいていじょう）……1889～1931年　本名安原大次郎。父は三代目真龍斎貞水。10代で父の弟弟子であった錦城斎典山に入門。1910年四代目貞丈を襲名。

[＊11] 俺より先に死にやがって……典山の遺族が編纂した『錦城斎典山』の座談会『典山の人を語る』の中で、七代目貞山が「白壁町の貞丈さんが死んだとき、『俺より先へいッちまいやがっ

どっか違うんです。古臭い昔の人の方が合うんです。……合うというよりも良いんです。

それじゃあ、この古臭い、……御免なさいね、こういう言い方して。具体的に言うと桜洲先生だとか、松鯉先生が落語の寄席へ出たとしますね。あんまりウケないんです。けどね、私は見てて堪らないんですわ。

「先生、あの、ひとつ、『小夜衣草子』［＊9］を演ってください」

「『小夜衣草子』を聴きますかね」

「いや、先生、聴きますよ」

なんてなことを言ってね、……小夜衣を聴いた。今、「思い出話を喋ってくれ」と言われて、無性に聴きたくなった。このまま帰って、「小金井桜洲、芦洲を聴こうかな」という気になってきますね。

この貞丈先生は昇龍斎貞丈の弟子で、この安原大次郎の貞丈［＊10］は若くして死ぬんですね。それで、典山が、「俺より先に死にやがって」［＊11］って、非常に泣いたという、悲しんだという話があります。

余談ですが、その典山名人の錦城斎典山のご子息が、今の人間国宝になってる、花柳寿楽［＊12］ね。青山次郎さんっていうんですけど、私も懇意なんです。

この典山の弟子の貞丈のお弟子さんで、典山に預けられて、後のお化けの貞山。


た』と、さして泣かれた……」と語っている。

［＊12］花柳寿楽（はなやぎじゅらく）……1918〜2007年　日本舞踊家。日本名青山次郎。東京出身。日本舞踊家。二代目寿輔に入門。花柳錦之輔と名乗り、日本舞踊家の道を進む。1965年花柳寿楽と改名し、花柳流の御意見番として活躍。2002年に人間国宝認定。

この貞山先生と二人で、……もちろん六代目貞山の弟子ではあるけど、弟子になってんだけど、典山の教訓を得てっていうことで、若いときから人気があって、人気投票のトップに入ったりした一龍斎貞一。

日本画家の志村立美先生［*13］。志村先生は話術が上手かったんだ。貞丈先生は絵が上手かった。ひっくり返っちゃった。貞丈先生の絵は上手かったな。誰かがね、葡萄を描いてて、先生がちょっと手を入れるとバァーンと見事になっちゃうんですよね。小さん師匠も上手かったですよ。圓生師匠は、まぁ一所懸命描いてるって絵で、味も無かったなぁ。因みに言うと、小さん師匠も上手いけど、味がねえ。俺みたいに滅茶苦茶のがいい。志ん生師匠みたいに丸描いてね、そこに炎描いてね、一本引いて、下に一引いてね、火焔太鼓を描いて、ああいう方が何か凄いみたいな気がするんですが、それはこっちに置いておいて。

貞丈先生をどう表したらいいのかな。……頭脳明晰、近代的、伝統なぞはすぐ出来るみたいな感じです。修羅場は聴いたことございません。あとね、つまり現代で通ってるっていう逸話から言うと……、銀座の『梅林』というとんかつ屋の初代店主に色紙を贈って、その中の書かれた『珍豚美人』［*14］が、そのまま店の愛称になった。美人と書いて「しゃん」。今、そんなことは分からんですね。

ということは、そういうところにいるポジションを持ってたっていうことです

［＊13］志村立美（しむらたつみ）……1907～1980年　挿絵画家・随筆家。本名志村仙太郎。群馬県出身。

［＊14］『珍豚美人』……銀座のトンカツ屋「梅林」の愛称。梅林のトレードマークである三味線を弾いた豚のキャラクターを執筆したのは志村立美、「珍豚美人」と名づけたのは五代目一龍斎貞丈である。

［＊15］『一文惜しみ』……講談・落語の演目。

ね。よく美人を連れて歩いてました。歩いてたって……、一緒のときに来てましたですね。

で、亡くなったときは、……大きな声では言えないけれど、小さな声では聞こえないのでね、女性のお腹の上でお亡くなりになったという、……これは我々の定説です。……幸せですよね。で、若かったです。貞丈先生が生きててくれれば、誰でもそう言うんですがね、もう少し生きててくれたら……。それはありますね。

貞丈先生は十番の川、目黒の方から十番へ下りて来ますね。向こうから三の橋、二の橋、一の橋。それで、右の方へ、芝の方へ曲がった川沿いの家におりましたね。稽古に行ってるんです。稽古に行ってるって、……教えていただきに。『一文惜しみ』[*15]を教わりました。それから、ご子息の貞丈さんからも教わってるんです。

ついでに言うと、ご子息の貞花さん、若い頃は溌剌としてね。何とも堪らなく威勢が良くて、キレイで、理知的で。……何であれが後年、「パカパッパカパカパカパ」なんて、あんなになっちゃったんですかね？　やっぱり内容、普段喋っていることが、現代でなくなっちゃったみたいな気がします。過保護だったのかな。……今さら言っても詮無いことですけどね。

で、『一文惜しみ』を教えてくれて、途中で「電話よ〜」って声がウチの録音テープに入っていますよ。稽古してくれたんですよ[*16]。小ゑん時代で談志になってな

［＊16］稽古してくれたんですよ……談志の自伝的エッセイ『談志楽屋噺』では『尾上多見之助』（落語の『淀五郎』）を習ったとある。

［＊17］アプレゲール……「戦後」を意味するフランス語から発生した言葉。主に「太平洋戦争後に育ち、昔からの美徳や道徳にとらわれない若者」を指した。日本では「アプレ」と呼ばれ、たびたび批判の対象となった。

［＊18］『槍の前原伊助』……近江の漁師伊助は槍の名人で立身出世を夢見ていた。伊助は家出をして江戸の浅野屋敷の中間となる。ある日浅野家家臣の高木良助が侍の喧嘩によって殺される事件が発生する。高木の槍持をしていた伊助は自慢の槍術で高木の仇を討つ。この功で伊助は浅野藩の侍となる。

いですよ。

さっき言ったように若い人たちを連れていくのが、趣味とでも言いますか、道楽とでも言いますか、連れて歩いて、私が小ゑんになった頃ですかな。ということは、十八、十九ですか。パァーパァー言ったんだろうね。生意気千万……。今思うと顔が赤くなったり青くなったりしますがね。

そのときに、これで一応散会、お別れみたいなときに、都家かつ江さん、かつ江姉さんがね、貞丈先生に呆れたように言ってたのを、私、聞きましたよ。「アプレだねぇ～」って言って……。アプレゲール［*17］って言葉が流行った。つまり、現代っ子、生意気。内容も無いのに、ただ現代の風習に、「何で?」、「どうして?」、あれみたいなもんです。アプレだと言われたのを覚えてますよ。その頃から理屈捏ねてたんだな、俺な。……嫌な野郎だ、まったくな。俺がそこに居たら、ぶっ飛ばしてやる。この野郎。

「もう一遍言ってみろ、この野郎、てめえ。生意気なこと言いやがって、何だと思ってやがる」

てなことを、俺は言ったんだろう。矛盾してるな、人間なんてのはね。

貞丈先生が演ったネタを思いつくままに、義士伝では、『倉橋伝助』、それこそ『二度目の清書き』もお演りになりました。『槍の前原伊助』［*18］も演ったかなぁ。

『堀部安兵衛』を演ってってね、その仇討のところをね、帰って来て婆さんが喋る訳ですよ。後ろから、槍を持ったね、敵方が出てくる。

「後ろから来て、ブツッと……」

「婆さん、殺られたか？」

「と思いきや、ひらりと……」

「上手いな噺が……」

なんてなことを言いながらね、『安兵衛婿入り』の一席ですよね。中津川友範［＊19］が、後ろから突いてくるところで切ってね。貞山先生も演りましたよ。どっちかというと、我々はもう貞丈先生。

私は昼間しか寄席へ行きませんでしたから、……夜はガキは、表に行っちゃいけないってことになってましたからね。で、家へ帰る。末廣亭は昼席しか見てないんです。それで初めて夜に行けるときがあった。昼間は貞山先生が多かったのかな。たまたま私がそういう巡り合わせだったのか、貞丈先生が出ました。

モノが違うんだな。「ああ、これだ」と思いました。馬琴先生を聴いたときは、それなりに、貞山先生よりはみんな上手いし、面白いしね。だけど、その貞山先生が釈場に出ると、むしろさっき言った馬琴、今言った貞丈より良いというのか、松鯉、桜洲、芦洲の魅力に近くなるんです。だから、下手というのが前提かな。つま

［＊19］中津川友範（なかつがわゆうはん）……講談・浪曲の『堀部安兵衛』に出て来る悪役。

り、流暢でない。粗削りとでも言うのか、凝縮されてない芸とでも言うのかな。無駄が多い。それが合うんですね。上手いもんだなとは思いましたですけどね。

　前の建物の本牧亭がなくなるので、記念に私が誰かとね、本牧亭へ出てくれ。それで、講釈ネタの『紺屋高尾』[＊20]を演ったんだろう。……ウケねぇんだよ。だからムッとしてね、「この野郎ども」と、「変に講釈に凝り固まってやがって、俺の方がどれだけ上手いんだ、バカ野郎。内容的に俺の方がよっぽど面白いし、桁が違うじゃねえか、バカ。俺は現代に通用してるんだ、こいつら通用しねえじゃねえか」と、無体腹が立った。無体腹が立つなんて言葉も懐かしい。

　で、今思うとね、そこにいる客はどっかでそれが、嫌だったのかも知れない。今、私が言ってるのと同じように。上手い、面白い、よく作ってあると、嫌なのかも知れない。だから貞丈先生も、そっちのケースに入ってるように、私に思えたのか。とても二律背反してますけどね。あそこでやる講釈はね、

「（口調を真似て）今日はぁ、加藤清正と日蓮上人という、『時代が合うわきゃない』と言うんだろうけど、これ合わせるのが講釈だ。うん、おっかあ、柿を持ってこいってんで……」

　これね、あのぅ、秀吉ですよ。うん。邑井先生は、邑井先生で、

「（口調を真似て）そんなことは知らないから、ナポレオンの奴は家へ帰って……」


［＊20］『紺屋高尾』（こんやたかお）。落語・浪曲の演目。

ナポレオンの奴だってさ、何とも堪らないね。不完全というか、そういうものが、私には無くなってた。無くなったのが近代であり、現代であり、進歩だと無意識のうちに思ってたんでしょうね。だから、貞丈先生はもちろん演れば、そこへ住み着けば出来ただろうけれども、文明というところに住んでる人たちに講釈を聴かせた。その影響が貞鳳さんにもろに被って来たのではないかなと、こう思っております。

二代目神田松鯉　その一

神田松鯉という爺さんが何より好きでした。八十一歳のテープがありますが、一つもボケてない、見事。最後に残ったのが松鯉先生と貞吉先生ですかな……、桜洲先生かな。湯島に住んでおりましたのでね、松鯉先生。だから、おとっつぁんが二代目伯山、三代目を小伯山に譲って、その三代目が八丁荒らしの大人気者になる。「五月の風のような江戸っ子の芸だ」と言われましたね。

典山は、「下手クソや」と言ってますけどね。「無駄が多くていけねぇ」とか。この伯山の子の松鯉先生が、本名、悦太郎っていうんでね、はじめ悦山って言ってたんですね。それで、親父は松鯉になって亡くなって、それから小伯山になり、三代

［＊1］瀬戸内晴美（せとうちはるみ）……1922〜2021年　作家・尼僧。本名瀬戸内寂聴。徳島県出身。戦争、離婚、家出を経て、1956年作家デビュー。官能的な文体を生かした『花芯』『夏の終り』などの大衆小説と、史実に基づいて描き出す『田村俊子』『花野』『遠い声』などの評伝で一時代を築いた。1973年得度して「寂聴」と改名。晩年

目伯山に平気で迷惑掛けたと……、瀬戸内晴美［＊1］の本かな？　川戸貞吉に貸したら、無くしちゃって返してくれないんですよね。しょうもない奴だ、あいつ。「借りた覚えは、ねぇ」とか、「返した」と言ってますけどね。

伝記によると、とにかく二枚目だったらしいや。「だったらしい」って、面影がありましたけどね、二枚目って感じはしなかったけど、とにかくイイ男でね。「小伯山さんを寄越さないでくれ」って、芸者屋っていうか、女郎屋で……。つまり女がはまっちゃって、どうにもならなくなっちゃう。それで、いろんな女のその遍歴を、『花野』［＊2］という題名の小説で瀬戸内さんが書いてますよね。

「(口調を真似て) いやぁ、私は、伯山に迷惑を掛けたのはしょうがない。親父の弟子で、伯山をやったんだから……」

ってなことを、言ってね。

電話がかかって来て、三代目伯山が出る。

「先生、どうして来てくれなかったんですか？」

「え？」

「お金はちゃんと送った筈ですが……」

「またあの野郎……」

松鯉先生の小伯山が、間《あいだ》に入って金をくすねて行っちゃうんだ。

まで『般若心経』『源氏物語』の翻訳や小説・随筆を精力的に発表した。

［＊2］『花野』（はなの）……瀬戸内晴美の小説。1964年に『別冊文藝春秋』掲載。同年『花野』の題名で書籍化された。二代目神田松鯉の半生や人となりを踏まえながら、松鯉贔屓の知人との出会いと別れを描く。

［＊3］初代桂春團治（かつらはるだんじ）……1878〜1934年　落語家。本名皮田藤吉。大阪出身。1895年初代桂文我に入門。1903年二代目桂文團治の門下へ移り春團治と改名。ナンセンスなギャグを連発する爆笑落語で一世を風靡。上方落語の黄金時代を築いた。その破天荒な生涯は芝居や小説、歌謡曲の題材となった。

［＊4］五代目笑福亭松鶴

「(口調を真似て) いや、それは当たり前だ」

当たり前だってさ。それから女に世話になる、迷惑掛けるの当たり前。昔を振り返って、「この人だけは、俺はちょっと心が痛んだ」って、そんな話をしましたけどね。だけど吉本のね、その頃ですから、……昭和の初期かな……。私は、顔付けを持っているんですよ。そこにね、何とね、ろ山、山陽、伯龍と出てるんです。吉本の三人。凄いね。もちろんそこへ春團治[＊3]だとか五代目松鶴[＊4]だとか、そういうのが出てた訳……、三木助[＊5]だとかね。


で、二流の方に小伯山と書いてある。松鯉先生なの。……いやいや、これが松鯉になった、私の好きなお爺さんの若き日なのか……、ちょっと分からないけれど。だけど、若い頃から、「(口調を真似て) いやぁ、いやぁ、客人の前だが……」って、こんなような喋り方ですよ。ちょっと真似してみましょうか?

「(口調を真似て) みいちゃん、はあちゃん、皆、こっちへ集まってくれ」

こういうような喋りで、

「(口調を真似て) ここへお城を作るんだから、明日早く来てくれ。来るってえと、『こうこうこれだけのものは、払ってやるから』ってんで、言われた方は喜んだ。『みいちゃん、はあちゃん、明日から金になるから頑張ろう。早く来なきゃいけねえ』『お前は無理だ』

(しょうふくていしょかく)……1884~1950年　落語家。本名竹内梅之助。大阪出身。大工見習から四代目笑福亭松鶴に入門。若い頃から本格派として売り出し1935年五代目笑福亭松鶴を襲名。長らく衰退する上方落語界と向き合い、ネタの継承と後進の育成に力を注いだ。

[＊5] 二代目桂三木助(かつらみきすけ)……1884~1943年　落語家。本名松尾福松。大阪出身。1894年大阪の桂仁左衛門に入門。1907年真打となり二代目三木助を襲名。東西で修業を重ねて多くのネタを習得。晩年は名人と称された。

『何で無理だって』

『お前は寝坊で来られねえ』

『そんなこと、俺は来る。金が欲しい』

『いや、来られない』

と、言って夜が明けた。夜が明けるってぇと、こいつは来てやがる。聞いたら、夕べから帰らないでここへ寝た。だから早い訳だ。

夜が明けるてぇと、天正の何年の何月何日、『エイエイオウ』と聞こえてくるこの掛け声は、五千に五千、また五千。つまり一万五千の大群」

内容は全然違いますよ、

「(口調を真似て)隊も正しく出てくるは、何の何某《なにがし》何の姿でどうどうこうこうこういう訳で、金覆輪《きんぷくりん》の鞍にうちまたがりして、どうどうどうと来た中で、ひょいと見ると、夕べのエテ公顔した奴が乗ってやがるんだから驚いた。これが一晩で城を造りまする、墨俣城《すのまたじょう》の一席だ[*6]。いやぁ、明日の今時分が面白い」

てなことを言ってね。

これを出口一雄さん[*7]というTBSの川戸貞やんの師匠ですよ。私の学校の先輩で、どれほど可愛がられたか。私がね、電話とるとね、

「はい談志です、談志」

[*6] 墨俣城の一席だ……講談・浪曲の『太閤記』のエピソード。織田信長の家臣となった木下藤吉郎(秀吉)は「美濃墨俣一夜城を作る」と信長に進言する。藤吉郎は持ち前の知恵と交渉力で城を作り上げ、信長の美濃攻略に大きく貢献する。

[*7] 出口一雄……出口一雄(でぐちかずお)。1907~1976年 演芸プロデューサー。東京出身。立教大学卒業後、ポリドールレコードに入社し邦楽や寄席芸のレコード制作に従事。1952年ラジオ東京に招かれ、同社の演芸課長に就任。落語家専属制度の設立や演芸放送の指揮などで権力を掌握した。晩年デグチプロを設立しマネージャーとしても活躍した。

[*8] 素人のコンクール番

これ、出口さんの影響なんですよね。「出口だがね」とこういうね。新富町に居る。いま私も新富町にいる。この出口さんが素人のコンクール番組［*8］をつくった。司会が牧野周一さんで、牧伸二だとか小三治［*9］だとか、そこから出てきたというね、本当です。このときにね、松鯉先生を審査員に出したんですね［*10］。周りから、名前も知られてないしね、ずいぶん反対があったらしいんです。

結果それが当たったんで、出口さんは鼻高々でしたよ。「（口調を真似て）いやぁ、こりゃぁ上手い、連打も連打、いやぁ、結構な芸だ」なんていうんで、一時、人気がラジオによって広がった事実がありますよね。「切られ与三郎」［*11］の録音は残ってます。「（口調を真似て）おめえの顔は何だ？　いやぁ、かまいたち」。かまいたちって、あの風でふっと切れちゃうっていうね、真空になっちゃうっていう奴ですね。「（口調を真似て）いやぁ、かまいたちで傷が出来た。……実は、これは木更津で赤間源左衛門に切られた四十四カ所の傷があるんだが、それは言えない。ちょいと、これから強請《ゆす》りに行く。おめえの顔が必要だから、一緒に来いと言って、玄冶店に入ってった。がらっと開ける。誰だ？」

「歳ですから声がね、結核だしね。結核で梅毒でね」、そんなこと言ってましたよ。まぁ、半分冗談だ。結核は本当なんですね。で、最期にはね、二階へ貞吉先生を上げて最後の対面をさせたっていう、何かジンと来るようなエピソードがあるんです

組……ラジオ東京（現TBS）で放送されていたラジオ番組『しろうと寄席』。1955〜1962年放送。司会の牧野周一が合格者の芸名を命名する企画があった。『しろうと寄席』出身のプロに片岡鶴八（芸名はよくも・ほった）、牧伸二（今何度）、十代目柳家小三治（年頃亭ニキ助）、八光亭春輔（通信亭三助）などがいる。

［＊9］十代目柳家小三治（やなぎやこさんじ）……1939〜2021年　落語家。本名郡山剛蔵。東京出身。1959年五代目柳家小さんに入門。若い頃から高い実力を誇り、1969年真打に昇進、十代目柳家小三治を襲名。『禁酒番屋』『長短』『小言念仏』などの柳派の滑稽噺の正統を受け継いだ。飄逸なマクラにも定評があった。晩年は紫綬褒

けどね……。

　話を続けると、玄冶店というのは、片一方が強請るとね、こっちが宥めるんですよ。宥めながら、またこっちが大きく横になってくると、またこっちが宥めて、また大きくなるっていう……、

「（口調を真似て）それは、よくやる、こうこうこういう手だ。そんなこと言ったってしょうがないよ。早《はえ》え話が、じゃあ、ここにお前さん方にやるから、これを書いてくんねぇ」

「（口調を真似て）おう、どうもすまねえな。もらった金が一分だ。一分もらったぜ、与三、帰ろうじゃねえか」

「（口調を真似て）いや、ちょっと待っつくれ。一分もらって帰《けえ》るところもありゃ、また、百両百貫もらっても、帰《けえ》られねえ場所もある。この家の洗いざらい釜の下の灰までも俺のもんだ。おい、おかみさん、お富《とみ》さん。いやさ、お富、久しぶりだなぁ」

「（口調を真似て）とこれから玄冶店の強請りにかかります切られの与三……」

　こういうようなね、何という下手な、……何という変則な話芸だろうと……。そこにはまり込んじゃうんですよ。それをはめ込むのを芸術というんですよ。


章、落語協会会長、人間国宝などの名誉に輝いた。

［＊10］松鯉先生を審査員に出したんですね……二代目神田松鯉は『しろうと寄席』の審査員を通して人気を獲得した。飄々としながら的確な講評は番組の名物になった。

［＊11］『切られの与三郎』……講談・浪曲の演目。若旦那の伊豆屋与三郎は木更津でお富という妾と深い仲になる。その関係がお富の主人赤間源左衛門に露見。与三郎は源左衛門から暴行を受けて全身傷だらけになる。与三郎は悪の道へと進み、「切られ与三」の異名をとる。悪の道を進む与三郎とお富の再会と破滅を描く。

二代目神田松鯉　その二

松鯉先生はね、私が多摩川辺りの鵜の木っていうところに、まだ母親は元気でいるんですがね、……ときどき行きます。そこの町会の敬老会に来てもらう。綾太郎さん［*1］にも来てもらったことがあります。浪花亭綾太郎ね。

「〽　妻は夫を慕いつつ、夫は妻を～」って奴ね。『壺阪霊験記』［*2］。松鯉先生の方が遥かに上なんだよね。そりゃそうだよね。「(口調を真似て)　いやぁ、私の方が上だ」。

痩せていました。それで元気がないから「ゴホッ、ゴホッ」、それを小伯山、のちの二代目山陽さんですね、亡くなった。紅だとか、そういう連中の先生、師匠……。その小伯山がね、「あんなに患って、また出て来てやがる」ってんだよね。

それを聞いて、「あ、そんな人なのか」って思った。びっくりこいたですよ。また悪く言えば、山陽さんは、芸の見方を知らないですよ。立川談志坊や、柳家小ゑん坊やはちゃんと芸を見ていた。それで、その小伯山から山陽になったときに、挨拶して、私はそこに居たんですよね。居たっていうか、出席したんですね。松鯉先生がスピーチして、

「(口調を真似て)　いやぁ、先代の山陽、あれは年を隠してた。それが証拠に毛が、

［＊1］浪花亭綾太郎（なにわていあやたろう）……1889～1960年　浪曲師。本名加藤賢吉。神奈川県出身。2歳の時に失明。1902年浪花亭綾造に入門。1910年真打昇進。

［＊2］『壺阪霊験記』……義太夫・浪曲の演目。「妻は夫を労わりつ、夫は妻を慕いつつ」という外題付けは一世を風靡した。

胸毛が生えてな、いやぁ、あの年で胸毛がある訳がない。こうこうこうだ。これがつまり『神田山陽胸毛の由来』」、

『三十三間堂棟木の由来』［*3］なんだろうけどね、『神田山陽胸毛の由来』という。場内ドヒャンとウケましたよ。その場内には文楽師匠も居たでしょう。山陽さんは文楽一門ですから、圓生師匠は来ていたか……、とにかく皆、そう綺羅星の如く居たところでね、松鯉爺さんにすっかりさらわれちゃった。

若い頃は伯山の倅だから、好き勝手なことをやって、モテまくって、遊びまくって、変則的な講談をやって、誰も相手にしなかったのかもしれないが、見る人が見ていたのかも知れない。それが後年になって、何とも堪らない講釈になった。

でね、誰かに、テープをもらったんだ、『大盃』［*4］っていうの。これは藤堂高虎っていう武将がですね、酒を飲むんで、ある武将のところへ遊びに来ると、もてなさならんけども、酒飲みだから相手するにも強いの出さなきゃいけないというので、「誰か居ないか?」っていうと、その辺に中間みたいな奴が居るんだよ。これがずいぶん飲むって言うんで、こいつを出してな、まさか中間って訳にいかないから、「これだけの位があるんだ」とか、「禄高があるんだ」で役目を偽って、飲んでるうちに大盃で飲む。それでね、

「(口調を真似て)いやぁ、お前がここに傷があるから、いやぁ、それは何だ?」


［＊3］『三十三間堂棟木の由来』……義太夫の演目。

［＊4］『大盃』……講談・浪曲の演目。

「いやぁ、実は雪の日に転んだ。そこに岩があって……」

「嘘をつくな。俺は藤堂高虎だ。それが転んだ傷だか、刀傷だか向こう傷だか分からない訳はない」

「正直に申せば、こういう訳でこの合戦になって、こう出来てこうで……」

と、修羅場になって来るんですよ。

「それで、くんずほぐれつになったときに、どうのこうのと……。その相手は、どんな格好をしてた？」

「こうこうこうだ」

これはもちろん組み合った相手が藤堂だということになるのは、聴いてて予測がつくけど、それを聴かせちゃうんですよ。

「で、実はあのときのあれは、俺だ……」

ということになって、飲んで、「その方は、何石もらっているんだ？」と言って、まさか中間って訳にいかないから、五百石とか八百石、千五百石もらっているというので、渋々だが酒飲みとして出した中間に禄高を与えた。そして、元それだけの者であるということが分かったという。それが『大盃』って話なんですよね。

私の家は滅茶苦茶で足の踏み場も無いですからね、物の山の中に足を一本入れて、はすかけになってね、カセットに入れたんです。そのまんま、その妙な体形

［＊5］港家華柳丸（みなとやかりゅうまる）……1900〜1989年　浪曲師。本名安野茂明。東京出身。1918年初代港家小柳丸に入門。

［＊6］東武蔵（あずまむさし）……1893〜1970年　浪曲師。本名東常吉。埼玉県出身。幼い頃に浪曲師の養子となり、8歳で宝集舎常子としてデビュー。1906年真打昇進。1910年東武蔵と改名。

［＊7］『明石の夜嵐』……浪曲の演目。

［＊8］山本益博（やまもとますひろ）……1948年〜　演芸評論家・料理評論家。東京出身。

［＊9］三代目桂米朝（かつらべいちょう）……1925〜2015年　落語家・落語研究家。本名中川清。満州大連出身。大東文化

で、はすかけになったまんま、最後まで、……あまりいい録音でない、本牧亭あたりで録ったんでしょう。昔のチャチと言えばチャチな、まだ出来たばっかりの録音機で録った『大盃』……。終わって思わず、パチパチパチ、「先生、どうもありがとうございました」というのがありました。「それが、お前の趣味だ」って言われれば一言もないです。でも、良いもんです。

何ぞと言うと、圓楽のことを悪く言ってるけどね、……圓楽にもちゃんと分かる筈です。分かった上で言ってるんですよ。分かる筈です。志ん朝にも分かるだろうな。小三治はどうだか分からないけども。それで、こういうのを聴かせてやると、……ちょっと例は違うけれども、華柳丸［*5］の『青龍刀権次』と東武蔵［*6］の『明石の夜嵐』［*7］を、山本益博［*8］、あれは落語評なんか書いてましたからね、聴かせたら、唸りましたよね。米朝《べいちょう》さん［*9］に聴かせたら、「うわっ」と言ってましたね。そういう線。

こういう録音を、何とかして出せねぇかなぁ。まあ、私の趣味だけで廻しているならともかく、やっぱり教えてやる義務がある。何も講釈だけでない。やっぱり若い子に、ワイルダー［*10］も、ワイラーもデヴィッド・リーンも、やれ、その前のルイス・マイルストン［*11］も、ミッチェル・ライゼン［*12］もエルンスト・ルビッチ［*13］も、いいものを教えていきたいし、教えてやりたいな。

学院時代に正岡容の門を叩き芸能研究に従事。1949年四代目桂米團治に入門。1996年人間国宝に。多大な功績から「上方落語中興の祖」と称される。

［＊10］ジーン・ワイルダー……1933～2016年 映画俳優。アメリカ出身。

［＊11］ルイス・マイルストン……1895～1980年 アメリカの映画監督。

［＊12］ミッチェル・ライゼン……1896～1972年 アメリカの映画監督。

［＊13］エルンスト・ルビッチ……1892～1947年 ドイツの映画監督。ベルリン出身。

◆浪曲師の章（談志百席　第三期）

この章の録音は、平成17年（2005）9月14日
アバコクリエイティブスタジオ303スタジオで行われた。立川談志69歳、秋。

【読者のための前説】

本章は、立川談志師匠のノスタルジーに残る浪曲師に対してのリスペクトを、たっぷり語ります。『談志百席』の録音も折り返し点を過ぎて、乗りに乗ってきた立川談志の話芸をお楽しみください。

浪花節の全盛期

浪花節について、……浪曲の方が新しい言い方ですかね。昔は、……明治の終わりの頃から昭和の十年代頃までは、とにかく日本中を席巻しちゃった芸でした。今、もう浪花節って言ったって、知らないですよね。そういう言い方すれば、越中節も知らないし、富本節も分かんないし、義太夫は大阪でどうやらもってるようなもんで、新内節って言ったってねぇ……。まあ、何でも、
「栄枯盛衰、世の習い、チャチャチャチャチャチャチャチャン、チャチャン、金ちっとん貸してんか、あら、べっかんこ」

[＊1] 末廣亭清風（すえひろていせいふう）……1866～1920年頃？　浪曲師・寄席経営者。本名秦弥三松。愛知県出身。名古屋の吉川辰丸の門弟。師匠亡き後、二代目辰丸を継ぐが、後年末廣亭辰丸と改名。1905年に「清風」と名乗る。1906年頃、浪花節専門席「新宿末廣亭」を開業。今日の新宿末廣亭の礎を作った。

[＊2] 広沢菊春……二代目広沢菊春（ひろさわきくはる）。1914～1964年　浪曲師。本名佐々木勇。大阪出身。父は初代広沢菊春。1929年浪曲師としてデビュー。戦時中に二代目広沢菊春を襲名。

[＊3] 東家楽浦……東家楽浦（あずまやらくうら）1898～1978年　浪曲

って、圓歌がよく演ってましたよ。今の圓歌な。嘘つき圓歌。あいつは浪花節が上手い。扇橋ってのが落語家で居るでしょう。あれもなかなか浪花節は上手い。「元々浪花節語りだった」って話もあるんだけどね。

　私共というか……、私は寄席におりました。今の新宿の末廣亭は、末廣亭清風［＊1］っていう方。この人が作った寄席を後に北村銀太郎っていう席亭が買い取って、未だに続いてる訳ですけどね。ですから、浪花節がどこかで好きだったんでしょう。何ぞというと、出てましたよ。木村松郎、重松、そして広沢菊春［＊2］、名人です。東武蔵ね。東家楽浦［＊3］。浦太郎［＊4］の師匠。この間の、今の浦太郎［＊5］の前の浦太郎の師匠ですね。若いところで、松葉薫［＊6］。

　これらは寄席打ちの浪花節と言ってね、浪花節っていうのは、デロレン祭文なんていって、噺家はバカにしていました。その噺家を講釈師はバカにするんですがね。「我々は、御記録読みである。噺家どもは……」ってなもんでね。強いて言えば、向こうは歴史を語り、こっちは庶民の生活を語る。

　その講談と落語があるところへ、今度は音楽込みで入って来ちゃったからね。それもスキャットに近い音楽なんです。どうでも自由におやんなさいなんです。だから、今のシンガーソングライターっていうんですか。あんなような感じでね。三味線っていうのを。東京弁で〝しゃむせん〟ですけど、それぞれがしゃむせん弾いて

師・演芸作家。本名野口金蔵。東京出身。1920年東家小楽遊に入門。名人上手の家に居候して芸を磨き、1923年真打昇進。

［＊4］浦太郎……初代東家浦太郎（あずまやうらたろう）1919～2004年浪曲師。本名相馬清。東京出身。1933年大利根太郎に入門。翌年楽浦門下へ移籍し浦太郎と名乗る。戦後は松平国十郎、木村若衛、四代目天中軒雲月とともに四天王と称された。

［＊5］今の浦太郎……二代目東家浦太郎（あずまやうらたろう）。1942～2022年　浪曲師。本名太田清。千葉県出身。1955年東家楽浦に入門。1970年太田英夫と改名。1995年二代目浦太郎を襲名。

［＊6］松葉薫……松葉薫（まつばかおる）。1920

演った訳ですね。

　歴史的に言いますと、そういうところから人気者が出てきて、その中に桃中軒雲右衛門［*7］なんていうのが居て、やがてそれらの後に虎造だとか勝太郎だとかっていうのが出てきて、村田英雄あたりでお終いになるのかな。簡単に言っちゃうとこういうことなんですけどね。

　とにかく浪曲の全盛というのは、くどいようだが、明治の半ば頃からです。楽屋へ、東武蔵さんが来たときにね、文楽師匠は「私が前座の頃から、この人は真打なんですから」なんて言っていましたね。

　その当時は、老いも若きもですな、皆、和服にハンチング、鳥打ち帽子なんぞ被って、襟巻き巻いてね。浪花節を唄うことが、当時の若者たちの流行というか、ステータスとでも言ってもいいくらいなものだった。それがやがて音楽になってきてね、レコードが入るようになる訳です。

「〽　笹や笹々　笹や笹　大高源吾は橋の上〜」

　てなことを言う。これ奈良丸節っていうんです。今の春野百合子さんのお父さん。……これは名人です。何が言いたいのかというと、そういうのがレコードになって染み込んでいったんですね。で、売れたんですね。

　話に聞くと、ドンドン節なんていうのがあった。三河家圓車［*8］。ドンドン節っ

〜1996年　浪曲師。本名岩崎保雄。新潟県出身。1932年木村重友に入門。1949年松葉薫と改名し真打昇進。

［＊7］桃中軒雲右衛門（とうちゅうけんくもえもん）……1873〜1916年　浪曲師。本名山本幸蔵。群馬県出身。父は祭文語りの吉川繁吉。幼い頃より祭文の手ほどきを受け、二代目繁吉を襲名。1898年頃桃中軒雲右衛門と改名。通称「浪曲中興の祖」。

て、小唄でもない、流行歌のあいだみたいなもんが出来上がりましてね。

「〽　駕籠で行くのは、お軽じゃないか？　私ゃ売られていくわいな。父《とと》さんご無事で、また母《かか》さんも。勘平さんも折々は、便り聞いたり聞かせたり」

ドンドンと……。だから、浪花節で、「〽　便り聞いたり聞かせたり」、楽屋でドンドン、客も一緒になってドンドンと羽目板を叩いたっていう。そういう人気者が、いろんな話があります。

これ資料を見れば良いんだけど、何も見ないで喋ってるんだから、乱暴というかね、天才というかね……。


［＊8］三河家圓車（みかわやえんしゃ）……1876年～没年不詳　浪曲師。本名棚瀬清太郎。三重県出身。1898年頃三河家梅車に入門。25歳で真打に昇進。明治末に文句の終わりに太鼓を入れるドンドン節なる節で人気を獲得した。

東武蔵

「節の奈良丸、啖呵の辰雄、声のいいのが雲右衛門」

浪花節には二つの流れがありまして、……流れっていうのは、大きな舞台で演るのと、寄席読みというのがありまして、どっちかというと、寄席読みの人たちの方が、私は好きでした。この寄席内には林伯猿とか、春日清鶴［*1］。さっき言った東家楽浦。私はこの先生に、『昆寛』［*2］、……人の名前です、昆寛っていうのとね、あと二、三席稽古してもらいました。それから声が悪かった広沢瓢右衛門。頭のいい人でしたけどね。この先生には『鈴ヶ森』を習いました。大阪弁の先生でしたけど、松太郎師にも稽古してもらった。

最も私の惚れた東武蔵。東恵美子さん［*3］のご尊父です。東武蔵が分かる人が、一番浪花節が分かるんじゃないんですか。手前味噌で申し訳ないんですけどね。

井口静波［*4］という映画説明師が、皆で集まってときどき演るんですってね。ときどきって、いつも演ってるんでしょう。徳川夢声を中心に、新宿の武蔵野館のグループ。山野一郎の思い出では、万度《ばんたび》、井口静波は、東武蔵だったと言ってますね。嚙んで吐き捨てるようなね。

「（東武蔵の口調で）人の心は傀儡師、鬼を出すとも蛇を出すとも、みんな己の心

［＊１］春日清鶴（かすがせいかく）……１８９３～１９７０年　浪曲師。本名笠原寿作。東京出身。１９０９年頃春日亭清吉に入門。談志は清鶴の得意とした『人情八百屋』を落語に移植して演じた。

［＊２］『昆寛』……講談・浪曲の演目。

［＊３］東恵美子（あずまえみこ）……１９２４～２０１０年　東京出身。東武蔵の次女。

［＊４］井口静波（いぐちせいは）……１８９８～１９６８年　活動弁士・漫談家。本名井口誠一。東京出身。

柄。そこに天性のある者、人と生まれし天性は、人を恨まず身を責めよ……」

これに近いくらいの変調な節なんです……、東武蔵。スパッと斬る。首をスパッと斬られたから、そのままドンと出て、「どうだね、どうだね」。舌っ足らずでね、噛んで捨てるような喋り方でね。

「（東武蔵の口調で）宮本武蔵なれど……」とか、こういう言い方ね。

「（東武蔵の口調で）一部始終を聞いて、平馬が呆れ返って、はすかけに飛んだというが、こいつぁ桂馬の間違いじゃで」［*5］

ときには時事ニュースを入れたりしてね。「誰が一番好きなんだ、談志」と、言われれば、「はい、東武蔵」。その他はなくもがなとは言わないまでもね。菊春、伯猿、清鶴、松太郎、重松、相模太郎［*6］、……うん。聴きたいですね。私の趣味を言ってもしょうがないね。……どう説明すりゃ分かるのかな。


［＊5］こいつぁ桂馬の間違いじゃで……東武蔵の十八番『仙台鬼夫婦』に出てきたフレーズ。

［＊6］初代相模太郎（さがみたろう）……1900～1972年 浪曲師。本名小森武治。東京出身。1922年東家愛楽へ入門。1931年二代目東家愛楽を襲名。翌年相模太郎と改名。正岡容原作の『灰神楽三太郎』を中心に陽気で洒脱な浪曲で人気を集めた。戦後はラジオスターとして一世を風靡した。

広沢虎造

「〽 遠くチラチラ灯かりが揺れる」［*1］

これ分かる？　分かるよね。三門博ね［*2］。

「〽 駿河の道に茶の香り」、虎造。

「〽 妻は夫を労りつ、夫は妻を慕いつつ」、『壺阪霊験記』。浪花亭綾太郎ね。

「〽 佐渡へ佐渡へと」［*3］って、米若［*4］。

それから、春日井梅鶯［*5］が、「〽 赤城の山の洞窟はぁ～、親分、子分は二筋に、明日の逢瀬を楽しみに」、『国定忠治』。

林伯猿というと、これは文明開化モノです。『滝の白糸』だとか春日清鶴も同じように。浪花家辰造［*6］、硬い浪曲だが、上手い人でした。松平国十郎［*7］、大衆的なのかも知れないけど、私にはちょっと合わない。大阪は、村田英雄の師匠の酒井雲［*8］。梅中軒鶯童［*9］。それが全国区で皆の耳に入ってるんですよ。「〽 火事と喧嘩は江戸の華……」ってところは浦太郎がポンと入ってくるんですね。

この人たちの時代になると、もう大正から昭和になってくる。で、その中で一番の人気者っていったら虎造でしょうね。広沢虎造。「♪ 旅行けばぁ～」ってのね。

いくらね、何でも、こんなような歌い方してやったら、昔の人がね、「何だ？　この

［＊1］遠くチラチラ……浪曲『唄入り観音経』の一節。

［＊2］三門博（みかどひろし）……1907～1998年　浪曲師。本名鈴木重太郎。長野県出身。1937年上京して御門博と名乗る。1939年三門博と改名。

［＊3］佐渡へ佐渡へと……寿々木米若『佐渡情話』の一節。佐渡に伝わる伝説を米若が脚色し、大ヒットを飛ばした。

［＊4］寿々木米若（すずきよねわか）……1899～1979年　浪曲師。本名野上松平。新潟県出身。1919年二代目寿々木亭米造に入門。1922年真打昇進。

［＊5］初代春日井梅鶯（かすがいばいおう）……1905～1974年　浪曲師。本名安藤金作。千葉県出身。15歳の時に旅回りの浪

野郎」と全国から言われましたよ。知ってる人は怒りますよ。「冗談じゃないよ、談志だから、お前しょうがないけどね。真似することが目的じゃないのは分かってるから」って言うだろうけどね。やってられないですよ。もう、虎造でなけりゃ、夜も日も明けなかったんですね。

もちろん、川田義雄［*10］、『あきれたぼういず』［*11］がね、「♪　チャカランカンチャンカランカン、地球の上に朝が来る……」、虎造節ですからね。この虎造節で、映画から、実演から、本業の浪曲はもちろん、大変な売れっ子ぶりだったんで。

でね、この虎造の文句が良いんですよね。節ってのは誰が作るんですかね。誰かに教わるんだけど、教わった節じゃだめなんですよ。自分の節を作んなきゃ。シンガーソングライターですから。

「〽　旅行けば駿河の国に茶の香り。場合によっては、広重描く東海道を中に知られる羽衣の松と並んでその名を残す、街道一の親分は清水港次郎長とて、あまた子分のいる中、乱暴者と異名をとる、遠州森の石松の苦心談の……、何が苦心だ、ヤクザのくせに、お粗末悪声ながらも……」

これは奥さんが拵えたっていうんですね。女房で、相三味線も務めた曲師の美家好［*12］がね。この『次郎長伝』でとにかく売った。どこへ持って行っても大丈夫。

年に春秋二回ぐらい国際劇場でね、浪曲大会っていうのがあって、いろいろ出ま

曲師春日井梅吉から「梅鶯」の名前をもらいデビュー。

［＊6］三代目浪花家辰造（なにわやたつぞう）……1918〜1988年　浪曲師。本名鈴木一郎。群馬県出身。浪曲劇の浪花家辰圓門下を振り出しに様々な一座を渡り歩き芸を磨いた。1944年三代目辰造を襲名。

［＊7］松平国十郎（まつだいらくにじゅうろう）……1910〜1997年　浪曲師。本名松田居茶羅。広島県出身。1923年京山呑風に入門。初代春野百合子に引き立てられ、人気を集めた。1940年松平国十郎と改名。品格と力強さを兼ね備えた浪曲で人気を集め、戦後「浪曲四天王」の一人として活躍。

す。勝太郎［＊13］。虎造だ、綾太郎。浦太郎さんも若いとき出てましたですね。三門博だとか米若だとか出てくる。

その中でやっぱり虎造がなんと言っても……。私はもちろん、虎造を聴いたことがある。晩年で声も出なくなった頃でしたがね。

［＊8］酒井雲（さかいくも）……1898年～1973年 浪曲師。本名酒井玉之助。岐阜県出身。浪曲師。豆腐屋の売り子から桃中軒雲右衛門に入門。1916年師匠と死に別れて以来、独立独歩で芸を磨いた。品格のある芸が売りで、小説や戯曲を元にした「文芸浪曲」を開拓、戦後まで活躍を続けた。

［＊9］梅中軒鶯童（ばいちゅうけんおうどう）……1902～1984年　浪曲師。本名美濃寅吉。京都出身。1912年少年浪曲師としてデビュー。独立独歩で芸を磨き上方浪曲界の大御所にまで上りつめた。1934年に発表した『紀伊国屋文左衛門』のレコードが大ヒットした。自伝『浪曲旅芸人』は一級資料として扱われる。

［＊10］川田義雄（かわだよしお）……1907～1957年　コメディアン・俳優。本名岡村郁二郎。東京出身。1930年木村時子一座に入座して以来、様々な一座を渡り歩く。1937年あきれたぼういずを結成し爆発的な人気を獲得。1939年あきれたぼういずから離脱し川田義雄とミルクブラザースを結成。戦後川田晴久と改名。弟子たちと川田晴久とダイナブラザースを結成。結核と戦いながら活躍を続けた。

［＊11］あきれたぼういず……あきれたぼういず　歌謡漫談グループ。1937年吉本ショウの出演者によって結成。後に川田義雄、坊屋三郎、益田喜頓、芝利英の4人におさまった。笑いと音楽を融合したハイカラな芸風で一世を風靡した。1939年新興演芸部と吉本興業の引き抜き合戦に巻き込まれ、川田が離脱。残された3人は山茶花究を招いて新しい「あきれたぼういず」を再結成した。

［＊12］広沢美家好（ひろさわみやこ）……浪曲曲師。本名山田とみ。東京出身。二代目広沢虎造の妻。両親は呑気家綾好、美弘舎東盛という浪曲師。幼い頃から三味線と浪曲を仕込まれる。曲師として働いていた所、父から広沢虎造との見合いを勧められ結婚。以来、虎造の曲師として二人三脚で活動を続けた。

［＊13］二代目玉川勝太郎（たまがわかつたろう）……1896～1969年　浪曲師。本名石渡金久。東京出身。1913年初代玉川勝太郎に入門。1932年二代目勝太郎を襲名。『天保水滸伝』『国定忠治』『巌窟王』など、重厚で男性的節回しと豪快な浪曲で人気を獲得。娘婿が三代目勝太郎。

廣澤菊春

廣澤菊春……、菊春さんが落語浪曲っていうのを演ってね、「今に、あの落語は、節が付いてねぇと思わせてやる」って言ったっていうんですよね。人間的にも、芸も私は大好きな先生です。

それで、久ヶ原に住んでたんで、私が鵜の木というところで、山一つなんですよ。東京で、「山一つ」なんて言葉がその頃は通用してたんです。よく使いに行ったり何かして、可愛がられてましてね。確か未亡人は島原、九州にいらっしゃるんじゃないですか。その弟子が、澤孝子［*1］って、そっくりに演ってます。あれ聞くと、もちろん、桁違いに師匠のほうが上手いですけどね。こう言っても、澤さんは怒らないと思いますよ。きっと、「さもありなん、その通りだ」と言うでしょうね。

浪曲でね、落語を演る……。

先生はニコニコ笑って、俺とネタ帳を見ているんだ。この先生は二枚目でモテましてね。

で、俺は先生のネタ帳を見て、

「『馬のす』［*2］って、これ何ですか？」

「『馬のす』演るんだ」

［＊澤孝子（さわたかこ）……1939〜2022年浪曲師。本名加瀬孝子。千葉県出身。1954年二代目広沢菊春に入門し、広沢菊奴と名乗る。1961年沢孝子と改名。長年女流浪曲の大看板として奮闘。

［＊2］『馬のす』……落語の演目。

「え？」

あの文楽師匠の『馬のす』、「馬が痛がるんだよ」って、七分ぐらいのネタ。これ短いでしょう？　これが三十分、四十分になっちゃうんだよな。

それにしてもね、

「そのうちに落語に節が付いてない、『妙な落語だな』って言わせるようにしてやる」

っていう言葉に対しては、私はね、ちょっとムッときましたね。

「それはねぇだろう」

と。いくら広澤菊春とはいいながらね、その言い草はねぇなと。

ところがね、今になって思うと、物語の作り方が、昔からある方法じゃないんですよ。もちろんどこかにあるんだろうけど、自分流に作るんですよ。もちろん、落語家も作ってるんだけど、その作り方のあまりにも斬新で見事なこと。それは、一龍斎貞丈先生にも通じましたかな……。全然違うところから、攻めて来るっていうね。

あの、キャプラ〔*3〕の『素晴らしき哉、人生！』〔*4〕、ジェームズ・スチュアート〔*5〕とドナ・リード〔*6〕の映画。天使になって、自殺をするのを助けるところから始まって、何でこれを助けるんだっていうと、話が上から入ってきて過去のシー

〔＊3〕フランク・キャプラ　1897〜1991年　アメリカの映画監督。

〔＊4〕『素晴らしき哉、人生！』……アメリカの映画。1946年公開。クリスマスイブの夜、善良な金融商のジョージは絶望に陥っていた。そんな彼の前に二級天使のクラレンスが現れ、ジョージに「ジョージのいない世界」を見せる。自分自身の大切さを知ったジョージは絶望から立ち直り最高のクリスマスを迎える。

〔＊5〕ジェームズ・スチュアート　1908〜1997年　アメリカ出身。アメリカの映画俳優。

〔＊6〕ドナ・リード　1921〜1986年　アメリカの映画女優。

ンに来るっていう、そういう演り方で演るんですよ、菊春先生も。菊春、小さん、三木助の三人会。菊春先生がトリなんですよ。三味線の曲師が来ないんだ。

そのときに演った『首護送』［*7］。桜田門の井伊掃部頭の首を運ぶという噺。それを三味線ナシで取っちゃう。

この頭の良さ、この脚色の上手さ。落語家の先生方より一頭地、二頭地どころじゃないね。銀座の土地ぐらい抜けてるみたいな感じがしてました。だからね、早く死んだ。今、ご存命っていうと、それは無理だろうけどね。

［*7］『首護送』……浪曲の演目。『万延首護送』ともいう。

玉川勝太郎と相模太郎

「(口三味線）チャチャチャチャチャン、チャチャチャン、♪　利根の川風、袂に入れてぇ〜」

「引っ込め談志！」

すみません。で、その虎造・勝太郎と言われた玉川勝太郎。虎造の浪花節は、全国区です。とにかく虎造以外ない。虎造が飛び抜けてる、……そういうことですね。でも、聞いてると、勝太郎の方が上手いです。

「(口調を真似て）ガタガタするな、日照り続きで埃が出らぁ……」

なんてなことで、虎造の親分より、遥かに状況描写ということにおいては、玉川勝太郎の方が上です。玉川カルテット[＊1]なんていうのは、これの弟子たちですよね。

「〽　金も要らなきゃ、名誉も要らぬ、あたしゃも少し、背が欲しい」

どうした、あれぇ？　死んじゃったらしいんですけどね、玉川カルテット、皆、弟子なんだよ。イエス玉川[＊2]だとか、玉川良一[＊3]だとかね。あいつの娘さんの嫁になって、婿になった福太郎さん[＊4]ね。家も近かったせいで、仲が良かったんですけどね。

　で、売り物が『天保水滸伝』という。

[＊1]玉川カルテット（たまがわかるてっと）……歌謡漫談グループ。三代目玉川勝太郎の弟子玉川ゆたか（1939〜1996年　本名茶間豊。神奈川県出身）を中心に二葉しげる、松木ぽん太、松浦武夫の四人で活動。結成は1963年。賑やかな浪曲ショーと、しげるの「あたしゃも少し背がほしい」のギャグで一世を風靡した。

[＊2]イエス玉川……1949年〜　浪曲師・漫談家。本名深見輝義。広島県出身。1965年玉川良一に入門。のち、良一の紹介で三代目勝太郎に入門。1974年イエス玉川と改名。

[＊3]玉川良一（たまがわりょういち）……1924〜1992年　浪曲師・コメディアン。本名新井良雄。群馬県出身。1940年二

「〽　利根の～」

重いんだな、いくらなんでも酷いか……これ、米朝さんが聞いたら怒るだろうね。

「月に棹、棹さす高瀬舟、人目関の戸たたくは川の水にせかれる水鶏鳥。潮来あやめの懐かしや、恋の八月大利根月夜、佐原囃子の音も冴え渡り、葦の葉末に露おくころは飛ぶや蛍。わたしゃ九十九里荒浜育ち、というて鰯の子ではない」

というんだけどね、何で「鰯の子でない」のか、分かんないんだけどね、月に棹さす高瀬舟があって、飛ぶや蛍のここかしこって、そんなことなくても超越しちゃって聴いてたんでしょうね。作者は正岡容［*5］ですよ。……いい加減なもんだね。

そういうのってあるじゃないですか。伊藤久男［*6］が歌ったね、「この血の中に染みている」［*7］という。「染みている」だって。字は染まっているっていうことね。そのままになって、皆、そのまま歌ってたりね。だから、浪花節という芸は、そんなにネタなんぞ、沢山無いんですからね。寄席打ちはまた別ですけどね。極端に言えば、万度演っていたって構わない。出掛けて行って、虎造なら『石松三十石船』［*8］を演ったら良いんですよ。まぁ、そうもいかないだろう。芸人の自分の芸に対する一つのね、姿勢というか、自分のいろいろな意欲を含めて、そうはいかないだろうけども、それで済んだぐらい。むしろ違うの演ったら、客はがっかりしちゃったでしょう。とにかく『石松三十石船』、あれを聴きたい。勝太郎は『天保水滸

代目玉川勝太郎に入門。戦後は喜劇役者、東けんじとの漫才コンビ「Wコント」を経てコメディアン、タレントとして独立。

［＊4］三代目玉川勝太郎（たまがわかつたろう）……1933～2000年　浪曲師。本名石渡栄太郎。東京出身。1947年わかの浦孤舟に入門。1948年二代目勝太郎門下へ移籍。1953年福太郎と名乗り看板披露。1957年師匠の娘と結婚。1964年三代目勝太郎を襲名。

［＊5］正岡容（まさおかいるる）……1904～1958年　作家・演芸研究家。東京出身。

［＊6］伊藤久男（いとうひさお）……1910～1983年　歌手。本名伊藤四三男。福島県出身。1933年歌手デビュー。

伝』を演ってくれと、こういうことね。

目が不自由な綾太郎が出ると……、虎造と綾太郎、汽車ですかな、乗ってて、そこに木村東介さん［*9］という、上野に『羽黒洞』という骨董店がございます。それを拵えた主ですね。一緒に旅をしたんですって。と、

「おい広沢？」

「何だ？　兄貴」

どっちが先だか分からないんだけど、土手のところに桜が咲いててね、

「兄貴、土手に桜が咲いてるんだよな」

目が不自由なんですよ。「あの桜、危ねえな」と言ってるんです。見るといかにも危なっかしいそうなんですって。これは木村東介先生から聞いた。「分かるんだね。これは驚いた」と言ってました。

浪花節は自分の節がないとダメなんです。梅鶯節であるとか、虎造節であるとか、勝太郎節であるとかって、そういうことですね。だから、人気者でしたけれども、相模太郎さんは、自分の節が無いんですね。私、素人が聴いてるとね、例の『灰神楽道中記』［*10］、

「〽　バカで間抜けで出鱈目で、その上寝坊でおっちょこちょい。付けたあだ名が～」って、あれはだけど、その頃のプロに言わせると、「ちょっと違う」と言われた

［＊7］この血の中に染みている……戦時中の流行歌『白蘭の歌』の出だし。

［＊8］『石松三十石船』……浪曲の演目。

［＊9］木村東介（きむらとうすけ）……1901～1992年　美術商・美術コレクター。山形県出身。

［＊10］『灰神楽道中記』……浪曲の演目。正岡容原作。清水次郎長の子分灰神楽の三太郎は「ドジで間抜けでデタラメでおっちょこちょい」な男であるが、人に慕われる俠客である。三太郎が持ち前の愛嬌と度胸で様々な問題を解決していく。

んですね。広澤菊春先生なんかは、そう言う。

　相模太郎さんを聴いててね、いきなりね、「憎むべきは女である」ってなことを演るんだよ。客は何だと思うわな。

「憎むべきは女である。手を付けられぬは女である。言えばふくれる、打てば泣く、殺しゃ夜中に化けて出る。けれど女は大事なものよ、皆、女の腹から出た。釈迦も孔子も腹から出た。してみりゃ女は尊いものよ、ああ、ありがたや、……バカだね、俺は？」

　って、こういうふうに客をガンと摑んでね、自分の世界に引きずり込んじゃう大衆的な手法で、ラジオの『浪曲天狗道場』[＊11]というのを通して、全国区での最後の人気者、……村田さんはまた別としてね、そんな感じがございましたか……。

　楽屋が面白くてね。女郎街に行って、女のどこかに指を入れる……、その手を洗おうと、金魚鉢に手を突っ込んで洗ったら、金魚が死んじまいやがって……。嘘ばっかりついてると思ったけどね。倅さんの武さん[＊12]が、相模太郎を継いだんですけどね、若くして亡くなってしまったという、こういう歴史がある。


[＊11]『浪曲天狗道場』……東京放送（現ＴＢＳ）制作のラジオ番組。１９５４年～１９６５年放送。浪曲のど自慢というテーマで制作され、高視聴率を叩き出した。審査員・相模太郎の軽妙な講評が売り物であった。番組中に相模が放つ「ちょっと待った！」のフレーズは流行語になった。

[＊12]相模武（さがみたけし）……１９３１～１９８１年　浪曲師・声優。本名小森敬蔵。東京出身。父は初代相模太郎。１９４２年父に入門。１９５４年相模武と名乗り真打昇進。１９７２年二代目相模太郎を襲名。タレントとしても人気を集めたが志半ばで夭折。

木村派の浪曲師

私の好きなのは、木村重松［*1］。

私の聴いていた重松先生のご尊父、安倍川町の師匠［*2］と言われた。……もちろん、見たことないですよ、聴いたこともないですよ。だけどね、『慶安太平記』［*3］を聴いて驚いちゃった。ゾクッとしてね。私の『慶安太平記』は、その安倍川町の師匠と言われた木村重松のレコードからとったものです。

弟子の木村松太郎、自分の倅の重若丸、これは後のおとっつあんの後を継いで、二代目重松になります。重友［*4］、重行［*5］、そういう人たちがおりました。つまり、伯山の弟子にろ山だ、伯龍だ、山陽だと居たのと同じように、綺羅星の如く、居た訳ですね。

「浪花節なんてのは嫌だ」という人が沢山居たんですよね。特に東京人、江戸っ子なんぞ嫌がってね。だけど「重松は聴きなさい」［*6］って正岡さんが、他の人に言ったらしいですよ。これはいいです。

「小夜更けて　佃通いの笛の音か　君が鳴咽か　木村重松」

君、……女ですね。笛っていうのは汽笛ですね。何かゾクッと来るような、正岡さんにしちゃ。……しちゃなんて悪いけど、いい。正岡容は、寄席演芸に惚れきっ

［＊1］二代目木村重松（きむらしげまつ）……1904～1966年　浪曲師。本名荻村善四郎。東京出身。初代木村重松の息子。7歳で重若丸の名前でデビュー。1934年二代目木村重松を襲名。粋な節まわしと愛嬌ある話術で人気を集めた。

［＊2］安倍川町の師匠……初代木村重松（きむらしげまつ）。1877～1938年　浪曲師。本名荻村勘太郎。東京出身。14歳で吉川繁吉（後の桃中軒雲右衛門）に入門。後年木村重勝門下に移り木村重松と改名。粋で飄逸な関東節を得意とし木村一門の総帥として活躍。数十人近い弟子を育て上げた。

［＊3］『慶安太平記』……慶安年間、幕府の厳しい統制で家を失った浪人が激増。浪人の窮状を知った軍学者の由比正雪は幕府転覆計画を立

てましたからね。

　このレコードは、素晴らしい『慶安太平記』を入れてあるくせにね、裏表の三分ずつで六分ぐらい、えれぇいい加減なんだよ。何なんだろう？　レコードなんか入れなくたっていいと思って、バカにしたのかね？　金くれたから、まぁ、入れちまえみたいなもんか。後世へ遺る、……そんなことは、芸人なんざ考えないよね。

「〽　やってまいりますぅ～とぉぇ。向こうから来た人を見るってぇとぉぇ、これが侍でぇ、刀を差して歩きながらぇぇぃ～」

　何だってんだよな。だけど、それが終わるときは見事にピシャンと締めちゃうんだよね。「ほぉ」と思いますよね。重若丸から重松になった倅の木村重松先生、軽くてねぇ。

　この間亡くなった貞丈先生の話になるんですけどね、朝電話がかかってきてね、

「おい、いいウンコが出たよ、見に来るかい」

　なんて言ってるんだってさ。「誰が行く奴あるもんか」と言ってましたけどね。で、一緒に旅へ行ってね。私は若いときから売れてるんだよ、十代から売れてるんだ。「鬼才、現れる」とか、「天才、現れる」なんて言われてたんだよ。

　それでね、「今日は、上手いよ」って言っていましたね。……又聞きかな。又聞きでも何でも、私を中継するしか、もう知る由もないでしょう。昔を今にする由もが

ち上げる。由井と丸橋忠弥を中心に様々な人物が出入りし、幕府転覆計画をめぐる攻防戦が描かれる。

［＊4］初代木村重友（きむらしげとも）……1882～1939年　浪曲師。本名岩田甫。神奈川県出身。元は紺屋の店主であったが29歳で木村重勝に入門。豪快な節と情味のある啖呵を武器に大看板となった。

［＊5］木村重行（きむらしげゆき）……1895～1945年　浪曲師。本名服部為行。東京出身？　1908年初代木村重松へ入門。哀愁と甘さを兼ね備えた浪花節で人気を集めた。浪曲の最後に使われる「ちょうど時間となりました」という文句の考案者ともいう。

［＊6］重松は聴きなさい……正岡容が『雲右衛門以後』で記したところによる

なですよ。賤《しず》の苧環《おだまき》繰り返し［*7］、談志の能書き繰り返しですよ。
　立川談志は芸に対して、畏敬の念も持ってるしね、恐れを知ってますしね、まんざらバカじゃないから、幾らかそれは良いんだけどね。……知ったかぶりするとか、自分の主観を入れる奴等の昔話よりは、遥かに良いんですけどね。けど、すべては私を通した話になっちゃうんですね。しょうがないですよ。だって、当人が居ないんですもん。当人と対談する訳にも、居ないんですからね。だから、聴いている方が、「この野郎、ホラ吹きやがって」とか、「まぁ、イイや。面白いから……」とか、何でもいいから聴いててくれるより仕方がないという状況が、言い訳としてある。
　おとっつぁんが、さっきの先代の木村重松でね、……猫が何かしたっていうんで、詫び状文を書いたとき、猫の足に朱肉を押して向こうへ持って行ったとかね。子供の頃から二代目になるご子息の重松さんはね、重松先生の丁髷を結わされてね、「浪花節に習った奴は下手になっちゃうから、落語家のところに行って習って来い」って言って、はじめ落語家の弟子にさせられた［*8］って言ってましたね。
　で、松太郎さんとは、仲良くなかったみたい。片一方は、ご子息、坊ちゃんですね。こっちは弟子ですからね。そういったものはあった。「あれは嫌な野郎だな。あいつは」……と。何で松太郎さん、そんなこと言うのかなと。一緒に育ってお互い

と、若き日の正岡は大の浪花節嫌いだった。詩人の金子光晴が正岡に「喰わず嫌いしないで重松を聞いてみろ」と勧めてきた。聞きに行ったところ重松の芸に一目ぼれしてしまい、浪花節が大好きになったという。

［＊7］賤の苧環繰り返し……長唄・日本舞踊の演目。源義経の恋人静御前が源頼朝の前で舞を所望された際に「賤やしづ賤の苧環繰り返し　昔を今になすよしもがな」という歌を披露した伝説を元に作られた曲・舞踊。談志は「苧環繰り返し」を「話の繰り返し」とかけている。

［＊8］落語家の弟子にさせられた……二代目重松は若い頃、父の友人であった落語家の五代目柳亭左楽に預けられた。

［＊9］大名の花見だね……『談志楽屋噺』では、太神

の同士の軋轢みたいなものは、分かりませんけどね。両方とも好きでしたよ。

晩年はどっちかというと、松太郎さんの方が老けちゃったせいなのか、私は重松さんが好きでしたね。……悪声たって、ないですよ。松太郎さんは、美声だった。苦しい節でね。

重松さん、落語家の弟子に行かされたくらいだからね、楽屋にいてね、座布団に座って稲荷寿司を食って……。それを見た正蔵時代の彦六師匠がね、「大名の花見だね」［*9］なんて言ってました。そんなような感じがするの。大名の花見だって……。おっとりした顔で紋付き着てね、袴穿いて寿司食ってる。

「イヨ、イヨ、イヨ、どうだい？」

なんて、私に言うんです。

「ヨウ、どうです？」

なんて、「イヨッ！」って、こんな感じがあってね。

酒の機嫌で、河内山という一っ節で、レコードの一面の三分埋めちゃったという、そのぐらい声量があった木村友衛。この人は『河内山宗俊　松江侯玄関先』［*10］ね、「とんだ所へ、北村大膳」って芝居があるじゃないですか？　高頬のホクロ……、顔を見られてどうのこうのと、……この程度だ。この程度でも世間の大半が識《し》らないから、識《し》っている方になってきたんですよ、悲しいですな。

楽の鏡味小仙の優美な姿を見た林家彦六が『大名の花見』と洒落たという。

［＊10］『河内山宗俊　松江侯玄関先』……講談・浪曲の演目。明治期に河竹黙阿弥が歌舞伎に脚色した。芝居の外題は『天衣紛上野初花』で、九代目團十郎が河内山を演じた。

重友とか重行を聴いていないので、何とも言えません。人によると、「重友の方が凄いな、重松よりも」と、……これはちょっと違うと思うんですね。全然違うところから攻めてくるような、強いて言えば辰造さんみたいな、こういった重たい部分もあったのかも知れない。……皆、軽いですから。

木村派というのは、浪花節の江戸っ子そのものじゃないのかな。喋り方でも、節の付け方でもね。この木村派でも、それぞれ節が違うんですよ。くどいようだけど、『慶安太平記』を聴いてもらいたいですね。

木村松太郎と広沢瓢右衛門

浪花節が全盛、もちろん、若くして死ぬ者もあり、全盛で死ぬ者もあり。……残ってた者たち……、講談のときも、私が喋った桜洲、松鯉、貞吉。残ってた明治の香りのする人たち。

テレビでね、戦争の捕虜になってた人たちの証言、……内容はどうでもいいんですよ。録画してあった東京人の喋り方にね……、

「もう町中、皆、泣いてます。酷かったですよねぇ。『あんなこと、よくやれたもんだ』と一言言っておきゃ……、ええ、悔やまれます」

見事な東京弁なんですよ。それと同じかも知れません。戦中の東京の空気を吸っていた人たちと、明治の空気を吸ってた人たちがね。

その最たるものっていうのかな……、私は松太郎さんにそれを感じたんですね。芸なぞ、言っちゃ悪いけど、俺の方がよっぽど巧いだろうと思うしね。もちろん若いときは、二枚目で、声が良くて堪らなかったでしょう。モテまくってね。逆に重松さんの方は、声が悪いんです。ですけど、『慶安太平記』は見事ですよ。

で、松太郎さんは最後まで生きてました。大阪の広沢瓢右衛門さんと二人で生き残った。私が松太郎さんと瓢右衛門さんの会を企画してね。東横ホールでやったことがありました。それも録音をとってあってレコードになっています。NHKへ電話してね、「これ中継撮ってくれ」……。俺は、会長の坂本さん［＊1］に電話して……乱暴だぁ。

「中継してくれ」、「急に言われてもな」、「やってくれ」、「やってくれったって……」、「こういう訳だから……」、担当に怒られましたよ。「ああいう上の方に電話しちゃダメじゃないの」ってね。そんな思い出がありますけどね。

松太郎さんは、無頓着なんだ。あれだけ全盛をときめかした人がね、一日駐車場の番人やって、千円ぐらいの金をもらってね、で、三百円で飯食って、七百円で競輪と競馬行っちゃう。

［＊1］坂本朝一（さかもとともかず）……1917〜2003年　放送人・NHK会長。東京出身。

「金があれば、すぐ使っちゃうからね。エテ公みたいなもんだよ」なんて言ってました。明治の生まれ、その言葉が体に染み込んで入って来るんですね。

松太郎さんは、世の中に対する愚痴なんてのは一つも言わないのね。何なんだろうな？　明治の庶民はそうだったんだよ。いくらか能書きこく奴は、中には居るだろうけどね、普通の庶民というのは、能書きなんかこかねえんだな。「生かされてまさぁね」みたいなもんだったのかも知れませんですよ。だから、そういうバックがあるとこから出てきた一つの芸のスタイル、木村派なら木村派のスタイル、……それが松太郎さんの人生観になり、行動になり、同様に重松先生もそうなったのかなっていう気がします。

瓢右衛門っていう人は頭の良い人でしてね、悪声だから売れなかったです。「虎造のやつは、俺の方が先輩なんだけどね、『兄さん、兄さん』と言ってるうちにね、『瓢さん』になって、終いに『瓢よ』だって。『おい、瓢よ』、『瓢によ』なっちゃう」

瓢右衛門さんには、いろんな逸話がありますよ。金歯を入れていたって話があるんだよな。旅回りしたらね、金歯入れてくれる人が居てね、かの松旭斎天勝［*2］みたいに、得意になって舞台で笑ったら金歯が光るでしょう。帰ってどうも痛いので

［＊2］松旭斎天勝（しょうきょくさいてんかつ）……奇術師。本名金沢カツ。東京出身。1886〜1944年　1897年頃に松旭斎天一の弟子となり天勝と名乗る。

医者へ行ったら、

「これ金歯じゃないですよ」

と、言われた。

「それ何ですか?」

「足袋のこはぜですよ」

って、言われたっていう。直に聞いた話なんですが。

私は、ネタを教わってましたよね。『鈴ヶ森』[*3]でね、雲助が白井権八を脅かしにいくところ。親分が行ってね、こうだこうだこうだって言うと、権八が抜こうとしてたのをすっと収めて、「これで通してくれ」と言って帰って来る。雲助連中が、「どうでぇ? やっぱり親分はベテランやぁな」。……ベテランだって、そういうことに対する配慮は一切ないのかね。ただ、痴遊から教わった『英国密航』[*4]、……私も、これ勉強してます。伊藤痴遊、井上仁太郎、衆議院議員を二回ぐらいやってる。この痴遊が作者だと聞いています。

この痴遊、当時のニュースをすぐに自作に取り込んだ。新聞と書いて「しんもん」読みというんですね。近頃、菊水丸[*5]がそんなことまた言い出してるか。河内音頭をやってる、あいつが。ことのついでにねぇ、あの野郎、あいつにちょっと俺文句ある。文句って変な意味じゃない。お前、約束したあれ持って来ねえじゃな

[*3]『鈴ヶ森』……講談・浪曲の演目。『白井権八伝説』の一部が独立したもの。

[*4]『英国密航』……講談・浪曲の演目。1863年長州藩藩主の毛利敬親は井上聞多(後の馨)以下3人に「我が藩にも英国の技術や制度を取り入れたい。英国へ行って勉強してこい」と命じる。井上たちは海外に詳しい伊藤俊輔(後の博文)、遠藤謹助を引き入れ計画を立てる。旅費を工面し、横浜の外国人商会の仲介で英国行きの船に乗り込み密航に成功する。

[*5]河内家菊水丸(かわちやきくすいまる)……1963年〜 伝統河内音頭継承者。本名岸本起由。大阪府出身)。風刺やニュースを唄う新聞読み音頭とCMソング『カーキン音頭』で人気を集めた。演芸コレクター

いかってのがあるんだけど……、聴いているか？　菊水丸。

で、同じように節や声が悪いけれども、港家華柳丸。これの『青龍刀権次』が残ってる。堪らんですよ。「手拭《てのごぃ》を肩へひょいと引っかけて」、てのごいだって……。これぜひ聴いてもらいたいですね。

私はそこから相模太郎さん、それと亡くなった山陽、小伯山の山陽さんのをミックスして権次を演っています。

悪声ったらこんな悪声、「悪声ながらも、つとめましょう」なんて言えないくらい悪声。まぁ、あれは声がいいから、「悪声ながら……」なんてこと言うんだろうけどね、本当に声が悪いと「悪声ながら……」なんて言えないよ。泣き声まで掠れてんじゃ、……まぁ、掠れた泣き声ってのはいいもので。

そういう子供が居たの、俺、覚えてるよ。親に泣いてるんだよ。嫌なこと言われたか、されたか、苛められたか？　その泣き方がね、切々として泣いている。世の中の悲しみを全部背負っちゃったような節。これ天性なのかな？　こういうのが浪花節語りになると良いかも知れないですよ。

としても知られ、菊水丸は談志に、いくつかの貴重資料を献上した。

村田英雄と三波春夫

篠田実［＊1］、これはね、『紺屋高尾』ですよね。「遊女は客に惚れたとゆい」、……「ゆい」と言うんだよな、「客は気もせず、また来ると言う。嘘と真の世の中に」ってね。そこから始まってくる、この名調子が売りもんで、大看板ですよね。

浪花節を一所懸命研究し、盛り上げてくれた芝清之さん［＊2］。芝先生が、松太郎と瓢右衛門の二人会に、篠田実を呼んだんですね。「演ってください」と言ったらね、「もう引退して声ももうね」。だけど、演ってるうちに、掠れ声で唸り始めてるうちにね、『寝床』みたいに、「ちょいと調子を上げて」って、演るんですね。「上手いもんだな」と思って、観客はもう随喜の涙ですよ。つまり、それしか己の芸の、……自分の楽しみの売りどころがない人たちなんです。

だから、そういう意味では、俺もあんまり変わっちゃいけないのかも知れないけど、俺自身が常に変わってかなきゃ収まらないという部分がある。

「いいから、そんなこと言わないで『野ざらし』［＊3］演ってくれよ」って、言うお客様が居るんですけどね。こればっかりは、どうともならないんでね。

「火事と喧嘩は江戸の華、ジャンとぶつける鐘の音に……」、鐘じゃない半鐘です

［＊1］初代篠田実（しのだみのる）……1898〜1985年　浪曲師。本名篠田實。京都出身。1909年天才浪曲師・早川浅右衛門としてデビュー。翌年篠田実と改名し独立。

［＊2］芝清之（しばきよし）……1923〜1998年　本名柴清。浪曲研究家・演芸評論家。東京出身。

［＊3］『野ざらし』……落語の演目。

よ。「纏繋《まといかざ》して命を捨てる。これが真の……」、言葉はともかく、こんなようなものです。『野狐三次』［＊4］っていうね。……あの時代に流行った俠客物なぞ語ったって、どうにもならんでしょうね。有名な『国定忠治』なんていうのはね、新国劇で、「赤城の山も今宵を限り」なんて言うと、そこへ笛を吹いて、「雁が鳴いて、南の空へ飛んでかぁ」なんて、そういうのがもう入ってた。やれ、『鼠小僧』［＊5］も、『小金井小次郎』［＊6］も、『大前田英五郎』［＊7］もね。どっかでこれらを懐かしく感じる人が居るのかね。むしろ、若い人たちに。居るんじゃないんですか、どっかで。

若くてもマニアックになりたい人はいるでしょう。他のやつの知らない、……知ってるとこじゃ敵いませんから、知らないとこで勝負するっていう気持ちもあると思いますよ。

じゃあ、そういう人たち相手に演るよりしょうがないか？　単にリピートしているだけだと物事の進歩が無いですからね、どこかに、それらの人たちも居るというのを力に、……自分への慰め、励まし、そう捉えるしかないか。

このあいだまで演っていたのは、三波春夫［＊8］、村田英雄。私の出した数多い本の中に、書いて残っていますけどね。村田英雄一座で村田さんがトリです。若い二つ目の柳家小ゑんといったかな、これがトリの前に高座に上がって、漫才とか手品とか、いろいろありましたね。名前を覚えてるのがね、マギー信沢。若い女の子と

［＊4］『野狐三次』……講談・浪曲の演目。

［＊5］『鼠小僧』……講談・浪曲の演目。

［＊6］『小金井小次郎』……講談・浪曲の演目。

［＊7］『大前田英五郎』……講談・浪曲の演目。

［＊8］三波春夫（みなみはるお）……1923～2001年　浪曲師・歌手。本名北詰文司。新潟県出身。1939年日本浪曲学校へ入学。南条文若と名乗りデビュー。1957年三波春夫と改名し歌手に転身。美声と華々しい芸風、歌と浪曲を合わせた「長編歌謡浪曲」で人気を獲得。全盛時代は歌舞伎座で毎年リサイタルを行うほどの人気を誇った。

二人で出てました。……まぁ、冴えない。この弟子がマギー司郎っていうのね。マギーって名前は、信沢さんの名前です。人間的には、好きな人でしたけどね。

村田さんは、西川興行社[*9]という芸能社で、山田太郎[*10]とか五月みどりだとか歌謡曲を歌うんですよ。客へのサービスと思ったけどね。

村田さんが歌手になるっていうことになって、

「村田さん、浪花節のあなたは後継者で、第一人者で、名人なんだから……」

と、言ったことあります。上手かった。

三波さんはね、……私たちの考えてる落語と違う落語って居るじゃないですか。圓丈[*11]みたいなの。浪花節にはめると、ああいう感じで「違う」んですよ。歌は上手いですよ。声は良いし。そう言えば浪曲学校[*12]というのを、誰がやってたんですかね？　そこから出てきた人が結構居る。国友忠[*13]だとかね。

三波さんもそこに居た。南条文若といってね、戦争から帰って来て、おカミさんが三味線弾いて、漫才も演ってました。美奈登小雪・つや子[*14]っていう漫才が終わると、その片方の小雪がそのまま舞台で相三味線弾いてましたよ。この人がおカミさんなんだ。で、キンキラ金で、「三波春夫でございます」。

後年、あの人と会って、「もっと話しときゃ良かったな」と未だにね、悔恨の情というか悔やみがあるんですけどね。

［＊9］西川興行社……芸能事務所。1945年浪曲師出身の西川幸男が「西川興行」として設立。1958年に「新栄プロダクション」と改称。今日に至る。

［＊10］山田太郎（やまだたろう）……1948年〜　歌手・実業家。本名西川賢。東京出身。父は西川幸男。1963年歌手デビュー。

［＊11］三代目三遊亭圓丈（さんゆうていえんじょう）……1944〜2021年　落語家。本名大角弘。愛知県出身。1964年六代目圓生に入門、ぬう生と名乗る。1978年真打昇進し、圓丈を襲名。

［＊12］浪曲学校……日本浪曲学校（にほんろうきょくがっこう）。1935年東家楽燕の主導で創立。卒業生に三波春夫、堀井清水などがいる。

村田さんは、本物……。何を基準に本物というか、……しょうがないから、取りあえず言わせてください。三波は、本物じゃない。けれど、売れて来ると、村田・三波の二人は共演してましたよね。売れてくるとじゃねぇんだ。二人共、落ち目になったから共演したんだけどね。

だから、三波さんの浪曲はともかく、歌は良いですよ。『チャンチキおけさ』、「おまんた」っていうの、あれはあんまりよくないね。『俵星玄蕃』なんてのは、あれだけどね。『チャンチキおけさ』とか、『雪の渡り鳥』とか、あんなのは歌謡曲としては良いですけど、浪花節としては、やっぱり村田さんですね。まぁ、両方とも歌謡曲になっちゃったんだから、どうでもいいんですけどね。だから、食わず嫌いかも知れない。三波さんの人生観だとか、そういうのは訊きたかった。

［＊13］国友忠（くにともただし）……1919〜2005年　浪曲師。本名大熊国一。東京出身。1933年初代木村重友に入門。1939年木村小重友と名乗り真打昇進。1952年国友忠と改名。三味線の沢村豊子との名コンビで長く慕われた。

［＊14］美奈登小雪・つや子（みなとこゆき・つやこ）。漫才師。美奈登小雪（1925〜2005年　本名北詰由起子。茨城県出身）とつや子（経歴不明）のコンビ。小雪は幼い頃に港家演芸団に養子へ出され、少女芸人としてデビュー。後年一座の仲間とコンビを結成。女流漫才の新鋭として注目を集めたが1957年頃コンビ解消。

女流浪曲師

女流っていうのがありました。一番有名だったのが、伊丹秀子［*1］。天中軒雲月［*2］からなったね。この人は七色の声といいましてね、……あのね、俺は嫌いなんだ。「（女性の声に近づけて）お父様……」。落語家がね、「お父様」と言う場合はあるけどね。これは私の声です。男の場合は裏声で、「（裏声で）お前さん、どうするの？」、こんな声は、どう演ったってダメなんです。女流の場合は、普段女の声で、男の台詞を、（お前はそれでいいのかな？）、「はい、いいと思います」、「しかしな……」なんて、こういう人物描写は分かりやすいやね。これは、「八人芸」って言ってバカにしたんですけどね。でも、上手いっていえば、堪らんです、女では、やっぱり伊丹秀子が一番。

で、代表的な売り物は無かったですね。そのとき、そのときの時事モノです。例えば『杉野兵曹長の妻』［*3］。

私は、誰が一番だって言われると、春日井梅鶯の節を真似して子供ながらに人気をとった春日井おかめ［*4］っていうのがいます。さっきの『名月赤城山』、これが売り物。まぁ、天才だろうな。一時引退して、のちにカムバックしたんです。また辞めて、消えて、亡くなったかどうか分かりませんが、春日井おかめ。それから、

［＊1］伊丹秀子（いたみひでこ）……1909〜1995年　浪曲師。本名伊丹とめ。東京出身。6歳でデビューを果たし、1927年天中軒雲月嬢を襲名。1934年二代目天中軒雲月を襲名。1947年伊丹秀子と改名。

［＊2］天中軒雲月（てんちゅうけんうんげつ）……浪曲の名跡。五代存在する。初代は明治末に上京。天才浪曲師として売り出し一時代を築いた。二代目は伊丹秀子。三代目は伊丹秀子の娘が襲名。四代目は初代の男弟子で1950年に襲名。五代目は四代目の女弟子で2009年襲名。

［＊3］『杉野兵曹長の妻』……浪曲の演目。

［＊4］春日井おかめ（かすがいおかめ）……1931?〜2013年　浪曲

京山華千代［*5］っていう人が居る。私は、「倅ですよ」っていう方に、十年ぐらい前に会ったことがあるんです。これは上手いや。普通の女の声でちゃんと使い分けていく。上手いやって言ったって、どうにも再現出来ないよね。

浪花節を寄席の連中は嫌ってたのかな。冨士月子［*6］って、大変上手かった人が居るんですけどね。麻布にあった十番倶楽部［*7］へ、どういう訳だかトリで出たんですね。落語の寄席で、落語以外がトリをとったことに対して嫉妬したのか、楽屋の連中がベロベロに酔っぱらって、入ってきました。私は前座だったから状況がよく分からない。冨士月子、終わって、恨み辛みを言ってましたな。

だから、芸の内容というよりも、浪花節というのを軽蔑してたんですね。軽蔑しか手がなかったのかも知れません。向こうの方がとにかく大衆的だし、ギャラも違うし、動員力も違うしね。「全然違うもんだ」とか言えればいいですけど……。だから、寄席の間に入ってくる、菊春、相模太郎、そういう人たち、伯猿だ、楽浦、そういう人たちを、私たちは芸の上から落語に近い……、了見も近いですよ。さっき言ったように、「金魚が死んじゃった」なんて言ってるんですからね。

春野百合子さん、講談社の本にも書きました。芸界の至宝です。このあいだ、にぎわい座で二人会というのを演った。玉置宏［*8］館長のところですけれども……。『女殺油地獄』［*9］。大西信行［*10］脚色。あんな奴に脚色させるから、面白くなく

師・漫才師。本名直井静江。東京出身？　1933年頃に父・梅の家一徳とコンビを組み、少女漫才師としてデビュー。1936年春日井梅鶯にスカウトされ浪曲師に転身。

［＊5］京山華千代（きょうまはなちよ）……1904〜1983年　浪曲師。本名山本華子。佐賀県出身。2歳で父と死に別れ、浪曲師の東三光の養女となる。1916年京山二葉と名乗りデビュー。後に華千代と改名し東京に進出。

［＊6］冨士月子（ふじつきこ）……1898〜1976年　浪曲師。本名飯田ハル。北海道出身。浪曲師。1920年二代目広沢虎吉に入門。翌年冨士月子と改名。

［＊7］十番倶楽部……麻布に存在した寄席。1927年設立。戦前は三語楼協会、

なっちゃうんだね。三味線もね、相方（森静子）が亡くなって、ガックリして辞めようと思ったんですが、今、若い子を育てて演ってますけど、……これは可哀そうだ。若い子に文句を言ってもしょうがないですよ。演ってくれるだけでも、ありがたいと思わなきゃいけないという考え方もあるでしょう。

東宝名人会に出てもらったときの『樽屋おせん』［＊11］、これは絶品でした。見事に芸界の至宝である。

崩しの奈良丸と先代春野百合子さんのあいだに出来たお子ですよね。お幾つかな？　私より上ですよね。ゲストに小沢昭一さん［＊12］、昭ちゃん。出てきて、小沢さんより上だって、春野百合子は言ってましたね。八十ちょっと前ですかな。まぁ、今聴いとくより、しょうがないですね。

そうすると、俺とたった十年違いですよ。だから私は今年で、下手すりゃ来年で死ぬっていうのは、当然なんですよ。よく、もってるよ。もつもんだね。

日本芸術協会といった団体が主に出演していた。終戦後も落語興行を続行。三平、談志、圓楽なども前座時代にこの寄席へ出演している。１９５５年閉場。

［＊８］玉置宏……玉置宏（たまおきひろし）。１９３４～２０１０年　司会者。本名玉置宏行。神奈川県出身。演芸通としても知られ、横浜にぎわい座館長に就任。

［＊９］『女殺油地獄』……歌舞伎・文楽の演目。

［＊10］大西信行……大西信行（おおにしのぶゆき）。１９２９～２０１６年　劇作家・演芸作家・評論家。東京出身。戦後直後に正岡容へ入門。

［＊11］『樽屋おせん』……浪曲の演目。

［＊12］小沢昭一（おざわしょういち）……１９２９～

２０１２年　俳優・タレント・芸能研究家。本名小澤昭一。東京出身。戦後直後正岡容に入門。早稲田大学在学中に俳優座に入団。長年にわたり、三枚目の俳優、タレント、テレビやラジオの司会者として活躍。１９７０年代には全国に散らばる放浪芸や門付け芸を記録する放浪芸研究家としても名を残した。

浪曲よ、いずこへ

浪花節よ、いずこへ……。

浪花節であろうが何だろうが、時流というものがある。今、狂言を盛んにやってるけど、俺に言わせりゃ面白くも何ともない。狂言ってのは幽と明、……私の考えでは、幽の中から明に出て来て、何か言って、また幽の世界に入って行くってのが、内容的な基本なんだがいまは様式美だけみたいなところでもっている。浪花節は様式美がないいんですから……。逆に、そこに含まれる内容を使って演りたいって人が、浪花節を手掛けていたら残ったでしょうね。

その浪曲的な演歌も所詮、時流に追われて行った。

浪花節がこの後、どうなるだろうか?

ダメだと思います。……ダメだと思いますってのは、ダメであって欲しいと言っている訳ではもちろんないです。ダメなものは、ダメであった方がいいと思いますけど、この狂った世の中は、何が当たるか分からないから……。女の講釈師じゃないけどね。

紅〔*1〕一つ見てもね、あれ、バカじゃないですよ。新劇を目指したんですからね。だけど新劇で、相手にしてくれねぇんだよね。それで講釈師になっちゃったん

〔＊1〕神田紅（かんだくれない）……講談師。本名戸井田和子。福岡県出身。1979年二代目神田山陽へ入門。1989年真打昇進。新作講談や芝居講談を得意とする。談志は神田紅を何かと気にかけており、95年の特別公演「談志五夜」にも起用。

だろう。芝居に出たって、「とっとと、外へゆっきゃいのぅ」なんて、そういった端役みたいなもんじゃないですか？　おい、紅、違うか？

　だから浪花節にね、懸けてみようなんていう奴が出てきたら、面白いと思いますな。ギターでも取りいれたり、……三味線の方がいいですけどね。

　でも、どうすりゃいいのかね？　私は浪花節を知りたかったので、澤孝子を聴いてね、残っている僅かな人っていうか、唯一というか。あと、春野百合子。それから大阪の京山幸枝若［＊2］、この人は、レコードで聴いて面白いです。幸枝若の倅の福太郎［＊3］、幸枝若を襲名しましたね。これは面白いですよ。

　ズバッと言やぁ、もう浪花節なんか聴かなくてもいいよ。もし、聴きたかったら東武蔵の『明石の夜嵐』を、これ、舌っ足らずなんですけどね。これが浪花節なんだという……。これ、聴いてくれませんか？　これを聴いて、あと、虎造、勝太郎の『天保水滸伝』、三門博。はい。だから、そういうの一つずつ聴いてみる。相模太郎、広澤菊春と一緒にね。

　どうも先生方、いろんなこと言いまして、すみませんです。

［＊2］初代京山幸枝若（きょうやまこうしわか）……１９２６〜１９９１年　浪曲師。本名小椋喬。兵庫県出身。浪曲師の子として生まれ、１９３１年浪曲師として初舞台を踏む。１９３８年初代京山幸枝に入門。戦後、明朗な節まわしと爽やかな芸風で人気を獲得し、晩年は関西を代表する名人となった。

［＊3］京山福太郎（きょうやまふくたろう）……１９５４年〜　浪曲師。本名福本一光。兵庫県出身。父は初代幸枝若。１９７４年父に入門。親譲りの美声を生かした浪曲を得意とし、２００４年二代目幸枝若を襲名。

◆上方落語家の章（談志百席　第四期）

この章の録音は、平成18年（２００６）４月10日〜18日
アバコクリエイティブスタジオ３０３スタジオで行われた。立川談志70歳、春。

【読者のための前説】

色物、講談師、浪曲師に続いて、談志師匠の入門当時、東京の落語家からは距離感があった上方落語家について、古希を迎えた談志師匠が語ります。実は上方落語家の落語が東京の落語ファンにも馴染み深くなったのは、前年の二〇〇五年の落語ブームがきっかけであると言われています。テレビドラマ『タイガー&ドラゴン』の放送、九代目林家正蔵の襲名披露、そして、東西の落語家を一堂に会した『大銀座落語祭』の開催で、二〇〇〇年代初の落語ブームが起こりました。その中で、ブームから背を向けていた立川談志師匠が語る上方落語家の思い出にご注目ください。

上方の噺家との出会い

立川談志めにござります。落語の、「良い、悪い」、「面白い、面白くない」っていうのは、果たしてどこで決めるのか。笑わなくも、これ面白いな、楽しいなっていうのもあるし、笑わないと楽しくないって人もいますよね。

私たちのその頃の五人の噺家、志ん生、文楽、圓生、小さん、三木助ですね。これは、湯浅喜久治という若くして死んだプロデューサーが集めて、東横と組んで東

［＊１］桂小金治（かつらこきんじ）……１９２６〜２０１４年　落語家・俳優・タレント。本名田辺幹男。東京出身。１９４７年桂小文治に入門。１９４９年桂小金治と改名。「次期名人」と有望視されていたが１９５０年代映画界に転身。

［＊２］三笑亭夢楽（さんしょうていむらく）……１９２５〜２００５年　落語家・タレント。本名渋谷滉。岐阜県出身。１９４９年五代目古今亭今輔に入門し今夫。１９５１年八代目三笑亭可楽門下へ移籍し夢楽と名乗る。１９５８年真打昇進。

［＊３］金原亭馬の助（きんげんていうまのすけ）……１９２８〜１９７６年　落語家。本名伊藤武。東京出身。１９４４年五代目古今亭志ん生に入門。１９５５

横落語会を開いた。後に、後継者も作らにゃいかんというんで、小金治［＊1］、夢楽［＊2］、馬の助［＊3］、私だ、圓楽だ、志ん朝だというのを、続かせた訳ですね。

で、これらを、「良い」と決める基準……。

湯浅がやったことは、それらを「良い」と思う人たち、それを「良い」と思うことによって、芸を見る目を確立している聴衆を集めようとした訳です。逆にいうとその頃、一般的には金馬、圓歌、権太楼、柳好［＊4］、柳橋、どちらかというと笑わせてくれる、陽気にしてくれる人たちの芸を良しとする方が多かったんですね。

つまり、文楽だ、圓生だ、三木助だというのが元々多ければ、何もことさらに、これを「良い」と企業をバックにアピールし、後を育成する必要は無いですね。放っておいても、それは増えますね。放っておいて増えないから、人工的にやるんですね。

じゃあ、その昔はどうだったかというと、昔も同じなんですよ。昔というのはこの場合、徳川が瓦解して、諸国から江戸へ流れてきた人たちが聴いた、本来の圓朝だ、燕枝でなくて、大衆は鼻の圓遊［＊5］であるとか、ラッパの圓太郎［＊6］である爆笑編を聴いて、そっちへ行っちゃった。

本来のと言ってるけど、本来なんてもの世の中には無いんですから、自分がそう決め、また自分と同好の価値が共有する人が集まって、……違います? 違わない

年真打昇進。

［＊4］三代目春風亭柳好（しゅんぷうていりゅうこう）……1887〜1956年　落語家。本名松本亀太郎。東京出身。1911年二代目談洲楼燕枝に入門。1917年三代目柳好を襲名。

［＊5］初代三遊亭圓遊（さんゆうていえんゆう）……1850〜1907年　落語家。本名竹内金太郎。江戸出身。1868年二代目五明楼玉輔に入門。1872年三遊亭圓朝門下へ移籍し圓遊と改名。明治10年代より「ステテコ踊り」なる珍芸を展開して一世を風靡した。

［＊6］四代目橘家圓太郎（たちばなやえんたろう）……1845〜1898年　落語家・音曲師。本名石井菊松。江戸出身。幕末に三遊亭圓朝に入門。明治10年代に四代目圓太郎を襲名。高座

よね。もっと分かりやすく言うと、じゃあ、このヤツガレが、吾輩が、俺様が、拙者が、身共が、あたいが、上手い芸を演ったとしますね。「どうでい！」で、聴いた客の全員が、「何だ？　あのお喋り」と評したら、これが評価になるんです。

お喋りじゃないよ。現実的には俺の内容に対して「やっぱり談志でなきゃね、あの『芝浜』は『らくだ』は出来ない」って声がある。私を聴きに来た方々、支持する人は、それを良しとしているだけなんです。

で、その良しとするのに、こっちの方が何故良いかというと、こっち側の人は、いろいろな言い方が出来ます。いわく人間が出てる。あっちは、アハハと笑わすだけだと。談志に至っては、何だか分からんが、イリュージョンとかと言って、人間の常識、非常識のもっと奥にある、どうにもなんないようなのを、引きずり出してるとか、そんなこと言ってるんです。

話を戻しますとね、圓喬だ、圓右だ、三代目小さんだというのを第一次落語研究会［*7］を作ることによって、「古典落語は正統である」ってなことを言ったんだよな。リアルには、知りませんよ。直に聞いてないからね。いや、直に聞いてなくても分かるんだけど、私がガキの頃は、そんなの分からない。目の前で聴いてた桂文楽、並河益義先生も、「（口調を真似て）お前さんは、そんなことをして……」、分かんなかったですよ。金馬師匠は面白かったです。桃太郎師匠［*8］も、柳好師匠も。

で真鍮のラッパを演奏する珍芸で人気を集めた。

［*7］第一次落語研究会……1905年3月、初代三遊亭圓左が5人の仲間を誘って結成した落語会。珍芸ブームの中で、圓朝、燕枝などが残した正統的な落語を口演し、研究する目的で定期的に開催された。1928年まで続いた。

［*8］昔々亭桃太郎（せきせきていももたろう）……1901〜1970年　落語家・コメディアン。本名山下喜久雄。東京出身。柳家金語楼の弟。四代目柳家小さんの下で落語の修業を積み、昔々亭桃太郎として独立

だけどねぇ、分かんなかった部分も多かったんです。すぐ口籠もったり、変に癖があって、……三木助師匠もときどき聴いたけど、よく分かんない。
「上手いなぁ」と思ったのは、柳家小さんです。皆、そう思ったんじゃないですか。私程度のというか、落語ファンというか、落語にかかわり合ってる連中なら誰が見ても、小さんは面白かった。キレイだったしね。爽やかだったし、上手い。で、やがては、小さんの上手さよりも志ん生の持つ天衣無縫とか、圓生の持つ技術とかって、いろいろあるけど、そういう意味で分かりやすく、かつ上手いと万人が認めたのは柳家小さんですよ。
で、関西の話なんだよね。関西は、落語と色物、……つまり漫才ね。だから、関西も昔は落語が主流の寄席だったんでしょう。で、そんな中に圓馬［*9］、文楽師匠がこよなく敬愛し、稽古に通って『素人鰻』［*10］だとかね、そういう噺を教わった圓馬がいた。四代目小さんも三遊亭金馬も、『権兵衛狸』［*11］を教わりました。
三木助……。このあいだ首括った三木助のご尊父の小林七郎、博打の七さん、三木助。
「（口調を真似て）手前共は高座の掃除番でございまして、商売が味噌屋さんでな、屋号が赤西屋、名をケチ兵衛という」
この三木助師匠の師匠である三木助、大阪のね。圓馬、三木助、松鶴。

［＊9］三代目三遊亭圓馬（さんゆうていえんば）……1882～1945年　落語家。本名橋本卯三郎。大阪出身。1888年少年落語家としてデビュー。1928年三代目圓馬を襲名。

［＊10］『素人鰻』……落語の演目。

［＊11］『権兵衛狸』……落語の演目。

［＊12］二代目林家染丸（はやしやそめまる）……1867～1952年　落語家。本名岡本仁三郎。大阪出身。1890年三代目笑福亭松鶴に入門。1912年二代目染丸を襲名。

［＊13］南地の花月……南地花月（なんちかげつ）。大阪に存在した寄席。元々は三楽席というニワカ専門の寄席であったが、1886年落語の寄席となり「金沢席」が発足。1912年4月、経

つまり何が言いたいかというと、染丸［*12］だとか、そういう師匠連の落語が一応寄席の主流であった訳ですね。面白いのも、下手なのも、上手いのも、いろいろ含めて。それが吉本が出て来ることによって、漫才に取って代わるようになってくる訳ですね。

今、手元にね、『花月連』っていうんですが……、これ、何と言ったらいいのかな、プログラムの楽屋用のモノって奴ですね。ちょっと読んでみましょうかね。昭和五年の三月十一日。これは南地の花月［*13］……、これは当時一番メインというか、一番格が高かった寄席ですね。

これを頭から言いますとね、鶴二［*14］っていうのかな、小雀［*15］、これは漫才師。おもちゃ、これは珍芸でしょう。福團治《ふくだんじ》［*16］ですね。今の春團治さん［*17］の父親ですよね。河合浅治郎。他にね、大辻伺郎［*18］、奈良丸［*19］ですね。浪花節ね。綾之助［*20］、これは義太夫でしょう。出羽助。出羽助・竹幸［*21］になってから、東京へ来ました。まあ、ダメでしたけど……。ラッパ・日佐丸［*22］、それから枝鶴。これは、このあいだの松鶴［*23］の父親の枝鶴。これから松鶴になる訳ですね。

で、蔵之助［*24］。この人は浪花節の真似をする人で、落語も演ったんでしょう。九里丸［*25］、これは漫談の丹波屋九里丸、後の花月亭久里丸。舌が回らないってい

営者が代わり「蓬莱席」と改名。１９１５年１月吉本興業が買収し「南地花月」と改名。１９４４年４月閉鎖された。

［＊14］笑福亭鶴二（しょうふくていつるじ）……１９０１～１９７９年　落語家。本名中田和三郎。大阪出身。１９１６年四代目笑福亭松鶴に入門。後に五代目松鶴門下へ移籍。戦後は中田つるじの名前で鳴物の実演と後進の指導に勤しんだ。

［＊15］桂小雀（かつらこじゃく）……落語家。本名太田善三郎。談志は「漫才師」と言っているが落語家。

［＊16］初代桂福團治（かつらふくだんじ）……１８９４～１９５３年　落語家。本名河合浅次郎。大阪出身。１９２０年初代桂春團治に入門。福團治と名乗る。１９

うんで、〝ひき臼〟って言われたね。で、小春團治[*26]。後の林龍男です。春團治門下。尺八の扇遊[*27]。

で、漫才なぞあって、李彩、おとっつあんの李彩[*28]、春團治、三亀松[*29]、千橘[*30]。圓馬がトリを取っております。因みに今度は、倶楽部[*31]と書いてあると、春團治、季彩、三亀松。まあ、掛け持ちしている訳ですね。圓馬、五郎[*32]。それで、ちょっと地方の方へ行きますと、今男・アチャコ[*33]。エンタツ・アチャコ[*34]の前ですかね。そういう連中と、東京から伯山が来たり、若き金語楼。そして、まだ講談はウケていました。伯龍、ろ山、山陽、伯山の四天王ですね。

ちょっと違うかもしれないけど、こういう講談も落語の範疇に入れて良いかも知れない。それと色物、漫才ですね。賑やかにまいりましょうと、これがまだ互角で戦っていたのですが、見事に漫才の王国になってしまうんですね。戦後、雁玉・十郎[*35]、もちろん戦前の生き残りですけれども、頭へフッと浮かんで来る。松葉家奴・松葉家喜久奴[*36]、三人奴[*37]というのも居ました。古い漫才のスタイル、出羽助・竹幸、五條家菊二・松枝[*38]。

そういうところへ中堅でダイマル・ラケット[*39]だとか、いとし・こいし[*40]だとかが出て来る。若いのは、かしまし娘とかはんじ・けんじ[*41]、ミスワカサ・島ひろし[*42]、これは松竹系ですけどね、三平・四郎[*43]だとか、漫画トリオ

３５年二代目桂春團治を襲名。

[＊17] 三代目桂春團治（かつらはるだんじ）……１９３０～２０１６年　落語家。本名河合一。大阪出身。１９４７年父に入門し小春。福團治を経て１９５９年三代目春團治を襲名。

[＊18] 大辻司郎（おおつじしろう）……１８９６～１９５２年　活動弁士・漫談家。本名大辻四郎。東京出身。

[＊19] 三代目奈良丸（よしだならまる）……１８９８～１９７８年　浪曲師。本名炭田嘉一郎。和歌山県出身。１９１０年二代目奈良丸に入門。吉田一若と名乗る。１９２９年三代目奈良丸を襲名。

[＊20] 竹本綾之助（たけもとあやのすけ）……女義太夫の名人。初代から四代目

〔*44〕だとか、洋介・喜多代〔*45〕とかが出て来て漫才の全盛になって、落語は見事に脇に押しやられたんですね。

一晩、……仮に十何本のうちに、落語は精々一本。それも、割と早い出番に、落語には世話になってるから、落語も出さなきゃいけない。芸能のバランスとして出さなきゃいけないという感じとしか受け取れなかった。松竹の角座へ出ていたのが、枝鶴の松鶴。吉本系で、米朝、小文枝〔*46〕、あやめといいましたかな。ほかには、福團治といいましたかね。今の春團治さんですね。それから、小春團治、露《つゆ》の五郎〔*47〕。

私と同期ぐらいに入ってくるのが森乃福郎〔*48〕だとか、桂文紅〔*49〕。亡くなりましたね。それから、我太呂というのが居ました。文我〔*50〕になって。……これも早く死んだかな。それで、今の松之助さん〔*51〕あたりが先輩に居た。まだ、弟子の〝さんま〟〔*52〕だとかは、まったくどこにおいでだか分かんないような頃でしたね。

大阪落語について、この場合、落語家論。論というのはね、……私の性格もあるんだけど、わりと概念的というのかね、やりやがったな、斬りやがったな、褒めやがったなというのは、そういうのはあんまりぶつからないんです。それは私が特異であるということもあるんですね。分かりやすく言うと、ひねくれているとかね、自分の自我と自信が強いから、納得しないというのも、……いろいろ。えっ？ ご

まで存在し、初代綾之助（１８７５～１９４２年　本名石山薗。大阪出身）は明治から大正にかけて娘義太夫の大スターとして君臨した。

〔＊21〕浮世亭出羽助・八丈竹幸（うきよていでわすけ・はちじょうたけこ）……漫才師。浮世亭出羽助（１９０１～１９８０年　本名中尾幸一郎。和歌山県出身）と八丈竹幸（１９０４～１９６９年　本名迫田海子。広島県出身）の夫婦漫才。１９３３年頃コンビ結成。

〔＊22〕初代平和ラッパ・浅田家日佐丸（へいわらっぱ・あさだやひさまる）……漫才師。初代平和ラッパ（１９０６年～戦後　本名北川安太郎）と、初代浅田家日佐丸（１９０１～１９４５年　本名中野久吉）のコンビ。

〔＊23〕六代目笑福亭松鶴（しょうふくていしょかく）

謙遜でしょう? そうなんですよ。ご謙遜なんですよ。バカなご謙遜でね。

私は大阪落語というのは、桂小文治〔*53〕、東京にいた小文治で知った訳ですね。

「(口調を真似て)こっち来な、聞こか、アホか、あ、あ」

馬風師匠がよく真似をしていましたけどね、よく分からなかった。ちゃんと出来た人だっていうんです。私は分からなかった。また、好きじゃない。好きじゃないものって、そこからいいところを探そうなんて、……なかなか若い頃、そういう了見ないよね。好きなところへ、好きなところへと行っていますからね。

で、大阪から梅團治が、後の百生〔*54〕ですね。百生師匠。この人が東京に来て〔*55〕、大阪落語の良さが分かった。この大阪落語の楽しさね、「(口調を真似て)こっちへ来るてえと、引導鐘がゴンゴーン、さあ、さあさあさあ、見てらっしゃい、見てらっしゃい、はいはい、江戸前の寿司屋です、どうぞ、汚い寿司屋……」

それで、上方の昔の人たち、……残ってたのが、あまり売れなかったんでしょう。橘ノ圓都〔*56〕。立花家花橘さん〔*57〕はラジオで聴いていますが、「凄いな」っていう印象は無かった。また、理解するだけの力が無かったのかも知れませんですけどね。

で、そのほかには米朝さんの師匠の米團治〔*58〕、それから『らくだ』は文團治〔*59〕、この人の『らくだ』は聴いてますが、よく分からない。これは新宿の末廣で

……1918〜1986年 落語家。本名竹内日出男。大阪出身。父は五代目松鶴。1947年父に入門。松之助、枝鶴を経て1962年六代目松鶴を襲名。

〔＊24〕橘家蔵之助(たちばなやくらのすけ)……1880〜没年不詳 本名木全由太郎。愛知県出身。元々は四代目橘家圓蔵門下の落語家であったが明治末に上方落語界へ移籍。

〔＊25〕花月亭九里丸(かげつていくりまる)……1891〜1962年 漫談家。本名渡辺力蔵。大阪出身。1916年三升小紋に入門し落語家としてデビュー。後年漫談家に転向。関西で数少ない漫談家として人気を集めた。

〔＊26〕桂小春團治(かつらこはるだんじ)……1904〜1974年 落語家。

聴きました。末廣亭の楽屋で、前座仕事しながら聴くから分からないという部分もあったか、これは許してもらおうかと思いますがね。

　私がガキの頃に、その頃のラジオ東京のＴＢＳと、大阪の朝日放送がバックについて、東京の落語家、若手ですけど二つ目、これを大阪の寄席のサラくち二つ目ぐらいに角座に出して、それだけではどうにもなんないからというので、放送を二本ばかり入れてくれたということがありました。で、逆に大阪から東京へ、同じように寄席二軒ぐらい掛け持ちさせて、放送を二本入れる約束で始まったんです。

　一回目は向こうから染丸さん［＊60］が来ました。当時、会長でしたね。全身愛嬌、からっ下手《ぺた》、ごく人のよろしい。東京からは、私が一回目なんだね。これは自慢話ですが、吉田留三郎さん［＊61］が書いてくれたのか［＊62］、

「東京から合流が始まって、東京から柳家小ゑんというのが来るというので会ったら、痩せて青白い顔をした青年。ところが、この若者、あの広い角座の舞台でビクともしない。東京は流石に広いなと感心をしたことがある」

　これが後年の立川談志であるなんていう、私にとって大変嬉しい記事が本になってるんですけどね。

　で、その行ったときに、今もあるのかな、湊町って駅が。梅田、大阪駅じゃなくてね、湊町。迎えに来てくれましたね。この間亡くなった松鶴さん。その頃の枝鶴《しかく》

本名林芳男。大阪出身。明治末に少年落語家としてデビュー。１９２１年初代桂春團治へ入門し小春團治と名乗る。１９３９年落語家を廃業し、舞踊家に転身。花柳芳兵衛と改名した。

［＊27］立花家扇遊（たちばなやせんゆう）……１８８４～１９４５年　尺八奏者・漫談家。本名前川宣海。奈良県出身。元は僧侶であったが遊芸が好きで還俗して芸人となった変わり種。後年、尺八漫談家として活躍。「

［＊28］初代吉慶堂李彩（きっけいどうりさい）……１８７９～１９４５年　中国奇術師。本名李徳福。中国出身。１９０２年頃、清国奇術家と称して来日。

［＊29］初代柳家三亀松（やなぎやみきまつ）……１９０１～１９６８年　三味線

です。それと、死んだ文紅。これは初めて見て驚いた。大阪落語っていうのは、凄い顔をした演者さん……、あの文紅の顔の色の悪さ、枝鶴さんのあの顔。ポン中の酒飲みの顔。落語界のプリンスなんて聞かされていた。初対面で「これが、プリンスか?」と思ったね。その話をしたら、「汚いプリンスやな」と、松鶴さんは自分で言って笑った。その頃は、枝鶴でしたけどね。

漫談家。本名伊藤亀太郎。東京出身。1925年初代柳家三語楼に入門し柳家三亀松。

[＊30] 立花家千橘（たちばなやせんきつ）……1894〜1945年　落語家。本名坂本梅之助。大阪出身?　ニワカ役者から二代目桂三木助に入門。1924年三代目千橘を襲名。

[＊31] 北新地花月倶楽部……北新地花月（きたしんちかげつ）。大阪に存在した寄席。1899年「北新地永楽館」として開業。1918年吉本興業が買収し、「北新地花月倶楽部」と改称。

[＊32] 露の五郎（つゆのごろう）……1894〜1936年　落語家。本名籏野米三郎。大阪出身。1900年五代目林家正三に入門。一時歌舞伎界に転じるものの、1911年頃落語界へ復帰し、露の五郎と名乗る。

[＊33] 千歳家今男・花菱アチャコ（ちとせやいまお・はなびしあちゃこ）……漫才師。千歳家今男（1897年〜没年不詳　本名池澤勇次郎。出身地不明）は新派の伊井蓉峰門下の俳優から漫才師となった。1925年頃に吉本興業へ入社しアチャコとコンビ結成。

[＊34] 横山エンタツ・花菱アチャコ（よこやまえんたつ・はなびしあちゃこ）……漫才師。横山エンタツ（1896〜1971年　本名石田正見。兵庫県出身）と花菱アチャコ（1897〜1974年　本名藤木徳郎。福井県出身）によるコンビ。1930年コンビ結成。

[＊35] 芦の家雁玉・林田十郎（あしのやがんぎょく・はやしだじゅうろう）……漫才師。芦乃家雁玉）（1894〜1960年　本名三井寒三郎。大阪出身）と林田十郎（1900〜1967年　本名吉田留吉。兵庫県出身）のコンビ。雁玉は落語家、十郎はニワカ芝居の出身。1927年コンビを結成。

[＊36] 松葉家奴・喜久奴（まつばややっこ・きくやっこ）……漫才師。松葉家奴（1896〜1971年　本名堀井覚太郎。京都出身）と松葉家喜久奴（1905年〜没年不詳　本名信田シゲ。東京出身）の夫婦コンビ。奴は様々な一座を渡り歩いた末、大正時代に漫才師となる。喜久奴は戦後再婚した妻で元芸妓。

[＊37] 三人奴（さんにんやっこ）……漫才トリオ。塚本やっこ（1914〜1987年　本名塚本利秋。大阪

出身）と市松笑顔（1916〜2004年　本名塚本ソデ子。高知県出身）の夫婦と笑顔の妹市松笑美子（1928〜1999年　本名松本年恵。大阪出身）のトリオ。三人とも芸人を親に持ち幼い頃から舞台に立った。1950年結成。

［＊37］五條家菊二・松枝（ごじょうやきくじ・まつえ）……漫才師。五條家菊二（1902年〜1983年　本名清水菊次郎。京都出身）と五條家松枝（1909〜1990年　本名清水まつの。大阪出身）の夫婦コンビ。1939年に結成。

［＊38］中田ダイマル・ラケット（なかただいまる・らけっと）……漫才師。中田ダイマル（1913〜1982年　本名中田勇夫。兵庫県出身）と中田ラケット（1920〜1997年　本名中田信夫。兵庫県出身）の兄弟コンビ。ダイマルは実兄の中田デパートの相方としてデビュー。兄の死後、弟を誘ってダイマル・ラケットを結成。

［＊40］夢路いとし・喜味こいし（ゆめじいとし・きみこいし）……漫才師。兄の夢路いとし（1925〜2003年　本名篠原博信。神奈川県出身）と弟の喜味こいし（1927〜2011年　本名篠原勲。埼玉県出身）の兄弟漫才。1940年荒川芳丸へ入門し、荒川芳博・芳坊としてデビュー。1948年夢路いとし・喜味こいしと改名。晩年は「上方漫才の宝」と称された。

［＊41］若井はんじ・けんじ（わかいはんじ・けんじ）……漫才師。若井はんじ（1933〜1976年　本名若井輝雄。京都出身）と若井けんじ（1935〜1987年　本名若井修身。愛知県出身）の兄弟コンビ。1948年コンビを組み荒川福児・笑児としてデビュー。1960年若井はんじ・けんじと改名。

［＊42］ミスワカサ・島ひろし（みすわかさ・しまひろし）……漫才師。ミスワカサ（1921〜1974年　本名今岡鈴代。京都出身）と島ひろし（1912〜1989年　本名三浦定四郎。福島県出身）のコンビ。夫婦ではない。1941年コンビ結成。1944年ミスワカナの門下となりミスワカサ・島ひろしと改名。

［*43］姿三平・浅草四郎（すがたさんぺい・あさくさしろう）……漫才師。姿三平（1924年〜没年不詳　本名細田日出麿。出身地不明）と浅草四郎（1928〜1968年　本名海住清一。大阪出身）のコンビ。1956年に結成。

［＊44］漫画トリオ（まんがとりお）……漫才トリオ。1960年横山ノック・フック・パンチの三人で結成。「パンパカパーン、今週のハイライト」という台詞と都会的なコント風漫才で人気を博した。

［＊45］島田洋介・今喜多代（しまだようすけ・いまきたよ）……漫才師。島田洋介（1915〜1985年　本名堀保。兵庫県出身）と今喜多代（1925〜2011年　本名堀清子。茨城県出身）の夫婦コンビ。1957年コンビ結成。

［＊46］三代目桂小文枝（かつらこぶんし）……1930〜2005年　落語家。本名長谷川多持。大阪出身。1947年四代目桂文枝に入門。1954年三代目小文枝を襲名。1992年五代目文枝を襲名。

［＊47］二代目露の五郎（つゆのごろう）……1932〜2009年　落語家。本名明田川一郎。京都出身。1947年二代目桂春團治に入門。春坊、小春團治を経て1968年二代目露の五郎を襲名。2005年二代目露の五郎兵衛を襲名。

［＊48］初代森乃福郎（もりのふくろう）……1935〜1998年　落語家・タレント。本名仲川吉治。京都出身。1956年三代目笑福亭福松に入門し笑福亭福郎と名乗る。1961年森乃福郎と改名。

［＊49］四代目桂文紅（かつらぶんこう）……1932〜2005年　落語家。本名村寿賀男。大阪出身。落語家。立命館大学在学中に落語に関心を持ち、1955年四代目桂文團治に入門。1959年四代目桂文紅を襲名。

［＊50］三代目桂文我（かつらぶんが）……1933〜1992年　落語家。本名石木正一。大阪出身。1952年二代目桂春團治へ入門するが間もなく破門される。1955年三遊亭百生の斡旋で復帰し、桂我太呂と改名。1968年三代目桂文我を襲名。

［＊51］笑福亭松之助（しょうふくていまつのすけ）……1925〜2019年　落語家。本名明石徳三。兵庫県出身。1948年五代目笑福亭松鶴に入門。若手の頃はコメディアン、台本作家などもこなすマルチタレントとして売り出した。

［＊52］明石家さんま（あかしやさんま）……1955年〜　タレント・落語家。本名杉本高文。奈良県出身。

［＊53］二代目桂小文治（かつらこぶんじ）……1893〜1967年　落語家。本名稲田裕次郎。大阪出身。明治末七代目桂文治へ入門。1915年桂米丸と改名。1916年に上京して以来そのまま東京へ移住した。1917年桂小文治を襲名。

［＊54］三遊亭百生（さんゆうていひゃくしょう）……1895年〜1964年　落語家。本名小川真之助。大阪出身。1911年初代桂文我に入門。大正末に落語家を一時廃業し中国大陸へ渡った。敗戦後に帰国し桂梅團治を襲名して落語界に復帰。さらに東京の六代目三遊亭圓生の身内となり、1954年三遊亭百生と改名。

［＊55］この人が東京に来て……百生は旧知の六代目圓生に誘われて上京。1952年10月頃より落語協会の寄席興行に出勤するようになった。

［＊56］橘ノ圓都（たちばなのえんと）……1883〜1972年　落語家。本名池田豊次郎。兵庫県出身。1905年二代目桂文團治に入門。1912年橘ノ圓門下へ移り橘家圓歌と改名。1917年橘ノ圓都を襲名。

［＊57］二代目立花家花橘（たちばなやかきつ）……1884〜1951年　落語家。本名菱川一太郎。徳島県出身。ニワカ師から初代笑福亭福松門下へ移り落語家に転身。1912年二代目花橘を襲名。

［＊58］四代目桂米團治（かつらよねだんじ）……1896〜1951年　落語家。本名中濱賢三。大阪出身。1911年三代目桂米團治に入門。1944年四代目米團治を襲名。

［＊59］四代目桂文團治（かつらぶんだんじ）……1878〜1962年　落語家。本名水野音吉。京都出身。1894年三代目桂文團治へ入門。麦團治と名乗り活躍。戦後、四代目文團治を襲名。

［＊60］染丸さん……1906〜1968年　落語家。本名大橋駒次郎。大阪出身。1932年二代目林家染丸に入門し、染五郎と名乗る。1953年三代目染丸を襲名。

［＊60］吉田留三郎（よしだとめさぶろう）……1906〜1978年　演芸評論家・研究家。大阪出身。

［＊61］吉田留三郎さんが書いてくれた……『上方芸能』（1971年9月号掲載）の随筆「湊町駅乗込風景」。1958年大阪に初来演した談志（当時小ゑん）の様子を記したものである。

上方落語四天王　松鶴・米朝・春團治・文枝

私が最初に大阪へ行ったのは、東京と大阪の交流でした。会長を満面笑みの染丸さんがやってました。その笑顔……、嫌み以外何者でもなかったな。東京の圓蔵、今の圓蔵の師匠の圓蔵と同じようにね、もう嫌で、嫌で、堪んなかった。染丸さんの良さが、素人だっていうことで、皆、まぁ、相手にしなかったというかね。でも、会長でしたよ。で、その後に、今言う四天王が居た。

で、松鶴さんは、いつも漫才のあいだに出てるから、『相撲の穴』[*1]しか演らないんですよ。ジョジョジョンジョンジョンと小便する。相撲見物していて小便我慢出来ずに、トイレまで行けないから、空いた徳利の中へやって、隣の人が知らずに飲んじゃうっていう、そういう汚ねえ噺。

「(口調を真似て)ジョジョジョンジョンジョンジョロンジョロン、……ポチン、もう終わったんかいな、ジョジョジョン……、途中で切ったりするな」

これは初代の春團治が演ったっていう奴でしょうけどね。

松鶴さんは、『宿屋の富』[*2]、『高津の富』ですね。それと、『らくだ』を聴いて、……これね、東京のイイノホールのトリで呼ばれて来たんですね。上手かったねえ。『らくだ』というのは、復讐譚ではないんだ。全編酔っ払いの噺なんだという

[＊1]『相撲の穴』……落語の演目。『相撲場風景』ともいう。大入り満員の相撲場の客の悲喜こもごもを描く。酔った客が一升瓶に放尿するシーンがあり、松鶴は「ジョジョンジョンジョンジョン」といいながらリアルに演じてみせた。

[＊2]『宿屋の富』……落語の演目。関西では『高津の富』と表記する。富くじに当たった見栄っ張りの旅の男と、男が泊まっている宿屋の主人のドタバタを描いた滑稽噺。元々は関西のネタだが、明治期に東京へと持ち込まれた。

[＊3]小島政二郎(こじままさじろう)……１８９４〜１９９４年　作家・評論家。東京出身。慶應義塾時代より作家として活動。戦前は『新妻鏡』『人妻椿』などの大衆小説を得意とし、戦後

のにも、気が付いた。

つまり、屑屋がらくだに脅かされて、「おい、酒ぐらいついだら、どうでぇ」とかね、そういうところから逆襲することはさることながら、べろべろに酔っぱらって、酒飲んで、また飲んで、かついで行って、それで焼き場の隠亡《おんぼう》が酔っ払いで、また引き返してくる。それで乞食坊主が酔っ払い。四人四様の酔っ払い。はあ、凄まじい『らくだ』で、小島政二郎先生［＊3］が聴いてて、「素晴らしいですね」と言ってました。

この晩ね、「どこ行くのか？」って訊いたら、三平、歌奴、……あの坊主の嘘つき歌奴ね。「彼らと飲む」って言うんで、……まぁ、ランクから言ったらね、当然ですが、「私と飲むべきだな」と思いましたね。

一番感動した人間は、……俺だって、もちろんその時には売れてました。下手すりゃ、違った意味で、圓歌なんかよりずっと俺の方が売れていた。敵わなかったですけどね。凄いなと思ったのはこの『らくだ』、後々までも笑福亭松鶴の売り物です。『高津の富』、結構なもんですね。『三十石』［＊4］も良いんだろうな。

豪放磊落っていう表現をすると、……この言葉で松鶴さんを表現すると楽ですよ。あの容貌といいね。だけど、すげえ細心。俺、細心じゃない奴は嫌いですからね。で、上手いものと、拙いものの差がついていたのかっていう問題。これは何も松鶴

は『食いしん坊』などの随筆、『鷗外・荷風・万太郎』『芥川龍之介』など評伝を得意とした。落語や演芸にも詳しく『一枚看板』『圓朝』をはじめ芸道小説や随筆を残した。

［＊4］『三十石』……落語の演目。上方落語では大ネタとうたわれる。大阪と京都をつなぐ三十石船に乗る客たちがひきおこすドタバタ騒動、船が大阪へと向かっていく情景や舟唄を描く。

さんばかりじゃない、小さん師匠もそうなんですよ。あの『千早振る』〔*5〕の酷いこと、あの『高砂や』〔*6〕の酷いのなんの、小さん師匠のあの声といい……。「助け船ぇ〜」なんて、おい、勘弁してくれねえかな。……一方で『にらみ返し』〔*7〕の凄さとかね。もちろん、凄いのが沢山ある。

松鶴さんは、その区別がなかったのか、それとも私が未熟で分からなくて、その差があるのに気が付かなくて、どこかで差をつけることによって、これはダメだ、これはいいっていうふうに簡単に決めていたのかも知れません。そういうことは、いろいろあるじゃないですか。給料日に借金取りが楽屋にいっぱい来てるんで、舞台から客席へ下りて逃げちゃったとかね、そういう逸話。

その頃だから、皆、ヒロポンを打ってて、

「(口調を真似て)今、ウチのな、二階の天井裏にヒロポンを入れたカマスみたいなのが入っとるがな。あれ打たんと眠れなくなるんだよ」

どんなもの打ってたのか知らないけどね。

松鶴さんというのは、まあ、荒っぽかったし、落語よりもヒロポンだとか借金だ、酒だとかっていうエピソードが多い。けど最近ね、誰かが訊いて、松鶴さんが答えてるインタビューの雑誌が見つかったんです。

見事なんだ。記憶力と判断力。

〔*5〕『千早振る』……落語の演目。娘から「千早振る神代も聞かず竜田川唐紅に水くくるとは」という和歌の意味を聞かれた八五郎。知り合いのご隠居の家を訪ね、歌の意味を尋ねる。ご隠居は「これは竜田川という相撲取りが千早という花魁に恋をしてフラれた内容をしたためもの」という珍解釈を語り始める。

〔*6〕『高砂や』……落語の演目。結婚の仲人を頼まれた八五郎。仲人の作法を知らない八五郎は隠居の家へ行き、作法と『高砂』の謡曲を教えてもらう。披露宴で『高砂』を所望された八五郎はうろ覚えの謡をはじめるが、大切な歌詞が思い出せない。最終的に謡も滅茶苦茶になり、「高砂やこの浦舟に……助け船!」と嘆く。

「(口調を真似て) ちゃう、ちゃう、それ、ちゃうで。それ、兄貴の方や、それちゃう」

　口調は全然別で、下手ですけど……、

「(口調を真似て) ……そら言う訳ないわ、違うで。ああ、こりゃ拙い。見事に拙いわ」

　ズバンズバンと……、言うことを躊躇うという芸人としてのね、ルールといいますか、それがあると思っていたから、あんなにズバズバ言う人と思わなかった。

　もう一つは、そんなに深く人の芸は分からなかったんじゃないかと、こう想像していたんです。分からないというのは、自分なりに分かった部分はあるけれども、それを立川談志と共有出来るとは思えなかった。

　一番共有しやすい、……常識というのを含めて喋れるのが、米朝さんでしょうね。

「違うよ」ということも含めて……、

「それは、米朝さん違うんじゃないか？」

「いや、そないなことあるかいな、これは、こうやもん」

「そうかな、これは違うな」

「違わんて」

　と、そういうことを含めて話せる米朝さん。一番話す機会が多かった。つまり、ロジカルであるということです。


［＊7］『にらみ返し』……落語の演目。大晦日の夜、借金の取り立てに苦しむ八五郎夫妻は「言い訳屋」と名乗る男を雇って玄関に立たせる。言い訳屋は取り立てが来るたびに、激しく相手をにらみつけて追い返す。

米朝さんは方々で書いた通り、とにかく大阪落語の中興の祖ですよ。まるで、ガチャガチャになっちゃった。もうどうにもならなくなった。廃屋みたいになった。大阪の落語界を、そこにある箪笥も、火鉢も、それらをちゃんと拵え上げて、現代に通用するクラシックな家にした。そこへ冷蔵庫を持って来ても、スイッチもちゃんと入って、使えるんですよっていうふうに拵えた中興の祖です。米朝なくては、大阪落語のあの隆盛は無かったろうということですね。

春團治さんはね、ご承知の通り、むかし覚えた芸を磨いて演ってる。それが歳を取って、衰えてくる。小さん師匠なんかと同じような、文楽師匠と同じような、昔ながらの名人上手の道を歩いていると、こういうことですね。「もっと春團治にネタを教えといてやれば良かったな」と米朝さんが言っていましたからね。十八番の『代書屋』[*8]、あれも米朝さんの師匠の米團治さんの作。まあ、当人も代書屋だったって逸話がありますがね。

私は『代書屋』って落語は、面白いなと思って、春團治さんの聴いて、彼を東京へ持ってきて、『笑点』って番組に出した。はじめはプロデューサーが、「良いのかな?」ってな顔をしていましたが、収録後、「素晴らしい人を連れて来てくれました」って制作者が私に、礼を言いました。春團治さん、うん、上手いです。でも、ネタが少ない[*9]。「ネタを増やしたらどうですか?」って、直接言ったことがあ

[*8]『代書屋』……落語の演目。四代目桂米團治作。正式な題名は、『代書』。読み書きが今のように自由ではなかった昔、書類や履歴書を代わりに書いてくれる「代書屋」という職業があった。そんな代書屋に来る一癖も二癖もある客と主人の珍妙なやり取りを描く。

[*9]ネタが少ない……三代目春團治のネタの少なさは落語界でも有名であった。晩年まで手掛けていたネタは10演目あったかどうか。

る。周りがその話を聞いて大慌てしてた。タブーらしいですよ、今の春團治さんに、その言葉はね。私は平気だからね。

小文枝さんはね、ごく優しいその辺に居る良い人っていう感じでした。もっともね、私は乱暴だから、向こうからは論議を吹っ掛けると、えらい目に遭うと見えるんでしょう。あんまり何か言わない。もちろん、こっちからは吹っ掛けますけどね。

小文枝さんは、よく文枝になったね。普通、なれないですよ。福團治から春團治には、なれるんですよ。

で、下手な奴は、なれるんですよ。三語楼［*10］が小さんになるって……。三語楼でいるより、小さんになった方が得だもん。小益でいるより文楽になった方が、文平［*11］より左楽の方が得だもん。得だって言う奴は、セコい奴だもん。それが証拠に、小朝はならないでしょう。「柳朝を継ぎなさい」って、ならないよ。圓朝だってならないよ。……と思うよ。俺だってならないもん。

圓朝を継いだところで大御所にならないもん。立川談志は、いろいろな理屈付けるもん。俺は家元、立川流の家元、「志を語っているんだから、文句あるか」ってなことを言う。……なったというのはね、伝統を大事にしたのかね？　……分からん。

米朝、小文枝、松鶴、春團治、この四人、……四天王が、いや戦後の大阪落語を米朝さんが拵えた。またそれぞれが勉強して、また米朝さんのをもらって演ってき

［＊10］三代目柳家三語楼（やなぎやさんごろう）……1947年～　本名小堀義弘。東京出身。父は五代目柳家小さん。1963年父に入門。1976年真打昇進し三代目三語楼を襲名。2006年六代目柳家小さんを襲名。

［＊11］六代目柳亭左楽（りゅうていさらく）……1936年～。落語家。本名原田昌明。広島県出身。1957年八代目桂文楽に入門し文平。文楽亡き後は七代目橘家圓蔵門下に移籍。1973年真打昇進。2001年六代目左楽を襲名。

［＊12］二代目吉田一若（よしだいちわか）……1933～1984年　浪曲師。本名松本浩左衛門。岡山県出身。1937年三代目吉田奈良丸に入門。1947年二代目一若を襲名。天才

た。でもね、はっきり言うと、ただ落語を踏襲したことにしか過ぎないんです。自分なりには拵えていた。自分なりに演っていた。自分なりの芸を拵えたというだけでしょう。何でもっとネタを増やさないのって、俺、春團治さんに言ったことあるけど、それを聞いた第三者が、「よく言いまんな」っていうことですよ。キレイだしね、見事でした。だけど、小さん師匠と、それは同様です。

　小文枝さんの方がいくらか噺が長くて、圓生師匠に近かったかな。『たち切れ線香』ね。あの人、踊りが出来るでしょう。ああいう落語は、楽なんですよ。踊りが出来て、形が出来て、泣いてりゃいいんですから。黙ってりゃいいんですから。「ただ黙っているだけで、客が聴いてるかい？」って、……そのぐらいの芸はあるよ。むしろ黙れないって奴は、パァーパァー喋っちまうってのも、一つの切なる芸かも知れないけどね。

　芸の分解でなくて、一つのエピソードとして、例えばですよ、誰かの襲名披露でね、打ち上げで飲んでた。私のことだから、酒飲みながら睡眠薬を齧る。それで松鶴さんだとか、それから、吉田一若さん[*12]だとか、浪花節ね。小南陵[*13]、このあいだ亡くなった南陵さんですよね。ええ。大南陵[*14]の倅。春團治さんにも飲ませちゃった。全員ベロベロに酔っぱらってねぇ。

　お互いがもっとライバル意識というのか、何かあった筈なんですが、そういうふ

浪曲師として期待されたが大酒のために夭折した。

[＊13]三代目旭堂南陵（きょくどうなんりょう）……１９１７〜２００５年　講談師。本名浅井美喜男。大阪出身。父は二代目南陵。１９３３年父に入門し旭堂南海と名乗る。１９４０年小南陵を襲名。父譲りの貫禄ある講談を得意とした。後進の育成にも熱心で、今日の上方講談の一門はこの人の流れを汲む。

[＊14]二代目旭堂南陵（きょくどうなんりょう）……１８７７〜１９６５年　講談師。本名浅井鶴造。大阪出身。１８９４年四代目正流斎南窓に入門。後に初代南陵へ入門。１９００年小南陵、１９０９年二代目南陵を襲名。貫禄のある芸と語りで名人と称された。息子と共に数少ない上方講談界

うに見えたんですがね。春團治が酔っ払ってね、松鶴さんの膝へね、顔を埋めるようにして、

「兄貴、兄貴、俺は兄貴がね」

兄貴が何だってことまでは、覚えている。酒と薬で普段潜めていた意識にもしたくないようなのが、出て来たのかも知れない。私はそう見えましたけどね。

松鶴と春團治は繋がるけど、春團治と米朝は繋がらんでしょうな。もちろん、米朝は誰とも繋がらんでしょうね。強いて繋がるのは、……俺かな。この場合、俺は向こうを立てるからね、……酔っ払って、何のかんの言ってね。

「なあ、このぐらいのことは、米朝なら分かるだろうよ。分かんないかもしれねぇな、米朝はバカだからな」

「言うな、お前は。酔っとるやないか？」

「酔っとって、何を酔って悪いんだ、あんただって飲むじゃねぇか、おい。俺よ、あの、呼びにくいんだよな、あんたを師匠とは。うん。米朝師匠と俺は、そういう間柄でもねぇよな。まあ、兄さんかな？　兄さんじゃダメかい？」

「いいよ、何でもいい。兄さんでも何でも……」

そういう知性、こっちのそのものを受けてくれるね。


の継承者として奮闘を続けた。

桂枝雀のこと　その一

桂枝雀［＊1］……、自殺しましたよね。

余談だけど、「病気として自殺をせずに治る方法があったんだ」と、西島英利さん［＊2］という先生が言っていました。あれは死なずに済んだんですよね。果たしてどうだか分かりませんがね、死なないで済んだ、精神的な療法というか、応処を言ってましたね。熱っぽく語っていました。でも、死んじゃったものはしょうがない。

あの人は、未だに目ん中に、こう焼きついてますが、詰襟の中学生の学生服を着て、坊主頭だったですよ。学校の先生と、（寄席に）来てた。

で、私は、高座で、あえてキザにフランスの小話とか、外国《むこう》の乙な詩とかを題材に観客の前でトークをして、

「恋をして、これを得る。素晴らしいことである。恋をして、これを失う。それはその次に素晴らしいことである」

「恋をしないで得るのはどうなんですかね？」ってなことを言いながらね、

「愛しているのに愛されないとは悲しいことだ。しかし、もはや愛していないものに、愛されるほど悲しいものはない。恋愛は、初めは美しい。従って、終わりが悲しいのは、当たり前である。恋に狂うとは、言葉が重複しております。恋とは、既

［＊1］二代目桂枝雀（かつらしじゃく）……1939〜1999年　落語家。本名前田達。兵庫県出身。1961年神戸大学を中退し、桂米朝に入門。1973年二代目枝雀を襲名。古典落語をベースに豪快なアクションと奇想天外のクスグリを取り入れた「枝雀落語」で上方落語のスターとなる。「緊張の緩和」「ショート落語」「英語落語」など独自の理論や演目は今なお強い影響力を持つ。晩年はうつ病に苦しみ自殺を遂げた。

［＊2］西島英利（にしじまひでとし）……1948年〜　精神科医・政治家。日本医科大学卒業後、精神科医となる。1984年小倉蒲生病院理事長に就任。2004年参議院選挙に出馬し当選。2010年まで議員としても活躍した。

に狂気なのです。……ハイネ」

なんてなことを言うんだよ。

「キスをされたとき、ある女は叫び、ある女は噛みつき、ある女は警察を呼んだ。最も始末の悪い女は、笑い出した女である」

なんてなことを言いながら、いろいろ恋のテクニックを喋ってね、

「今宵一晩、幸せでいたければ、立川談志を聴くが良い」

ってなことを言ってね、

「人間一日だけ幸せでいたければ、床屋へ行くが良い。一週間幸せでいたければ、結婚するが良い。一年幸せでいたければ、家を建てると良い。一生幸せでいたければ、自分に正直であれば良い。今宵、幸せになりたかったら、談志の話を聴くが良い。……これは最後のところを変えると、どこでも出来ますから……」

なんてなことを言って、「どうもありがとう、グッドラック」ってなことを言って、キザにバンと引き揚げて来る。その内容を、枝雀が、「凄《すげ》えな」。……直接聞いた訳じゃないんですけども、それを枝雀が先生に言って、その先生から私が聞かされた。まあ、そんなようなことがありました。

それで、米朝門下になって、誰しも言うんですけど、上手い。つまり、師匠の芸を見事に踏襲する。師匠の芸がそっくり出来るというのは、上手い証拠ですよ。師

匠にもよるけどね。あんまり凄いのが師匠だとね。

「(志ん生の口調で) えぇ～、どうもこの～」なんていうのを教わると、弟子も「どうもこのぉ～」なんていうことになって、やっぱり教わる人は、桂米朝という見事にちゃんとした手本、そして落語を見事なまでに拵え上げて、現代にウケるように作ってくれた落語家が枝雀の師匠であったということ。

昔流にいえば、米朝さんが死んだら、次の米朝ということですよ。この辺の話は、皆、知ってらぁなぁ?

何か違う話しようか? 米朝の模写であることは、……模写であるというのは第三者が判断することで、自分が惚れればそうなりますね。だけど、惚れると、師の半芸に及ばずで、それ以上になれないのかね?

枝雀があれだけ売れ出してから、あんまり会ったことないんですね。週に一本、NHKの番組 (『お好み演芸会』) で一緒だったことが、短期間でしたけどありましてね、すぐ私が喧嘩して辞めちゃうから……。

パーティーや何かで会っても、どっか避けられている感じがしたな。ところが、米朝さんに言わせると、「(米朝の口調で) ウチの枝雀はな、談志に会いたかったら、もっと会っておいたらええのや」。ほかの人も、「枝雀師匠が、一番、談志師匠に会いたがっていましたよ」と、こう言うんですよね。それはまんざら嘘じゃないと思う。

じゃあ、何で「(口調を真似て) 枝雀でございますぅー!」って、ああなるのかって、俺はそこでもって、切ったんですよ。「ダメだこりゃ」と。これは誤認だったんだけど、藤山寛美［＊3］と圓菊［＊4］を真似てミックスしたと……。「何、演ってんだ、この野郎」と……。

そんな簡単なもんじゃなかったろうなぁ……。あいつの知性、落語に対する判断から言ったら……、

「(口調を真似て) 定期券を拾うたけど、これ、定期券、何も……、名前も年齢も場所もどこも何も書いてあらへん。何やろう? あれ、だけど何で、わてはこれを定期券と分かったんやろうな」

なんて言う。どっかで聞いたことある、こういうの、……イリュージョンですね。

「あんた、傘忘れたの、どこで気が付いたのよ?」

「雨が止んだから、つぼめようとしたときに気が付いた」

これと同じスタイルでしょう。これを枝雀は演ってるんだよな。

［＊3］藤山寛美（ふじやまかんび）……1929～1990年　喜劇役者・演出家。本名稲垣完治。大阪出身。1933年、新派俳優としてデビュー。戦時中に二代目渋谷天外門下へ移籍。戦後松竹新喜劇へ参加。天才的な演技力と間を生かした芝居で人気を集め、喜劇界の大御所となった。アホ役は生涯の当たり役で大村崑、平和ラッパと並んで「三大アホ」と讃えられた。

［＊4］二代目古今亭圓菊（ここんていえんぎく）……1928～2012年　落語家。本名藤原淑。静岡県出身。1953年五代目古今亭志ん生に入門。1966年真打昇進し古今亭圓菊を襲名。「圓菊節」と呼ばれる独特の落語で人気を集めた。

桂枝雀のこと　その二

枝雀が英語で落語を演ったっていうのは、理解出来ない。俺は、枝雀ばかりじゃなくてね、三枝やら誰やらも、英語で演ったって言うけど、バカじゃねえかと思うよね。英語でやって、

「一席オ笑イヲ申シ上ゲマス。落語出テクル人ハ、ハッツアン、クマサン、横丁ノ隠居サン、馬鹿デ与太郎」

アメリカ人が五人並んでね、

「サテマッ先ニツケタルハ生マレハ遠州浜松ダイ」

と同じですよね。

枝雀は、英語の落語を演ったのはね、外国人に落語を分からせようなんという、――そんな了見じゃないと思うよ。三枝だとか、あの程度の奴だったら、ことによったら何か一つの見世物みたいに、深く考えないで、落語というのを英語で演ってみたらと言ったのかも知れません。

で、枝雀は私の言うイリュージョン、それを演っていたとは思うんです。聴かなかったですから想像です。聴かないったって、噂は入って来ますからね。それで、関西一の笑わせ屋になり、人気者になったたんじゃないですか？

話があっち行ったりこっち行ったりしますがね、米朝さんは、

「枝雀は、あんたと喋っていたら、また違ったやろう」

と言ってくれた。枝雀は、私から言うと、ちょっと違うけど、『松曳き』［＊1］みたいなものかな。『堀の内』［＊2］みたいな落語。だとしたら、イリュージョンですね。

枝雀の落語を全部聴いてる訳じゃない。あくまでもね、もし聴くというのがね、分母が10だとしたら、1も聴いてない。0・2か、0・3。これ、野球も相撲も、すべてのことなのよ。自分のこともそうかも知れない。それで、そこそこ人と話が出来る。ということは、それほど間違ってねぇだろうという、……これが誤認かも知れないが、その誤認かも知れないというのを含めて、「そんなことは、無いだろう」という、こういう意識で喋っているんです。

枝雀は、そこまで行ったんなら、それをやりゃいいじゃねえか？　ところがね、芸談になるか分からないけどね、私も、あの歳では未だなんなかったけど、鬱というか、今人生なんで生きてるのか分からなくなった。そういう方面からの自殺は分かる。所詮、死までのプロセスではないか、とね。

所詮、恋している、……映画を観てる、駆け出している、悪口言っている。「常に酔ってろ」とボーヴォワール［＊3］は言ったと、荷風《かふう》が書いている。

「時の奴隷になるな、恋に、酒に、音楽に酔っていろ」という、今言った悪口でも

［＊1］『松曳き』……落語の演目。ある国にそそっかしい殿様と家老田中三太夫の主従がいた。ある時、三太夫は「御貴殿姉上様御死去」という文面を勘違いし「殿の姉上がお亡くなりになった」と誤った報告をしてしまう。三太夫は責任を取って切腹をしようとするが、殿様は「切腹に及ばぬ。余に姉はいなかった」。

［＊2］『堀の内』……落語の演目。上方では『いらちの愛宕詣り』と記す。大変そそっかしい男がいた。男は堀の内のお祖師様に願掛けしてそそっかしさを直してもらおうと考える。男は着物や履物を間違える、行き先を間違える、大金の入った財布を賽銭箱に投げる——と底抜けのそそっかしさを展開する。

良い。立ち小便でも良い、……とにかく酔っていろ……と。それに枝雀は、もう飽きていたのか。……分からない。

落語というものと、また全然違う枝雀の人間性が、こういうことをやっている。……ところが、私なんかこの歳で、これだけウケて、モテて……、女ってことじゃないですよ、世の中にモテてて、仕事があって、竹書房でこんな企画もある。これも、喜んで来てるんじゃねぇんだよ、生意気にブーたれて……。

なんでこれやってんだ、生きてんだ……分からないんでね、いっそ「死んじゃおうかな」と……。だから、なるたけ高いとこに行かないようにしてる。「飛行機が、落っこってくれれば楽だな」と思うくらい。

話を戻すとね、枝雀はそういう芸ですよね。米朝そっくりに出来て、次の米朝になれて、それでも気に入らなきゃイリュージョンも出来たのに……。

「〽 草に寝て　露に濡れてる身を持ちながら　何の不足で虫は鳴く」

鳴いたのかね？　桂枝雀。

[＊3]ボーヴォワール……1908〜1986年　哲学者・作家・女性解放運動家。フランス出身。夫は20世紀を代表する哲学者サルトル。戦前より女性解放運動に身を投じて注目を集める。第二次世界大戦後、女性自立を訴えた『第二の性』はベストセラーを記録。没する直前まで数多くの女性解放論や哲学書を発表した。

同世代の上方の噺家たち

　露の五郎っていう先輩が居てね。私が二つ目時代に聴いていていて、『深山隠れ』［＊1］なんていうのをね、ちゃんと演ると上手いんです。でも、変な話、新作演るんだ。「坊《ぼん》さんスクーター」とかって、「子供を救ったぁ」とか……。それで「嫌だな」と思ったのが、向こうにも見えたんでしょうね。それで私とすれ違うようになった。

　ということはやっぱり古典落語というのをちゃんと……、つまり春團治さんと兄弟弟子ですからはじめは二代目春團治の弟子で小春團治といっていたんです。だけど倅の方が三代目春團治になって、兄弟弟子なんだけど、自分が小春團治っていうのが嫌なんだ。おとっつあん（二代目）の弟子の小春團治ならいいけど、倅の弟子じゃないのに、小春團治っていうのが嫌なんでしょう。露の五郎と名乗るようになった。今は露の五郎兵衛か……。何だかよく分かんないけどね。

　森乃福郎っていうのは、キレイな芸人でね、若い頃は笑福亭福郎っていっていましたけど、……上手かった。明るくて、洒落ていて、面白くてね。

　有名な話に、

「今度来た福郎って奴は、滅茶苦茶な奴やなぁ、腹が立った」

「何かしたんですか？」


［＊1］『深山隠れ』……落語の演目。大阪の噺家が旅先の九州天草でトラブルに会い、所々さすらった末に浮世離れした村に迷い込む。村人には歓迎され、当地で日々を過ごすうち、今度は不可解な村人失踪事件が勃発。やがて背後には大掛かりな謀反の企みが関係していることがわかる。

［＊2］『富久』……落語の演目。ある年の暮れ、幇間の久蔵は大家の勧めで富くじを買う。神棚に富くじを納めたのも束の間、火事で自宅が丸焼けになってしまう。その上、自分の富くじは千両の大当たり。家も富くじもなくして悲しみにくれる久蔵の前に、知り合いの鳶頭がやって来て、布団と道具と富くじを出してくれたことが判明する。

［＊3］月亭可朝（つきてい

「ああ、稽古に行ってな、で、教わった後でな、覚えたか？」

「覚えました。これを何でんな、面白《おもろ》う演れば、ええんですな？」

って、言ったたっていう逸話があったりね。

その森乃福郎が、私が演ってた料亭の二階へ訪ねて来てくれまして、そのときも、まわりは、「あいつ、ボケとらぁ」と言うんです。『富久』[*2]演ったら、「ああ、有名な話でんな」、なんて言っている。お土産持ってきて、ちゃんと意識はあって、談志に会いたい。で、周りが、「いやいやいや、止せ、ダメだ、これ」と言うけど、私は福郎の「ボケてる」と称する状況において、世間とは違う中にある自我が出て来るんではないかということを含めて、福郎さんの話をね、聞いてみたいなと思いましたね。

月亭可朝[*3]、桂小米朝。何で可朝なったのかね？

私が一座引き連れて、『笑点』という番組をやってたもんですからね。それが地方興行もやるんですよ。クラブでやるから、それは助平なのも出したりする。『助平笑点』だと思えばいい。「男と女が終わって一言」なんてお題なんだよね。

「何だ、金取るのか？」

なんて、こんなのまだ良い方だよ。

「この野郎、メンスならメンスと早く言え」


かちょう）……1938〜2018年　落語家・タレント。本名鈴木傑。神奈川県出身。1958年三代目林家染丸に入門。1961年桂米朝門下へ移り小米朝と改名。1968年月亭可朝を襲名。1970年代に『嘆きのボイン』『出てきた男』などの唄で人気を獲得し、タレントとしても活躍。落語界の奇人として知られ、政界進出、ギャンブルと酒と女、破天荒な伝説を残した。

[＊4]『算段の平兵衛』……落語の演目。喧嘩やトラブルの仲裁をして暮らすずるがしこい男・算段の平兵衛の元に持ち込まれるトラブルの数々を平兵衛が残忍な手段で解決するというピカレスク的なネタ。桂米朝が復活させた

[＊5]初代林家木久蔵（は

そういうようなことを、演ってたんだよ。大阪の『わらじ屋』って小汚ねえところに泊まって、そこでポーカー博打が始まって、可朝が来たよ。結果だけ言うと、可朝に全部取られちゃった。後年二十年、三十年経ってから聞いたら、「あのとき東京の芸人が来て、ワイは未だ売れてなかった」、後に、「ボインは……」、ってなことを言って、ストローハット被って演るようになって、滅茶苦茶なギター弾いてから売れるようになった。売れるって、ちょいと売れれば、関西ラジオ局とかテレビ局は、東京と同じだけあるんですよ。どんなセコくても、どっかへ出られんの。……あいつ、ネタなんか何もねえんだから、四つぐらいだよ。『算段の平兵衛』［*4］、嘘じゃないですよ。

木久蔵［*5］なんかも、演るものは三つぐらいしかないけど、無理して演れば、『寿限無』［*6］も『垂乳根』［*7］も出来るんです。そういうのを含めて、可朝は出来ないよ。良い悪いじゃないんです、出来ないんです。知らないんです。演れないんです。「また支配人に怒られるやおまへんか」、バロロンってなこと演っていた。その可朝に訊いたら、「博打はとにかく度胸で張らなきゃいけない」と――、張れる度胸を持ってた。

ついでに言うとね、小春團治（五郎）。これがセコい。ちんたら恐々、勝つともったいなくなっちゃって、負けると、う～ん。これはセコいんだ。博打打つと、了見

やしやきくぞう）……1937年～　落語家・タレント・漫画家。本名豊田洋。東京出身。1960年三代目桂三木助に入門。師匠没後、八代目林家正蔵門下へ移籍。若手の頃よりタレントとしても活躍し、『笑点』のレギュラーで一時代を築いた。2007年、林家木久扇と改名。

［＊6］『寿限無』……落語の演目。男の子を授かった夫婦、「とにかく長命でめでたい名前をつけたい」と近所の和尚さんに頼み込む。和尚さんから聞いた名前を全部つけてしまい、「寿限無寿限無五劫の擦り切れ……」ととてつもなく長い本名ができあがる。

［＊7］『垂乳根』……落語の演目。独り者の八五郎に縁談の話が来る。相手は頭がよくて品もいいが、やたら

が分かる。了見がいい悪いは、別に言わんですよ。言わないっていうのは、どっちが良いか悪いか、知ってて言わないっていうんじゃないんですよ。本当の意味で言わない。どっちが良いか分かるもんか。

　可朝の博打事件というのがあって、その頃、吉本は博打汚染。今もそうなんだろうけどね。世の中、皆、博打がかかってますよ、高校野球とかね。で、借金が貯まったらしいんだな。

それで、財産を全部抵当に入れた賭博を打った。ハンデも付いていたのかも知れないけども……。賭けていた野球の試合が中継しない対戦で、車に乗ってハイウェーへ入ったら、ときどき途中経過がラジオから聞こえる。ハイウェーに乗ったときに、負けているんだってさ。自分の土気色になった顔がバックミラーに映るんです。それでハイウェーを下りるときに、また途中経過が入ったらしいんだ。同点になったんだ。「うわぁ！」、それで楽屋へ入ったら、勝負が終わって勝った。

「勝ったでぇ、母ちゃん！」

　っと、絶叫したって、……分かるよね。

　これ、「負けたら、どうしよう？」ってのがないのかね、こういうの。ウチにも、快楽亭《かいらくてい》ブラック［＊8］ってバカが居る。逆にあれは、最も芸人らしい奴なんですよ。

に馬鹿丁寧な言葉遣いをするのが玉に瑕という。八五郎は「それくらい問題ない」と夫婦になるが、妻の馬鹿丁寧で難解な言葉遣いに頭を抱える。

［＊8］二代目快楽亭ブラック（かいらくていぶらっく）……1952年〜　落語家。本名福田秀文。東京出身。1969年立川談志に入門。破門と復帰、改名すること17回。1992年二代目快楽亭ブラックを襲名し真打昇進。ギャンブルと借金の伝説を数多く持つ。

最も褒めてやらなきゃならない奴なんですけどね。だけど、博打やれって訳にいかないんでね、これ困るんだ、我ながら矛盾しているんですよ。俺のところへ来なくて、可朝の弟子になりゃ良かったか……。

で、それを肯定してくれるだろうと思った俺のところに来て、何千万だかの借金をつくったと言った。文句は言わないよ、俺のことだから、「死んじまえば良いじゃねえか」って。とにかく肯定する訳にいかないから、「俺んとこ、離れてろ、近所へ来るな、この野郎」って、それぐらいですからね。

可朝、それで儲かったのかっていうと、それでチャラなんですって。「それで、チャラですわ」、え？　ということは、借金なんだ、家財を賭けた三千万っていうのはね。勝ってやっとゼロに戻ったっていうんだよね。それで、可朝の『算段の平兵衛』は面白いのかといったら、面白くも何ともない。

私には妙な男気があって、博打で捕まって、吉本は、

「第一部上場やさかいな、セコいことされたら、ウチに置いておく訳にいかん」

なんてなことを言っていましたよ。

「人気があるから置いておくので、人気がなくなったら、それは三枝かて、さんまかて、そんなもん相手にせえへん」

と豪語するのを直に聞いていましたよ。

死んだ文紅ですよね。文紅ってのはね、ちゃんとしているんですよ。ちゃんとしているっていうのは、落語に対する判断で、私と共通点があります。ペンネームに青井竿竹なんて洒落た名前を付けるくらいでね、楽屋落ちですけどね。これがね、どっか間《ま》がおかしいんだよな。

我太呂というのは面白くて、後に文我になります。これ、風采が上がらなくてね。これがあるとき、ごく小さなスナックだか、バーか何かのママと出来たと、……よくある話ですよね。仕事がないから、いつもよくそこに居るっていうんだよ。で、会ったら、その店のマスターになっていた。風貌が大笑いになったくらいの風貌で、写真見りゃ分かりますけどね。今も、文我っているらしいですね。でも、結構、落語のことをね、いろいろ知ってる人です。

私より年上だってぇと、松鶴さんと、はっきり兄弟弟子で、松鶴を「兄貴、兄貴」と言った松之助さん。まだ生きてます。この弟子がさんまっていうタレントです。これは乱暴な人でね、酔っ払うと、道端に置いてある自家用車にジャージャー小便かけたりしてね。東京で言うと、『花見の仇討』［*9］。関西でいくと、『桜の宮』なんだ、十三へ行く途中か何かにある桜の名所です。

演っているうちに噺を忘れて、客に訊いているんだ。客が答えて、また詰まって、また答えて。三度目になって、客が答えようとしたら、

［＊9］『花見の仇討』……落語の演目。長屋の若い衆は「花見客を相手に一つ狂言を打って盛り上ろう」と計画を立て、ニセの仇討芝居を作り上げる。花見当日、途中までうまく進んだものの、仲裁役の男が酒に酔って寝てしまう。その上本物の仇討と勘違いをした侍や観衆が入り込んできて大騒ぎになる。

「あかん、あかん、あかん、あかん、イイ気持ちになったらあかんで、お前……」

なんてなことを言って、

「ここで会ったが盲亀の浮木、優曇華の……」

ってんで、カーンと見得を切ったり、その素朴さというか、粗雑さみたいなのが、バカバカしくて可笑しかったけどね。

「運転免許証を取る」っていう内容の新作を演りましたよ。自分の体験がベースか。クソ面白くも何ともない。

「じゃあ、これから運転免許証を取りに行こうじゃないかっていうので出掛けます。その道中の陽気なこと」

って、にぎやかな下座が入る。こういうバカバカしいところがあって、これ聴いて、このときはひっくり返った。圓楽も一緒に居たような気がするんですがね。

名前を挙げているなかに仁鶴［*10］ってのが出て来なかったでしょう。……大嫌いなんだよ、あいつ。嫌いな原因があるかって、……原因があるでしょう。突っ張るのもイイけどね、俺と同等だと思うと、承知しねぇぞみたいなのがある訳ですよ。落語は、因みにね、仁鶴の名誉のために言っとくと上手かったです。最初聴いたとき、「こりゃ、上手《うめ》ぇな」と思って。余裕綽々でね、俺よりずっと後輩ですよ。

これが松鶴になるには、文句はまったく無いんだろうけどね。……ネタは少ない

［*10］笑福亭仁鶴（しょうふくていにかく）……1937〜2021年　落語家・タレント。本名岡本武士。大阪出身。1962年六代目笑福亭松鶴へ入門。1960年代後半よりメディアに出演。明るい人柄と達者な話術で一世を風靡。「視聴率を5％上げる男」の異名を取った。晩年は古典落語の継承と弟子の育成に力を注いだ。

ですよ。同じネタばっかり。彼ばかりじゃないでしょう。そんなことは、別に普通で触れるべきじゃないのかも知れませんけど。取りあえず全部挙げていくと、……全部ったって、もっといろいろ居るだろうけどね。

若手の上方の噺家たち

今の若い者の噺をあんまり聴いてないもんで、何とも言えないんですけどね。ざこば［*1］なんぞは、威勢のいい奴でしてね、朝丸っていってましたな。テレビ収録、私が舞台上でいろいろ客席の質問を聞いていて、あいつがその質問を訊いて廻る係で、あっち行ったりこっち行ったりして。

「この野郎、ちゃんとやれ、バカ野郎」

「今に抜いたるで」

「何言ってる、手前《てめえ》に抜けるか、この野郎」

そういうような会話をする奴ですよ。

『ヤングおー！　おー！』［*2］っていう番組。あれの初代の司会は俺なんだよね。三枝［*3］なんて、その番組に居るお笑いタレントの一人みたいなもんだった。さんまみたいなもんだ。さんまにはさんまの苦労があるんだけど、さんまは落語が出来

［＊1］二代目桂ざこば（かつらざこば）……1947年〜　落語家・タレント。本名関口弘。大阪出身。1963年桂米朝に入門し朝丸と名乗る。若い頃はタレントとして活躍し、動物の生態を茶化す「動物イジメ」で人気を集めた。1988年二代目桂ざこばを襲名。

［＊2］『ヤングおー！おー！』……毎日放送制作のバラエティ番組。1969〜1982年放送。月亭可朝、笑福亭仁鶴、桂三枝、横山やすし・西川きよしなど吉本所属の芸人たちが全国区に知られるきっかけにも

ないもんね。所詮、歳と共に消えてっちゃう。三枝は若さが無くなると消えてっちゃう司会者だと思ってたんだよ。でもね、新作落語の作り方が上手くなった。分からんもんです。

三枝は、何でも落語に出来るんじゃないか？　一つの方法を覚えちゃった。目の前にミネラルウォーターがある。ミネラルウォーターだろうが、ボールペンだろうがね、着ているジャンパーなら、ジャンパーというもので落語を作るだけの方法を、

「お前、覚えちゃったんだろう？」

と、言ったら、「はい」って言ったよ、あいつ。

今、良いのは文珍［＊4］じゃないですか。まあ、往々にして私みたいに、「こりゃヤバいぞ、ここでこんな噺ぶつけたって、えらい目に遭うぞ」っていうのをあえて演る冒険の度合いは、俺ほど強くないけど、俺みたいなものはそう居ないんだ。俺は、乱暴というか、滅茶苦茶というかね。

でも、「落語が面白いな」と分かり……、うーん、私の考えているのは落語じゃないと言えば、それでおしまいなんですけどね。

一時、小朝がお爺ちゃん、お婆ちゃん、お大事にみたいな、テレビをやっていた。……毒蝮がやっているんなら別。蝮は照れもあるから、「婆《ばばあ》、爺《じじい》、手前《てめぇ》、死んじまえ」なんて言っているでしょう。お爺ちゃん、お婆ちゃんを大事にしなきゃいけ

なった。番組の中で誕生した林家小染、月亭八方、桂きん枝、桂文珍のグループ「ザ・パンダ」はアイドルとしても人気を集めた。

［＊3］桂三枝（かつらさんし）……１９４３年～　落語家・タレント。本名川村静也。大阪出身。１９６６年五代目桂文枝に入門。若い頃よりタレントとして人気を獲得。落語では創作落語を得意とし、新作派の巨匠として活躍。２０１１年六代目桂文枝を襲名。

［＊4］桂文珍（かつらぶんちん）……１９４８年～　落語家・タレント。本名西田勤。兵庫県出身。１９６９年五代目桂文枝に入門。若い頃よりタレントとして活躍。落語家としては古典と新作の二刀流で現在も活躍中。談志は文珍の才能を評価していた。

ないという世間の常識があるから、それを逆手に取って、「婆、死ね」と言っている。あいつの了見はどっちかというと、「婆、死ね」っていう方だね。こっちが本心でね、「そうは言っても、なかなか死なないよね、お婆ちゃんは……」なんてのは、嘘かも知れないんだ。ところが、小朝の場合は、そう思えないんだよな。

で、文珍は、そのNHKの出演を辞めると、……これは漏れ聞いた話ですけどね。NHKはもちろん常識の世界でやっている。NHKだって非常識な部分を主張することも出来ないことはないだろうけど、それを辞めたという話を聞いたんですね。その原因が古典落語というか、落語というものの了見と相反するんだと判断して辞めたとしたら、偉い。文珍、褒めてやる。

今の若い人のことは、分からんのですよ。あとどんなのが居るんですかね？　米朝の倅の小米朝［*5］なんて、男っぷりの良いのが居ますがね。若い奴は、皆、お笑いブームで笑いに来ている観客に応対出来る。それと華はあるでしょうけど、「落語が上手いな」とかいうのはないですね。

落語界の系譜からいくと、上方落語は吉本の、または松竹の劇場において、十五〜十六本あるうちの一本だった。松竹は、悪く言えば劇場が無くなったっていうことで潰れた、松竹芸能っていう事務所はあります。吉本も、グランド花月という大阪の寄席に一本、文珍、三枝、八方［*6］が入る。落語はそれだけみたいなもので、

［＊5］五代目桂米團治（かつらよねだんじ）……1958年〜　落語家。本名中川明。大阪出身。父は三代目桂米朝。1978年父に入門し桂小米朝と名乗る。端正な風貌と父譲りの古典落語で人気を獲得。2007年五代目桂米團治を襲名。

［＊6］月亭八方（つきていはっぽう）……1948年〜　落語家・タレント。本名寺脇清三。大阪出身。1968年月亭可朝に入門。若くしてタレントとして売り出す。明るいキャラクターと達者な話術で関西圏を中心に今なお高い人気を誇る。

定席というのは上方から無くなった。けれども、数としては落語家が増えました。東も西も、増え過ぎるほど増えましたよね。

皆、どっかで食っているんでしょう。うちの弟子も何やっているんだか知らないけどもね。食って、数は増えていますよ。で、大阪には、こういう芽があるとか、何があるとかというのを分解するのは、俺の役目でなく、ウチで言うと、志らくだとか談春だとかそういう者の役目じゃないんですか?

だから、私は同年配よりちょいと古い先輩程度の兄さん、……松鶴さんは、やっぱり呼び名は、師匠かな。小文枝さんなんかは、兄さんです。今の文枝さんですね。春團治さんも兄さんと呼んでイイのかも知れないんだけどね。何か春團治っていうと、あの顔だと、師匠って呼んだ方が、楽というか、トラブルがないような感じがするんだよね。トラブル除けに師匠っていうのはある。その程度でね。師匠と呼べばトラブルがなくなるというか、納得するのが米朝さんだと、こういうような評価の仕方でどんなもんでしょう。

ちょいと置いといて、色物の話でもしましょうか。

夢路いとし・喜味こいし

色物。ご承知の通り、寄席の楽屋に出番表が書いてある。黒く書いてあるのは、落語とか講談とかね。奇術とか曲芸とか俗曲なんてのは、赤く書いてある。『俗曲、かつ江』なんて、『曲芸、染之助・染太郎』。その昔でいくと、きっと『奇術、吉慶堂李彩』なんて書いてあったんでしょうね。これら赤く書いていて、色物。

大阪の主流の色物は、マジックでもなければ、曲芸でもない。漫才です。大阪はエンタツ・アチャコ前から始まって、漫才が落語を駆逐してきた。駆逐された時代でもあり、された落語家も、だらしがなかったんだろうと思います。

ラジオの雁玉・十郎の『上方演芸会』［*1］、人気がありました。で、その頃ですから、雁玉・十郎、エンタツ・アチャコですかな。で、私の知ってる漫才の中で何と言っても面白かったのは、ダイマル・ラケットだ。呼吸の凄さね。

それから、同じ呼吸の凄さでも、いとし・こいしさんになると、非常にエレガンスというかな、品のいい。

「何でんなぁ、このあいだウチの近所歩いとったら、君んとこのアホな子と、ウチの利口な子と遊んどったんやぁ」

「ちゃう、ちゃう、ちゃう。お宅のアホな子と、ウチの利口な子が遊んどったんや」

［＊1］『上方演芸会』……NHK大阪制作のラジオ番組。1949年より放送中。上方落語や上方漫才を中心に放送する。放送開始から1960年代頃まで関東で上方芸人の芸を聞くことのできる数少ない番組でもあった。

［＊2］秋田實（あきたみのる）……1905〜1977年　漫才作家・小説家。本名林広次。大阪出身。東京帝国大学卒業後、小説家としてデビュー。1931年より漫才台本を執筆するようになる。

［＊3］宝塚新芸座……1950年漫才作家の秋田實を中心に「宝塚新芸道場」として設立された劇団。秋田の門下の漫才師や宝塚の俳優が入座して軽演劇劇団となった。新芸座自体は1972年まで続いた。

「そやぁない、お宅のアホな子と、ウチの利口な子が遊んだんや」

「違う、お宅のアホな子と……」

「お宅のアホな子と……、両方アホやないか」

と、こういうふうに見事にこの入ってくる、ピャッという会話ね。

やすし・きよしは大概がアドリブ。こう言ったら、こういうふうに返そう。その返した言葉に対して、また向こうがどう言ってくるか。ただ返すのではなく、そこで客席の笑いを入れておかないと相手にバカにされるだろうという、……この凝縮された二人だけの真剣勝負みたいなものとは、違うんですね。やすし・きよしという例は、これまた珍しいです。

　あるとき、いとし・こいしさんに、私の見立ての話をしたんです。普段なら言わない、あのジェントルマンがね、……ズバッと言ってくれた、「これダメなんでしょう?」、「ダメです」っていう話を……。

　売れていたときの秋田實さん［*2］が作った宝塚新芸座［*3］だか、漫才のAスケ・Bスケ［*4］、いとし・こいし、蝶々・雄二［*5］、ミスワカサ・島ひろし、それから松之助とか川上のぼる［*6］、そういう漫才を、コメディを新しく作っていた。

　私は大阪に呼ばれて良いところへ上がっていきました。松竹の角座で良い出番へ上がるのが、芸人のステータスです。トリは誰かと言ったら、ダイマル・ラケット。


［＊4］秋田Aスケ・Bスケ（あきたえーすけ・びーすけ）……漫才師。秋田Aスケ（1922〜2015年　本名山口敬一。徳島県出身）と秋田Bスケ（1926〜2016年　本名北端和夫。兵庫県出身の）コンビ。Aスケは1939年に秋田實主宰の吉本漫才道場に入学。実弟とコンビを組んでデビュー。1946年、北端和夫を誘って再出発。

［＊5］南都雄二（なんとゆうじ）……1924〜1973年　漫才師・タレント。本名吉村朝治。大阪出身。ミヤコ蝶々に入門。1947年蝶々と結婚して夫婦漫才を結成。

［＊6］川上のぼる（かわかみのぼる）……腹話術師・タレント。1929〜2013年　本名川上登。京都出身。旧制中学時代に独学で

場合によってはかしまし娘が出て来た。キレイでしたね。キレイというのは、お面《つら》つきじゃないですよ。舞台がキレイ。

　いとし・こいしさんは、トリをとるスタイルではなかったような気がしますね。実力がないっていうんじゃない。形が違うってことですね。トリをとるのは、ダイ・ラケ、あと浮かんでくるのはかしまし娘……。まあ、いい。それでね、いとし・こいしさんに、

「Ａスケ・Ｂスケも、（トリには）違いますね？」

「違います」

「はんじ・けんじも……」

「違います」

「違うよね」

「違いますよ」

「お浜《はま》・小浜《こはま》［＊7］……」

「いいですよ」

「いいんです。小円《こえん》・栄子《えいこ》［＊8］」

「いいんです」

「いいんです」

腹話術を会得。京都学芸大学在学中にプロデビュー。

［＊7］海原お浜・小浜（うなばらおはま・こはま）……漫才師。海原お浜（１９１６～１９９４年　本名梅本キミコ。岡山県出身）と海原小浜（１９２３～２０１５年　本名田中桃江。岡山県出身）の女流コンビ。１９３３年小浜が叔母のお浜を誘ってコンビ結成。１９４３年海原お浜・小浜と名乗る

［＊8］三遊亭小円・木村栄子（さんゆうていこえん・きむらえいこ）……三遊亭小円（１９１０～１９７５年　本名黒田博毅。大阪出身）と木村栄子（１９１２～１９８３年　本名黒田ミサ子。徳島県出身）の夫婦コンビ。小円は落語家の出身。１９３７年コンビ結成。

ピシャッと合うんだよ。あれは嬉しかった。

つまり、それが私共の言う、「あれは、いいんだよ、うん、あれはいい」って評価なんです。

だから余談だけどね、志ん朝は、圓楽が嫌いなんです。「下手だもん」って。で、四天王と言われている、談志、圓楽、志ん朝、圓鏡の相互でねぇ。圓楽はね、志ん朝が嫌い。先に真打になっちゃったからね。で、俺のことも微妙なんだよ。俺の方が先輩ですよ。落語界に入ったって意味においてはね。だから、俺のことを兄さんと、最初のうちは言っていたんだけど言いにくくなってね、松岡さんとか、かっつぁんとか、そんなことを言ってね。直接会えば言わないで済むね、呼称付きの名前ってのはね。

圓鏡は、タケちゃんなんて言うんだろう。圓楽のことを大っ嫌いなんですよ。俺はまぁ、普通。どうってことない。俺は余程でない限り、割とね……。芸ではガタガタ言わせるよ。だけど、人間的には、どうのこうのっていうのは無いわなぁ。それで、志ん朝のことをね、強次《きょうじ》って言うんです。これ嫌いに聞こえるわな。

で、志ん朝……、俺は、志ん朝が先に真打になったからって、その事実が遠い原因となって落語協会辞めたりなんかしたけど、別に個人的なわだかまりは無い。前もなんかで言った通り、

「（談志）志ん生にならなきゃダメだよ、なるべきだよ。その家に生まれたんだ」

「（志ん朝）口上言ってくれる？」

「（談志）喜んで言うよ。だけど、言っとくが、もっと上手くなれよな、お前な」

これは周りで聞くと、志ん朝に、「バカなこと言うなよ」となるでしょう。確かに志ん朝は、拙いところもあるかも知れないけれど、そうじゃない。志ん朝は、上手いもんだというのを前提の上に言ってるんです。それが証拠に、俺が、

「金払って聴くとしたら、志ん朝しか居ない」

って、言ったのを、志ん朝だって、どっかから耳に入っていると思ってますよ。

志ん朝は、圓楽だ、圓鏡とは、まぁ、どうってこない。俺とは、協会に残るとか残らないってことで、そういう意味ではあったろうけどねぇ。芸でいえば。圓楽だって、頭は悪くないし、そこそこ上手かったんですよ。

話戻すと、そういうことと、似ているというかな。その志ん朝が見ていた、上手い・下手という基準ね。志ん朝の弟子にね、志《し》ん八《ぱち》っていうのがいた。右《う》朝《ちょう》［*9］ね。ビラ字なんかも書いていたな。こいつな、上手いんだ。

「お前は、俺の弟子になんな」

と、言ったことがあるんです。志ん朝の弟子で、結構なんです。「お前は俺の弟子になればいい」と言ったことがあるんだ。上手いのが居るんですよ。……上手いか

［*9］古今亭右朝（ここんていうちょう）……1948〜2001年　落語家。本名田島道寛。東京出身。1975年古今亭志ん朝に入門して、志ん八。1988年真打昇進し右朝と改名。本格派の落語家として人気を集めたが夭折。談志は「右朝が天下を取る」と評価していた。

ら売れるとは限りませんけどね。ウチの弟子なんか、上手いですよ。このあいだ、里う馬という奴の聴いたら、上手い。……売れる売れないと芸っていうのは別でね。

懐かしの上方漫才

ダイマル・ラケット、いとし・こいし、あとへ来て、漫画トリオが、新しかったですね。漫画トリオっていうのはね、鳥居さん［*1］というマネジャーが動いて、いろいろ紆余曲折あった横山ノック［*2］、誰か書いているでしょうけどね、横山ノック・アウトのコンビにしたりとか、いろいろやってた。それをトリオにして、ノック・フック・パンチというのを作って漫画トリオになった。

ノックちゃんっていうのは、滅茶苦茶というか、無知蒙昧というか、ハッキリ言うと野球の長嶋タイプ。何も分からん。「黙禱の音頭をとります」と言った笑い話があるくらいの人でね。ノック・フック・パンチになって、フックを代えて、いまの青芝フック君［*3］と一緒になって、三人で出ると、能天気だから何を言い出すか分からないんだ。その頃、「アホやないか、何やぁコラ、タコが三人」と言われてたんです。

まあ、いろいろあって、あの姿、あの始末、あの末路……。で、一緒にやってた

［＊1］鳥居重夫（とりいしげお）……漫画トリオのマネージャー。学習塾とタクシー事業をしながら演芸マネージャーとして活躍。漫画トリオの結成に力を注ぎ、駆け出し時代のトリオの面倒を見ていた。

［＊2］横山ノック（よこやまのっく）……１９３２～２００７年　漫才師・タレント・政治家。本名山田勇。北海道出身。１９５５年秋田Ｂスケに入門し秋田ＯＫスケとしてデビュー。後に横山エンタツ門下へ移り横

上岡龍太郎［＊4］っていうのは、これが頭の良い奴でね。ボンと頭を引っ叩いて、「これは先天的痴呆症」。「あ、こんな言葉を使いやがる、この野郎」って思った。その言葉の一端でも、ジャズ喫茶の司会をしてたっていうこともさることながら、「ああ、こいつに現代があるな」と、ずっと可愛がっていたんですけどね。今から五年ぐらい前かな、……辞めたでしょう。

上岡が、

「師匠ね、鏡を見てると、自分の未来が見えるんですよ」

それで辞めたっていうこと。直接的にはよく分からないですけど、辞めちゃった。私が参議院を辞めた三十何年前、

「何で、次やらないの？」

と、野末陳平［＊5］が言ったんで、

「俺は落語があるんだよな」

って……、手塚先生［＊6］に、「二度と行かないでください」と言われたのもどっかに、理由としてあった。それから、「出ても、当選しねぇだろう」というのもあったんだろうけどね。

で、私には演っていく落語というのがあって、現にここで落語中心というか、落語の仕事の付属みたいなことを演ってる訳でしょう。苦しいけど、楽しい仕事です

山ノックと改名。1960年漫画トリオを結成。

［＊3］青芝フック（あおしばふっく）……1938年〜 漫才師・タレント。本名小島斌。大阪出身。1963年漫画トリオへ加入し横山フックを名乗る。トリオ活動休止後は青芝フックと改名し、弟子と「青芝フック・キック」を結成。

［＊4］上岡龍太郎（かみおかりゅうたろう）……1942〜2023年 漫才師・タレント。本名小林龍太郎。京都出身。バンドの付き人から漫画トリオに加入。トリオ活動休止後はタレントとして活躍。

［＊5］野末陳平（のずえちんぺい）……1932年〜 作家・タレント・政治家。山口県出身。

［＊6］手塚治虫（てづかおさむ）……1928〜19

よね。良いこと、楽しいことしている訳です。観客はあれほど入っている。どこに行ってもモテまくっている。それがもう、のべつ言っているけど、先が見えて来ちゃった。上岡はその頃から見えてたのかと思うと、「おお、あいつは俺よりそういう意味においては、凄い奴だな」と今この頃思ってるんですけどね。

「パンパカパン、パンパンパンパンパンパカパーン。今週のハイライト。パンパカパン、パンパンパンパンパンパカパーン」

「昨日会ったんや」

「誰や？」

「誰やって、ほら、あのあれやねん」

「誰やねん？」

「誰やねん？　って、あれやねん。♪　坊やはいい子はねんねしな〜、山のカラスが鳴いたとて……」

「おい、まだかいな？」

「へ　里の土産に何もろた〜」

「お前、いい加減にせえや」

「……デンデン太鼓、あ、電電公社の人に」

「バン。パンパカパン、パンパンパンパンパンパカパーン」

89年　漫画家・医師。本名手塚治。兵庫県出身。戦後直後に漫画家としてデビュー。1947年『新寶島』で大ヒットを記録。以来『ジャングル大帝』『鉄腕アトム』『リボンの騎士』『火の鳥』などの傑作を次々と発表。その実力と功績から「漫画の神様」と称される。

舞台がね、滅茶苦茶に面白かったね。そうでなきゃ、吉本の客なんかに、モテはしませんでしょうけどね。今は落語ブームのおかげで、落語というのを知ったりしていますね。面白い漫才ならば、演芸ブームが無くても、どこでも聴かせられますからね。それだけに現代に近い芸だから。

漫画トリオ

大阪の漫才の話になるとね、私が吉本系統で好きだったのは洋介・喜多代、今の紳助［*1］だとかB&B［*2］だとか、今いくよ・くるよ［*3］の師匠ですよ。喜多代さんっていうのは、こういう女の凄いのが出るんですね。吾妻ひな子［*4］だとかミヤコ蝶々だとか笠置シヅ子［*5］だとか、ミスワカサとかっていうね。それから漫画トリオですね。

で、「懐かしいな、いいな」と思ったのが雁玉・十郎ね。叩かれて暫くしてから、「痛いな」ってネタでね。光晴・夢若［*6］。そんなこと言ったって知らないでしょうけどね『敵討ち』、昔ながらの漫才で談志のOKを取れたという。もっとも、東京で見るのと、大阪で見るのと違うんですよね。捨丸・春代［*7］なんぞは東京で見て、「嫌だなぁ」と思ったけど、大阪で見ると結構なもんなんですね。

［＊1］島田紳助（しまだしんすけ）……1956年〜漫才師・タレント。本名長谷川公彦。京都出身。1974年島田洋介へ入門。1977年松本竜介と「島田紳助・松本竜介」を結成。

［＊2］B&B……漫才師。島田洋七（1950年〜本名徳永昭広。広島県出身）と島田洋八（1950年〜）。本名、藤井健次。岡山県出身）のコンビ。洋七は1971年島田洋介に入門。デビ

大阪の芸人で印象に残ってる。秋山右楽・左楽［＊8］という漫才。左楽さんは良い人でね、よく神戸に泊まりに行っていた。その倅が秋山たか志［＊9］という吉本新喜劇の座長。大阪に来ると、花紀京［＊10］とエンタツさんのご子息だとかそういうのが演ってた。後に、岡八郎［＊11］が演るとか、いろんなのが演るように。白羽大介［＊12］が演っていたかどうだかは分からんけども、アホの坂田［＊13］が演ったか。そういうところに、個人的に世話になってた。

大阪漫才は一口に言うと、継承されてるでしょう。ますだ・おかだ［＊14］なんて聴いて、「ああ、よくやってるなぁ」と思いましたね。ただ、紳助・竜介の相方が死んだりして、関西の連中は破廉恥というか、テレビでワーワー泣いたりしてるのは、……泣こうが、屁をここうが勝手だけどね、こいつらの面を見たら、碌な面してねえな。俺は、「こういう人間だけには、なりたくねぇな」と思ったね。……なってないと思ってますがね。

紳助なんかは才能があった。ダウンタウン［＊15］も才能があるけども、ああいう形になってしまって、漫才とは縁が切れたのか、今も漫才を演っている、漫才が好きで演っているとは、とても思えない。多くはテレビに出るために演っているんだと、横澤さん［＊16］もスパッと言っていました。

「漫才を演るのは、テレビに出たいからですよ」

ュー当時は団順一とコンビを組み「B&B」を名乗る。１９７５年洋八を誘いコンビ結成。

［＊３］今いくよ・くるよ……今いくよ・くるよ（いまいくよ・くるよ）。漫才師。華奢な今いくよ（１９４７～２０１５年　本名里谷正子。京都出身）と大柄な今くるよ（１９４７年～　本名酒井スエ子。京都出身）の女流コンビ。共に今喜多代の弟子で１９７０年コンビ結成。

［＊４］吾妻ひな子（あづまひなこ）……１９２４～１９８０年　漫才師・漫談家。本名杉森芙美子。鳥取県出身。１９３８年父とコンビを組み、少女漫才師としてデビュー。１９６０年代まで漫才師として活躍。１９６４年頃に三味線を抱えた音曲漫談に転身。

と、その通り。また、テレビ以外に発表するところもないというのもあるだろうけどね。だけど、爆笑問題［*17］は、まだまだ自分たちのライブっていうんですか。私で言えば独演会みたいなものを、または一門会みたいなものを演っているというんですけどね。

［＊5］笠置シヅ子（かさぎしづこ）……1914〜1985年　歌手・女優。本名、亀井静子。香川県出身。戦前は大阪松竹楽劇部の舞台女優として活躍。戦時中に歌手へ転身。

［＊6］松鶴家光晴・浮世亭夢若（しょかくやこうせい・うきよていゆめわか）……漫才師。松鶴家光晴（1904〜1968年　本名小林清一。滋賀県出身）と浮世亭夢若（1915〜1960年　本名吉田重雄。広島県出身）のコンビ。光晴は初代松鶴家千代八、夢若は浮世亭夢丸の弟子。1935年コンビ結成。

［＊7］砂川捨丸・中村春代（すながわすてまる・なかむらはるよ）……漫才師。砂川捨丸（1890〜1971年　本名池上捨吉。大阪出身）と中村春代（1897〜

1975年　本名中山しも。兵庫県出身）のコンビ。捨丸は若手の頃より漫才の発展に大きな足跡を残し、晩年は「漫才の骨董品」「漫才の神様」と称された。

［＊8］秋山右楽・左楽（あきやまうらく・さらく）……漫才師。秋山右楽（1908〜没年不詳。本名広井文市。富山県出身）は弟の初代秋山左楽（1913〜没年不詳本名、広井庄市。富山県出身）を誘ってコンビを結成。息の合った兄弟漫才で人気を集めた。戦後まもなく左楽は引退。

［＊9］秋山たか志（あきやまたかし）……1936〜没年不詳。コメディアン。本名広井孝。大阪出身？　父は秋山右楽。1959年吉本新喜劇に入団。

［＊10］花紀京（はなききょう）……1937〜2015年　コメディアン。本名石田京三。大阪出身。横山エンタツの次男。

［＊11］岡八郎（おかはちろう）……1938〜2005年　コメディアン。本名市岡輝夫。兵庫県出身。1959年吉本新喜劇に入団。一時新喜劇を離れたが、1966年に復帰。「奥目の八ちゃん」の愛称と花紀京とのコンビで親しまれた。1989年新喜劇を退団。

［＊12］白羽大介（しらばだいすけ）……1923〜2005年　コメディアン。本名勝俣貞彦。大分県出身。1959年吉本新喜劇に入団。

［＊13］坂田利夫（さかたとしお）……1941年〜　漫才師・コメディアン。本名地神利夫。大阪出身。1961年吉本新喜劇に入団。1967年前田五郎と「コメディNo．1」を結成。

［＊14］ますだ・おかだ……漫才師。増田英彦（1970年〜　大阪出身）と岡田圭右（1968年〜。大阪出身）のコンビ。1993年松竹タレント養成所でコンビ結成。

［＊15］ダウンタウン……漫才師。浜田雅功（1963年〜　兵庫県出身）と松本人志（1963年〜　兵庫県出身）のコンビ。1982年吉本NSC一期生として入学。

［＊16］横澤彪（よこざわたけし）……1937〜2011年　テレビプロデューサー。群馬県出身。東京大学卒業後、フジテレビに入社。

［＊17］爆笑問題（ばくしょうもんだい）……爆笑問題。太田光（1965年〜　埼玉県出身）と田中裕二（1965年〜　東京出身）のコンビ。1988年コンビを結成。風刺の効いた時事漫才やコントを武器に人気を獲得。司会者、タレントとしても活躍。

中田ダイマル・ラケット

何はともあれ、ダイマル・ラケット。

エンタツさんが彼らに会ったとき、

「ワイの漫才を真似てるっちゅうのは、お前かいな?」

と、言ったっていう逸話がある。悪口って意味じゃないですよ。愛おしいという意味も含めて言ったかも知れませんがね。アチャコさんとね、一晩中、有馬温泉で昔話を聞きました。素晴らしい夜でした。

酔っ払うとね、膝を叩くようにして……、松鶴さんにも、そういう癖がある。膝を叩いたり、

「うわー、このあいだ、あんたがウチに来てくれたな」

「おう、おう、新築やって行ったやね」

「で、風呂入ったな」

「おう、風呂入ってくれ言うたよな。風呂もろうた」

「で、すぐ帰ったよな」

「うん、帰った。ちょっと用を思い出したんで、帰った」

「あのとき、風呂場に置いといた時計がないのや」

「え？　……何や」

「いや、あんた帰った後、時計ないねん」

『僕の時計』ってネタ。どっかで探して聴いてくださいよ。ダイマル・ラケットの真髄だね。

　もちろん録音だと動きというのは見えない。動きがまた面白いんだよね。何か失礼なこと言いながら、ネクタイをキュキュッと直して、キュッと握ったり何かするのね。動きもあるんですよ。

「何か、僕がその時計を盗《と》ったと……」

「盗った。盗ったんか？」

「盗ったって何やねん」

「いや、盗ったとは言わん。なくなったって言うねん。だから、僕が風呂から出て、それまであったのが、僕が風呂に入っている間になくなったと」

「そうそうそう、そうやねん。その通りや。……僕が盗ったということになるやないか」

「うん、盗ったんか」

「盗ったんかって、盗る訳ないやないか」

「うん」

「おい、君と僕とはな、何十年二人でコンビ組んどると思うんや。三十何年組んどるやないか」

「そりゃそうや、三十何年組んどるわ。その三十何年より前は何してたか分からへんやろ?」

「何、何や。すると何か、その僕が時計を……」

「いや、悪かった、悪かった。その、言いようが悪かったんだ。もう一切言わんことにしよう。手を打とう……」

いろいろあるんですよ。手を打って、

「いや、もう一切言わない。よいよいよいと。……あの時計、どこへ売ったん?」

「まだ言っとるのか、お前。もうええわ」

「もうよろしいわ。分かった、これは僕が分かった。僕が諦めればエエんだから」

「何や、これ……」

散々っぱら演るこの漫才の呼吸の凄さね。『僕の時計』であり、『家庭混戦記』っていうんですかね、発想が面白いんだな。向こうの親とこっちの子が、こっちの親と向こうの子が結婚しちゃうっていう、滅茶苦茶になってくる漫才とか、『漂流記』だとかね。

そのダイマルさんが亡くなってね、『私の神様』っていう本を娘さんが書いてますけどね［＊1］。ラケットさんにお会いしたんですよ。上岡も一緒でしたかな。上岡が案内したのか。大阪の中心からちょっと離れたところでね、『ラケット』という名前のスナックをやっていました。

それで私は、べたべたのファンでしょう。その頃の話をしたら、涙を流して喜んでくれましてね、歌の上手い人で歌ってくれたかな。

これは直接聞いたんじゃないんですけども、何かで読んだのかな。「兄貴に死なれてもうダメだ」と言ったというのが、その記事を通してしみじみ分かりました。

そのくせラケットさんって、見事な受けですよ。あんな見事な受けだったら、誰とでも出来るだろうと言うけど、違うんですね。ダイマルさんを信頼していたんでしょう。やすしが、「きー坊は俺としか漫才出来へん」というのも、幾らか繋がっているかも知れませんけどね。ましてや、ダイマル・ラケットの場合は兄弟ですから……。

「兄貴に死なれてもうダメだ」っていうのがねぇ、よく分かりましたよ。私も、きっと来るんじゃないかと。「あぁ、俺もうダメだ」っていうのが……。圓生師匠も、最後はそうだったといいますね。それは仕事先で倒れて、つまり体力が尽きた、命が尽きたっていうことで、「あぁ、今度はもうダメだ」って言った話が残っていますよね。

［＊1］　娘さんが書いてますけどね……正確には妻の中田和子。1987年に著書『私の神様・漫才師ダイマルと若い妻の愛』を発表。

私の友人の女房ですけども、「あぁ、もうダメ」って言ったたってのを思い出しました。ガンで苦しんで、私の友人の仙台の人でしたけど、素晴らしい人です。告別式に行って、いろいろ人々の話すのを聞いたんです。苦しがっているところに、「もうすぐ楽になりますよ」って言ったらね、ニッコリ笑って指で丸印を出した。こういう話が愚痴になるんですかね。愚痴だとしたら言い続けます。大事なことだと思います。

ダイマル・ラケットよ、永遠なり。『私の神様』って題名でした。その娘さんの書いた本。談志の神様と言ってもいいですよ。人間的なお付き合いはしたことないです。そのバーで会ったくらいです。もちろん舞台で会ったりしたけど、それほど口を利いたりしなかった。向こうは、もう売れっ子でした。私も売れてましたですけどね。

だからやっぱり大阪漫才、ダイマル・ラケット、いとし・こいし。これでもう終止符じゃないんですかね。もちろん新しい形のが、出来て来る。昔のスタイルを踏襲して、……踏襲しないと漫才になりませんから。コントだか何か分からなくなりますからね。

関西の芸人たち……、いろんな思い出を持ってます。その思い出を少なくもこういうところで喋らせてもらえるというか、「お前の思い出話には、価値があるんだ」

と判断されてるなら、自分は嬉しいですよ。本当にどうもありがとうございます。
お帰りはあちら。

◆余興の章（談志百席　第五期）

この章の録音は、平成18年（２００６）10月20日　アバコクリエイティブスタジオ３０３スタジオで行われた。立川談志70歳、秋。

遂に完結編となる『談志百席・第五期』の録音で、この十枚の芸談のテーマは、余興だった。主にお座敷で披露される幇間の芸、芸人の仲間内の酒宴の席で披露される余興の数々は、艶笑系のものが多く、「えっ、あの芸に対して厳しいイメージがある名人が、こんなエロ噺を?」と驚くような逸話を語る立川談志師匠が生き生きとしていた。談志師匠の芸談をどうぞご堪能ください。

幇間の芸

今日は裏芸というかね、余興、お座興にご覧にいれます。それは、お座敷に呼ばれた落語家が、普段は舞台では出来ない、高座では出来ない、分かりやすく言やぁ、エロ噺をするとかね、普段踊れないような踊りをするとか……。これらは、今、無くなった幇間って家業が専門的に……、居るには居るんだろうけども、内容的には無くなったようなものです。

お客を案内してね、

「じゃあ、一つ、大将、今晩こんなことに……」

なんてというようなことをやって、ずっと遊びを付き合うというか、盛り上げるというような稼業です。

幇間の芸は、私は観ていますので、一例挙げるとね。芸者なら芸者を使って、座敷に舞台がありますよね。傘を一本置いて、一人を寝かしといて、能狂言仕立てで幇間が出てくる訳だ。

「(狂言の口調で) これは何の何某でござる」ってなことを言ってね。想像してちょうだいね。「そーれーつらつらー」だか何か言って芸者を見ると、

「(狂言の口調で) 見れば見るほど、美しき女性《にょしょう》と見えし……。いやいや　顔は瓜二つ、あっ、姉妹と見えしか……」

ってなことを演る訳だ。それで、

「(狂言の口調で) この美しき者、我抱かんとするが……。はて、姉は瘡《かさ》持ち、妹は横根。おぉぅー、やるまいぞ、やるまいぞ」

って、こういう狂言仕立て……。こんなようなことをする。

もっと俗になるとね、舞台に屏風がありましてね。で、一人芝居です。悠玄亭玉介[*1]って、いい加減な幇間ですがね、先代の談志の弟子ですよ。……強いてこういうときにね、「名前だけ出しゃ良いじゃないか」と思うけど、俺はダメなんだ。あ

[＊1] 悠玄亭玉介（ゆうげんていたますけ）……1907～1994年　幇間。本名直井厳。東京出身。声色流し、落語家を経て、1935年幇間の桜川玉七に入門し桜川玉介と名乗る。1948年悠玄亭玉介と改名。貴重なお座敷芸の継承者としてテレビや寄席に出演。最晩年まで第一線で活躍した。

の野郎は、いい加減だとかね、何やってんだってなもんでね。まあ、如何にも幇間という感じだと言やぁ、そうも言えますけれどね。

幇間っていうのは、どんなにプライドを持っていても、俺は嫌い。幇間ってぇのは、嫌だ。まぁ、粋なのも居たんだろうけどね。桜川忠七［*2］とかね。

この幇間の芸を見て、御旦《おだん》は、どういう心持ちなのか？　いつも見ているから、「あれ演れ」って言って連れてったり、仲間に見せたりするのかね？　大将はもう知ってるんだから……。そのいい例が、文楽師匠の御旦の樋口さん、通称ひーさん［*3］。何ぞってぇと文楽師匠、

「ひーさん、今日はあれを連れてまいりました。ひーさんどうも先夜は……」

なんと言う。この人は文楽師匠に『明烏』［*4］しか演らせないんだ。「おい、やっとくれよ、一席」って注文しながら、「弁慶と小町が、バカだ、なあ、かかあ」［*5］っていう『明烏』しか演らせないのと同じように、幇間に自分のネタとして、自分で演る訳じゃないんですけどね、……分かりますわな、つまり仲間や芸者に披露するんですかね？

俗な一人芝居に話を戻しますと、屏風があってね、幇間が屏風のところへ頭を下げている。屏風の陰に、お客が居るってことですよね。

「えっ、どうも旦那。どうも暫く。いやいや、どうも、いろいろ、いつも大将にお

［＊2］桜川忠七（さくらがわちゅうしち）……1889〜1961年　幇間。本名浜野夏次郎。千葉県出身。1908年桜川忠孝に入門。戦前は浅草の人気幇間として活躍。晩年は「最後の幇間」という愛称で慕われた。

［＊3］樋口由恵（ひぐちよしえ）……1895〜1974年　実業家。山梨県出身。父は山梨県議員の樋口半六。文楽のよき後援者であった。

［＊4］『明烏』……落語の演目。日向屋の若旦那時次郎は余りにも堅物で世間知らずであった。息子の堅物ぶりを心配した父親は、店に出入りの遊び人に時次郎を吉原へ連れて行くように頼み込む。八代目桂文楽の十八番の一つ。

［＊5］弁慶と小町が、バカ

世話になって」

どうのこうのと言ってるうちに、片手を引っ張られるというマイムだ。客からは見えませんよ。

「ちょちょちょ……、大将、ちょちょ、止してくださいよ、本当。そんなことよりも、ぐっと踊り……。大将、それ、手、手、手を、手、ちょっちょっ、ちょいと、うん」

と、今度は片手ばかりでなくて、両手引っ張られて、

「大将、ちょっとそいつは勘弁してくれえ、いや、勘弁して、勘弁して、勘弁してください」

徐々に幇間の身体が屛風の陰に引きずり込まれて行くマイムです。もちろん一人芝居。

「大将、止してくださいよ。勘弁してくださいよ、大将」

屛風から羽織が飛んでくる、帯が飛んでくる。脱がされているって状況ね。それで終いに、褌まで飛んで来ちゃうってことなの。屛風の陰から声が聞こえて、

「ええ、大将どうも。いや、あの節はどうも。いやね、今日はまた。いやいや、それは、それは大将。いやいや、ちょちょっと、いや、腕を引っ張って大将、痛い、痛い、いや、ちょっと、止めておくれ、勘弁してください」


だ、なあ、かかあ……正しくは「弁慶と小町は馬鹿だなあか、あ」。弁慶も小野小町も異性と交わることなく死んだ伝説がある。性交のおおらかさや快楽を踏まえ、彼らの伝説を笑った古川柳。

その間、ぼんぼんぼんぼん衣装が飛んでくる。羽織、帯、着物、襦袢、褌。全部飛んで来ると思ったら、素っ裸でもって、その幇間がお尻を押さえて、

「痛い、痛い、痛い、痛い、痛い、痛い！」

って、下手へ消えていくという。……俺、齢《よわい》七十歳で演っている。

う○この芸

栄橋［*1］ってパーキンソン病になってね、可哀そうな人生を送るようなことになってしまった。こいつは粋な奴でね、大好きだったんです。

よく演る余興のネタで、これはさっきも言ったように、舞台に、衝立だか十五日だか［*2］を置いといてね、屛風でもいい、……そこに「便所」って書いてあるだけなの。栄橋が入ってきて、コンコンってやって中に入っていく。

暫くして、違う演者が登場して、コンコンってやるけど、中に人が居るの。何度も出て来て、コンコンやるけどあんまり長いので、癪に障って屛風だか衝立だかをね、ボーンと外すとね。客にお尻を向けて座ってんだよ、ケツ丸出しにして。それで下の紙の上に、ウンコが載っている。味噌で作るんだけどね、バカバカしいよ。

「うわぁー、クソったれ」


［*1］春風亭栄橋（しゅんぷうていえいきょう）……1939〜2010年　落語家。本名山田昌男・東京出身。1957年桂三木助に入門。1960年春風亭柳橋門下へ移籍。1973年真打昇進。若手の頃よりタレントとしても活躍。一時期『笑点』にも出演していた。人気絶頂の折にパーキンソン病に倒れ、高座を退いた。

［*2］衝立だか十五日だか……落語の小噺に出て来る洒落。昔は1日、15日に休日が設けられ、月の区切りとしての役割を果たしてい

お尻丸出しにして座っていて、フッと後ろを向くだけの芸なんだけどね。それでちゃんと、ウンコがあるの。

別のネタで歩いて来たら道端に、……また味噌のウンコが置いてあるね。

「あれ、何だこれ、ウンコかな？　ウンコみてえだけどなぁ、ウンコかな？」

これ、ウンコって芸なんだよ。嫌な芸だね。で、通り過ぎようとしてね、

「どうも気になるな、これなあ、うん」

臭いを嗅いで、

「ああ、臭うな、ウンコだ。ウンコかな？　だけどな、何でこんなところにウンコが……」

散々っぱら演る訳。臭い嗅いだり、色を眺めたりなんかしてね。最後に手で取ってみて、臭い嗅いで、

「ウンコかな。ウンコだ。ウンコじゃねえかな。ウンコだと思うがな」

それで最後に舐めるんだ。

「やっぱりウンコだ。ああ、踏まなくて良かった」

こういうくだらない、よくこういうことを考える奴が居るっていうのは、……俺が演って見せようか？


た。それを洒落て「衝立十五日」。

ライオンの昼寝

そうかと思うとね、これは噺家がよく演る、……貞鳳さん、今の金馬の小金馬[*1]、猫八なんかが演る、ライオンの昼寝っていう余興。何のことはない、ただ素っ裸になってね、後ろを向いて肘枕みたいな感じで横に寝てんの。それでボコチ×じゃなくて、タマキンを足のあいだに挟んで、後ろから見えるようにして、ケツのところからタマキンが見えるっていう、……これでライオンってことなんだ。

幕が開くと、ただ横になってタマキンを、ケツの穴の間から出して寝てるだけなんだ。暫くして、「ウォーッ」て言うだけなんだよ。バカバカしい、これ『ライオンの昼寝』っていうの。教えてほしい?

圓遊師匠[*2]。幇間をやってた人でしたね。あの頃、武蔵小山の方で演っていたっていうんですけど、あの辺にもやっぱり色街があったんですかね。これは私が見たんじゃないんですよ。「圓遊は面白いよ、あいつは」っていう、……これは素人でね、大前田隣という名前でした。この人は遊びが好きで、圓遊呼んで遊んだんでしょうね。で、座敷で圓遊は自分のボコチ×を散々っぱら自慢するんだってね。

「今日は一つ、この手前のボコチ×なるもの、実にこのね、ええ、これはもう凄まじいもので、この大きなもんで、あれが頭を下げた」

[＊1]四代目三遊亭金馬（さんゆうていきんば）……１９２９〜２０２２年　落語家・タレント。本名松本龍典。東京出身。１９４１年三代目三遊亭金馬に入門。１９４５年小金馬と改名。戦後はテレビ・ラジオのタレントとして人気を獲得し、「お笑い三人組」で一世を風靡した。１９６７年四代目三遊亭金馬を襲名。２０２０年三遊亭金翁と改名。

[＊2]四代目三遊亭圓遊（さんゆうていえんゆう）……１９０２〜１９８４年　落語家。本名加藤勇。東京出身。１９２２年六代目雷門助六に入門。１９２６年都家歌六を襲名して真打昇進。１９３０年代に落語界を離れ幇間に転身。１９４３年に復帰。１９４６年四代目三遊亭圓遊を襲名。明るく飄逸な落語と芸風で人

とか、散々っぱらやるんだよ。

「今日はそのボコチ×に、この手拭をかけて、そのボコチ×をピョーンと立てることによって、その手拭が、肩にピューンと上がるところをご覧にいれます」

って、散々っぱらやるらしいな。もちろん、着たまんまですよ。散々っぱら言っといて、

「今日は調子が悪いようです」

それだけなんだ。そこまでを聴かせる芸みたいなのがあるんでしょうね。おそらく座敷中をさらっちゃったんでしょう。

そういうケースがあるじゃないですか、何もしなかったという。私がよく言っている、麻原彰晃に、体が浮くのを教えたのは俺だって……。「出来ますよ。浮きますよ」と、「ええ？　今日？　今日はダメ。ほら、浮かない顔をしているだろう」、こういうやり方ね。

突破さん［＊3］が、よく演っていたんですけどね。ピアノが置いてあるような会場でね、

「古池や蛙飛びこむ水の音という、芭蕉のこの句を作曲いたしましたのを、皆さんの前で披露いたします」

ってなことを言うんだ、散々っぱらね。


［＊3］内海突破（うつみとっぱ）……1915〜1968年　漫才師・タレント。愛媛県出身。本名木村貞行。1940年並木一路とコンビを結成。知的で明るい漫才を武器に売り出し、東京漫才のスターとなった。1949年コンビ解消。晩年はタレントとして活躍した。

気を集めた。

「古池や蛙飛びこむ水の音。あの感じを私が……」

ってんで、ピアノの前でもって散々っぱら演って、「ポン」って演るだけなんだよね。「ピン」でも良いんですけどね。

内海桂子なんぞは、かっぽれ踊ってね、見てる前で、「サービスだ」ってってんで、もろにケバ出してね、……たまらないよ。貞やんと二人で「ワ～ッ！」って、逃げたけどね。

小話を一つ。亭主の留守に長屋のおっかあが、隣の独り者と情を重ねた。情を重ねたって、驚くんじゃねえ。亭主の居ない留守にやってるだけだからね。

「いつ帰ってくるか分からないんだから、お前さんとは、おちおち楽しんでられないね」

「どうすりゃいいだろう？」

「それなのよ。いろいろ考えたんだけどさ、縁の下に忍んできてね、コンコンって叩いておくれよね。それで、床に穴を開けとくから、その穴のところからお前さんのアレを出しておくれよ。私、その上にしゃがんじまうから……。そこで床を挟んで……、これなら亭主が帰って来てもさっと、立ち上がって逃げちまう」

「おお、やってみようじゃないか」

なんてなもんでね。やってると、そこそこ刺激があって面白いってのかね。ある日、裏の台所から亭主が帰って来て、ガラッと開けたら女房が、床に座り込んでいる。

「な、何やってんだ、お前。そんなところでお前」

「おっ、ほぉ、ほぉ、……お帰りなさい」

「いや、お帰りなさいじゃないよ。何やってるの？」

「うん、私、あの、うん、まあ、ウンコしてるの」

「おい、台所のこんなところでウンコしちゃダメだよ、お前。どいてみろ、どいてみろ。……いや、お前はマラみてぇなクソをしやがる」

これ、凄まじいよね。こういう系統ってあるのよ。

女と間男二人でね、

「お前さんの体にね、珍しく手に入った、体の見えなくなる薬を塗るよ」って、間男を透明人間にしようってんでね、それを塗ってやってると亭主が帰って来ちゃった。ハーッと逃げたら、亭主が見て、

「おっかあ見ねえ、あそこにマラが飛んでかぁ……」

なんていうね、いろんなことを考えるもんですな。

噺家仲間の余興

落語家の仲間の余興ってぇのがあるんだよ。私も落語協会にいた頃は、年に一遍、今もやっているらしいですけどね。成田詣での帰りに大広間で、穴子丼みたいな鰻を食いながら、次々と余興を演る。またそれを見る。

私が居た頃、本にも書いたかもしれないけど、「オリンピックをご覧にいれます」なんて言って、「マラソンです。帰ってまいりました。日本が勝つ」って、散々っぱら中継してね。「一番はどこだ？　日本はどこ？」だって、「中国がトップです」ってえとね、春楽っていう、玉治から春楽になったのが猿股一枚で駆けて来る。「次はどこが入ってきた？　インドネシアだ」ってぇと、圓之助〔*1〕っていう奴がそんな顔をして駆けて来る。つまり中国人とかインドネシア人に見えるってことね。そういうのが、ウケたんですよね。フランスは居なかったろうけども、そんなような楽屋落ちを演ったりね。舞台の後ろの幕をスッと開けてね、「ごくろうさんです」って閉めちゃう。これは、新宿末廣亭の北村銀太郎。北村席亭がいつも楽屋の裏を通りながら開けて、「ごくろうさんです。ごくろうさんです」って言う、それの真似だけで、デーッとウケるんですよね。

成田山へ行ったらね、坊主がね、後ろから小坊主や中坊主に支えられてね、ぞろ

〔＊1〕三代目三遊亭圓之助（さんゆうていえんのすけ）……1929〜1985年　落語家。本名高橋力。東京出身。1956年三代目小圓朝に入門。1965年真打昇進し三遊亭圓之助を襲名。

ぞろ並んで入ってったシーンがあった。それをそのまんま真似したり、……あれなんか、辞めちゃった奴だ。歌治［＊2］って丸坊主の奴。これが真似するんだ。そういうのは、やんやという喝采。段々やってる奴の頭が悪くなって来て、しまいに小さん師匠が怒ったよね。

「談志たちは、もっとちゃんとしたのを演っていた、バカ野郎、何だ、手前《てめえ》は……」

なんて。

……もうもう、仲間をウケさせなきゃ、小圓遊［＊3］だとか小痴楽［＊4］なんか、とにかく俺をウケさせようってんで、暮らしてんだから……。でまあ、のちに『笑点』って番組を作ってね。『笑点』の初代の司会は、俺じゃなくて圓楽なんだよ。

……そんなこと言うな、あれは俺が作った番組なんだよ。それを俺が抜けたあと、レベルを下げて、おかげで視聴率が上がったらしいんですけどね。

［＊2］三遊亭歌治（さんゆうていうたじ）……談志の後輩であった三遊亭歌治か。本名松下功といい、三遊亭朝之助（1953年入門）とほぼ同期であった。

［＊3］四代目三遊亭小圓遊（さんゆうていこえんゆう）……1937〜1980年　落語家・タレント。本名関根尚雄。群馬県出身。1955年四代目圓遊に入門。1968年真打昇進し小圓遊を襲名。

［＊4］柳亭小痴楽（りゅうていこちらく）……1934〜1984年　落語家・タレント。本名三村良弘。東京出身。1954年柳亭痴楽に入門。1969年春風亭梅橋と改名。

真面目な人の余興

　ふと思い出したんですけどね、落語協会って今もそう言ってますね。ほかに落語芸術協会っていうのかな、二つありましてね。芸術の意味なんて何も分かってない連中ですけど、そんなことはともかく、この芸術協会が、年に一遍だか集まって、メンバー全部っていう訳じゃないけど、花好会《かこうかい》っていう、……「かこう」ってえのは、我々の符牒で、つまり、ナニをすることですね。

「あのタレ、かいたか?」、「うん、かいた」なんてね、あれですよ。で、花好会、集まって飲んで余興になる。そうするとね、漫談演ってウケてた活弁あがりの牧野周一さん、

「(口調を真似て) 牧野周一でございますぜ……」

　この牧野さんはね、普段は真面目なんだよ。私と漫談論争なんてしたことがある。それなのに、その会が近づくとね、オチを取ろうって思うらしいんだね。

　座布団でね、オマを拵えていたの。それをほら、真面目な人だから、家族に気付かれてはいけないって、あの牧野さんがね、一所懸命縫って、その座布団を折りたたんで、それで踊るんだってさ。ずっと隠してて、宴会の最後に、座布団のオマを持ってね。オマ座布団で、こりゃもう、会場一同ひっくり返っちゃう。この様

子は見てないんですよ。ふーん、成程と……。「面白かったんだろうね」って意味の成程ね。牧野周一が、それこそ秀逸（周一）ですな。

皆、どっかでオチを取ろうという了見を思っている。それは凄いことだけど、今、無くなっちゃったみたい。「ひとつ、先輩にウケさせてやろう。どうでぇ！　俺は」ってぇのは。……物真似ぐらいやるだろうけども、居なくなりましたね。文句ばっかり言ってる場合じゃないから、今晩寝ないで考えようかな。全部エロでなくったっていいんですよね。えっ？　エロの方が面白い。ああ、面白いけど、今はほら、全部そのものが出て……、えっ？　出ているから、逆に上手くやればいい。はあはあ、いろいろ勉強になります。ありがとうございます。段々声が小さくなりました。

小さん師匠はね、あまりそういったエロチックというかな、そういう話はしなかったけど、川戸に聞いたらね、手拭でチ×ポコ作るのが上手いんだってさ。ドーンと作るんだって、知らなかったね。貞やんが見てるっていうんですよ。ネクタイで作ったり、男女のアレを作っているネタはありますけどね。小さん師匠は知らなかったですね。

私はほら、川戸が学生の頃、俺と確か一つ違いですから早稲田大学へ行って、映画の余興なんかやりましてね。タバコを持ってきて、それがなかなか摑めないマイ

［＊1］『砂漠は生きている』……アメリカのドキュメンタリー映画。ディズニーが1953年に発表。砂漠の厳しい環境を生きる動物植物の姿や生活を追い求める。一時期は児童映画の名作として学校の授業でも使用された。

［＊2］『完全な遊戯』……石原慎太郎の小説及び小説を原作にした映画。1957年から58年にかけて発表された。太陽族と称される無法の若者たちが淫行や悪事に手を染めていく過程を描く。発表当時「反道徳作品」として賛否両論を呼んだ。

［＊3］『怪傑黒頭巾』……1935年に高垣眸が発表した時代小説。正義の覆面男「黒頭巾」が江戸の町にはびこる悪人や腐敗に立ち向かう。

ムで、『タバコは生きている』って、『砂漠は生きている』[*1]の駄洒落ですよ。その頃の話です。で、いろんなことを演る訳ですよ。映画を駄洒落にしましてね、『完全な遊戯』[*2]だなんつって。それから、どうでも出来るじゃないですか? 黒頭巾を被ってケツ掻きながら、『怪傑黒頭巾』[*3]だとか、そんな……。最後に、「今日ほどすてきな招待はない」[*4]って、そういうような感じの余興は演るんですけどね。

大物について

楽屋では、何ぞってぇとボコチ×出したりなんかするんですよ。それでヤケクソみたいに、猫八みたいにボコチ×が小さいのを、……ボコチ×が無いみたいというのを見せたりね。ボコチ×が大きければ、見せ物にするってえのはいいんだろうけども、そんな時代があったんですね。俺のは立派だとかね。

山口洋子[*1]がね、「嫌いなお方のLLよりも、好いたお方のMがいい」って言ってたよ。上手いこと言うもんだね。それでね、つまり各世界に、巨根、でけぇものを持ってりゃあっていう、そういうのが居るんだよ。大ロセンって、楽屋では言うんですがね、ボコチ×の大きいのがね、正二郎から正蝶って名前に、正しい蝶々

[*4]今日ほどすてきな招待はない……1954年に公開されたウォルターラング監督のミュージカル映画『ショウほど素敵な商売はない』の洒落。

[*1]山口洋子(やまぐちようこ)……1937〜2014年 作家・作詞家。愛知県出身。東映ニューフェイスの女優を経て19歳でクラブ「姫」を開業。そのかたわらで作詞をはじめ、五木ひろしの『よこはま・たそがれ』『夜空』『千曲川』、中条きよしの『うそ』、八代亜紀の『もう一度逢たい』などのヒット作を量産。後年は大衆小説や恋愛小説も発表し、人気を獲得した。1985年『演歌の虫』『老梅』で直木賞を受賞。

でバタフライ。それから市馬という名前になった、今も市馬ってぇのが居ますがね、歌を唄ってますね。懐メロ唄って面白い。今言うのは先代、通称をポコちゃんといって、これは大きかった。

本名を岸正二郎［*2］ってぇの、……やっと売れてきたら辞めちゃったって、変な奴なんだ、こいつ。子供抱えて、鎌倉から寄席に通って金が無くて、どうにもならなくて、貧乏して修業して、昼夜働いてやっと三百円ぐらいもらって……、行きたくないような余興へ行って、いろいろやってどうやら持つようになった。またこの人だけでしたね、変わった小話を持って来て演ってたのは、

「あいつ、どうして、来ないの？　約束したろう」

「いや、来ないって……」

「ダメだよ。じゃあ、手紙持たしてやるから渡してきておくれよ。この店はなんて名前、ああ、鯛屋、そう」

鯛を描いてね、弓矢の矢を描いて、下に鯉を描いて、

「これ持ってきな」

「行ってきました」

「ああ、そう。どうだ、何、返事の手紙？」

見るってぇと、極彩色の下手な春画というかね、そのものが描いてある。

［*2］岸正二郎（きししょうじろう）……1913～1987年　落語家。東京出身。終戦直後七代目林家正蔵に入門。師匠亡き後は林家彦六門下へ移籍。1961年真打昇進し三遊亭市馬を襲名。1964年落語家を廃業し落語協会事務員となった。

「何だ？　この野郎、バカなことを、くだらねえことを。何だこれは？」

と、言っていると、

「どうも遅くなりまして……」

「遅くはなってないけど、俺たちの出した手紙、分かんなかったの？」

「ええ、鯛屋に来い（鯛矢鯉《たいやこい》）って奴でしょう？」

「そうだよ。この返事は何なんだい？」

「えー、ですから、『今、イク（行く）よ』ってんですよね」

こういうようなのをね、演ってましたですよ。

これは話を戻すと、その正蝶の市馬ってえのが、得手物《えてもの》が大きいと……。

文治さんも、大きいと……。これまで湯屋の流しで、桶に座ってた。熱湯が流れて来て、「熱っちぃ」って言ったという、こういうのがあるんだけどね。本にも書いたけど、隅田川を背泳ぎで泳いできたら、勝鬨橋が上がったっていう、そういう話もあるんですけどね。比べっこして市馬が勝った。こんな話したって、どうにもなんないでしょう？

芸能界では、ディック・ミネね。ミネ御大、ミネさん。これがまあ、アレ（ビッグ）だと……。それで江川宇礼雄［＊3］ってハーフですね。ウレシュウって愛称を持った江川宇礼雄と、このミネさんと比べっこした。江川宇礼雄は、二枚目でした。

ハーフだから、すべて大きいわな、向こうの方もね。その、あいだへ入ったのが古賀政男だって。古賀さんってえのは、ちょっとあっちの気もあって……。大きさは、ウレシュウのほうが大きい。だけど固さだとかにおいて、ディスク・ミネが勝ったっていう。私は、ボコチ×触った……、男の便所で隣を見たら、ミネさんが小便をしている。「ちょっとそれ、有名な……」、「止せよ、バカ野郎、お前」、「そう言わねえで、ちょっと良いじゃないですか？」って、触って……。よく言うんだけど、俺は淡谷さんのオッパイを触ったの、うん、たわわでしたよ。

［＊3］江川宇礼雄（えがわうれお）……1902〜1970年　映画俳優。本名江川ウレオ。神奈川県出身。ドイツ人と日本人のハーフ。映画脚本家、映画監督を経て俳優としてデビュー。日本人離れした美貌で人気を集め、「ウレシュウ」の愛称があった。

余興の文化論

余興で、私はあんまりエロチックなことは、……結構喋るけど、演らないいんだよ。難しいんですよ。不本意ですけどね。私はグロテスクにならないので、分かり難いでしょう、考えないと分かんない、……次へ行くでしょうって、待っているといけないでしょう。

そのくせ酔っぱらうとね、テレビ局で若い子に後ろから抱きついて、腰を使ったりなんか、……そういうことを平気でするんだよ。若い頃の和田アキ子［*1］にやったけど、和田アキ子の応対がとっても良かった。このあいだやったら、文句言いやがってね。洒落の分からない女になりやがって……。

思い出しながら、調べればあれもある、これもあるということをしないのですね。ということは、自分の頭の中に入っているものだけであると……。探しても、もう無いよ。要するに自信と自惚れね。それで己を保って来たという歴史を、今さらどうのっていう分解もあるかも知れません。懐かしいですね、「姉は瘡持ち　妹は横根　ああ　やるまいぞ」、時代が分かるじゃないですか。

新橋喜兵衛［*2］さんというね、割とモダンな幇間が居たんですね。いろいろなことを訊いて、忘れましたけども、

［＊1］和田アキ子（わだあきこ）……1950年〜歌手・タレント。本名飯塚現子。大阪出身。1968年デビュー。『どしゃぶりの雨の中で』『あの鐘を鳴らすのはあなた』などのヒット曲を発表。

［＊2］新橋喜兵衛……幇間。桜川梅寿に入門し、桜川半蝶と名乗る。名古屋の幇間を経て、後に「新橋喜兵衛」と改名。新橋を拠点に活躍した。

「戦争中、どんな余興なんぞやるんですか？」

「畳みんな上げちゃって、塹壕こしらえて兵隊ごっこやるんだ」

ってさ。ダンダンダンダン、バババババン。それで撃たれて、芸者が従軍看護婦で……、面白くないね、そんなもの。従軍看護婦っていえばね、もう三十年、四十年ぐらい前ですけどね、軍隊キャバレーってのがあったんだよ。とにかく、お客が来たら戦闘帽被せちゃってね。それで従軍看護婦の格好をすると、どんな婆でも、ブスでも見られますからね。カンパンをテーブルに置いて、飲みながら、日の丸の旗と海軍の旗を持って、皆、「若い血潮の予科練のォ」［＊3］って飲んで……。

今の時代にこういうのを演る、……余興を演る余裕というのか、……六本木ヒルズで金持ちが合コンっていうんですか？　ああいうところから、違ったものが生まれるんだろうけども、……生まれないでしょうね。生まれないということを、別に悔やんだってしょうがない。時代が変わっていきますから、……それらも一つの文明なんでしょうね。だけど文化としてどっかで残しておきたいというのがあって、こんな喋りになってしまったのかも知れません。

落語家も伝統として、お題噺とか大喜利ばかりでなく、そういうことを演る奴を可愛がってやりたいなと、……私が居ればそう思いますがね。ウチの弟子で余興を演るなら談之助［＊4］って奴が、十年一日《じゅうねんいちじつ》と言いたいけど、三十年ぐらい同じことを

［＊3］若い血潮の予科練の……1943年に発表された軍歌『若鷲の歌』の歌詞。西條八十作詞、古関裕而作曲、霧島昇歌唱。

［＊4］立川談之助（たてかわだんのすけ）……1953年～　落語家。本名山林博。群馬県出身。1974年談志に入門、談Qと名乗る。1978年談之助と改名。1992年真打昇進。

演って、『月光仮面』［＊5］を演ったりなんかして……。

それだったらお前、名画なら名画演ったらどうだ？　『笛を吹く少年』を演るとか『銃殺』はともかく、何でもあるんじゃないの？　ミレーの『晩鐘』だろうが、そういうのを演ったら、やれるんですけどね。

全身を白く塗ってね、圓生師匠を演るとか、俺を演ったりね、小さん師匠演って、面白いんですがね。何なんだろうな。余興を演るってえのは、またちょっと違う了見なのかも知れません。余興そのものが芸になる。それを余興としたくないのかな。よく分かりませんがね、お座敷で遊んだ昔、遠い過去となりにけり。嗚呼、明治は遠くになりにけりと言いたいが、……昭和も遠くなりにけりと……。

［＊5］『月光仮面』……テレビ番組。1958年より放送。正義のヒーロー月光仮面の奮闘を描。

艶笑講談　その一

「（講談の口調で）さあさ　お立ち会い　頃は　いつなんめりなるや　元亀三年壬申年　十月十四日　甲陽の太守　武田大膳太夫　信玄　七重の均しを整えて　その勢三万五千有余人　甲府八つ花形を雷発なし　遠州周智郡犬居の城主　天野宮内左衛門景連、蘆田下野守　此の両人を案内者とし……」

これね、上手いんですよ。自慢することが主じゃないんです。これは修羅場っていいます。

修羅場で、これは三方ヶ原という前座の修羅場。それから『源平』、または『宇治川の合戦』、これも源平でしょうけど、曽我兄弟の『富士の巻狩り』。ああいうのは真打の修羅場、つまり軍談ですね。今の馬琴の前の前の馬琴、小金井三次郎といった馬琴が素晴らしかった。これがねぇ、貞丈先生、このあいだ亡くなった貞丈、私のちょっと兄貴分ぐらいなので、そのお父さんの柳下政雄。

この先生が演ったのを二度ばかり聴いているんですよ。

エロ講釈。エロで演っている訳ね。「張り型〔*1〕勢の面々は、マラ勢」、マラ勢とね、「これを受けるボボ勢」、これも分からないですよね、マラという意味は……。暉峻康隆〔*2〕先生に訊いたら、これは魔物みたいで自分の言うことをきかない、そこから来てるんで、……「これはペルシャ語だ」とか、「ヒンズー語だ」とか、そんなことを聞いたことがあります。

だからこの場合は、ヤチだとかね、サネだとかね、下品も下品。とても公共に伝わるところで、口にすべき言葉じゃないんだよ。だけど、今、平気だな、分かんないから。ともかくね、男女のナニを講談にしたの。それを一龍斎貞水が思い出して、「あれ、覚えてる」って言ったら、書いてきましたよ。考えてみりゃ、あれ人間国宝なんだ。あいつの書くもんじゃねえんだよな。

〔＊1〕張り型……張り型（はりがた）。性具。ディルドともいう。男性器を模した形をしており女性器や前立腺に入れて快楽を楽しむ道具。江戸時代には「張り型」という名で流通していた。

〔＊2〕暉峻康隆先生……暉峻康隆（てるおかやすたか）。1908〜2001年国文学者。鹿児島県出身。早稲田大学在学中より国文学研究をはじめ、井原西鶴や松尾芭蕉の研究で知られる。

それに私が加筆したものを、これから喋る。こういうの好きだから、まだまだもっと良いのがあんだけどね、時間がない。まあ、取りあえず、そこそこになってますから、お聞き願ってお楽しみということになるんですよね。これ珍しい例です。浪花節にもあんまり聞かないし、落語でもふざけてね、ある部分をエロにしてみたりすることはあるんですけどね。

例えば小三治が演ってたかな。演ってたって、楽屋でですよ。『味噌蔵』[*3]でね、

「貞」

「へい」

「何をしてんだい?」

「おまんまを食べております」

「ドキンとするようなものを食ってんな、お前。のべつ食べてるようだけど、日に、何度ずつ食べんの?」

「三度ずついただいています」

「一度にしなさい」

って、こういうの。これをパロって、

「貞」

[＊3]『味噌蔵』……落語の演目。味噌問屋の店主ケチ兵衛は大のけちん坊。ある日、妻の出産祝いのために店を空けることになる。旦那の留守を幸いに奉公人たちは馳走や酒を注文し、飲み食いする。そこへケチ兵衛が帰ってきて大騒ぎ。ケチ兵衛が激怒している所へ豆腐屋が「焼けました」といいながら田楽を持ってくる。豆腐屋の話を火事と聞き違えたケチ兵衛は家の味噌蔵に火が入ったと勘違いをする。

「へい」

「何をしてんだい？」

「チ×ポコを弄っております」

「お前は呼ぶ度に、チ×ポコ弄っているようだ。日に何度ずつ弄るんだい？」

「三度ずつ弄ってます」

「一度にしなさい」

　こういうバカバカしいのはあるんだよ。

　エロ小噺ってえのは、ありますよ。録音に入れてあるでしょう。方々でも喋ってましょう。講談でもね、入れ事としては言いますよ。

「昔は親子は一世、夫婦は二世、主従三世で、間男は四世（よせ）なんということを……」［＊4］

　まあまあ、その程度の……、あまりなかったですけどね。これから演るのは先代の貞丈先生が演ったのを聴いたことがあるんですよ。それで、直弟子ですから、「貞《てい》、あれ覚えてる」って言ったら、「いやいやぁ」ってことでね、講談でここまでエロ、……ここまで来るっていうのは、落語だと艶笑小噺とか艶笑落語はあるけれど、講談に無いんですよ。無いよ、そりゃ、教育のためにあったんだもん。歴史を語ったりね。


［＊4］親子は一世、夫婦は二世、主従三世……ことわざの一つ。親子は現世、夫婦は現世と来世、主従は前世、現世、来世の縁と考えられていた。封建社会における主従の大切さを説く。そこに「間男はしてはいけない」という洒落で「間男はヨセ（四世）」。

「主人のために命を捨てまする。それがゆえに、お家がますます盛ったという忠臣の一席にございます」

ってなことを言うんだもんね。ちょいと聞くかい？

艶笑講談　その二

「(講談の口調で）ときは　いつなんめり陰暦十五年　マラのたつとし　ちょうめい元年気の行く頃　あさまら疼きの守勃ちすけ　おおごしゅりのすけ　めちゃ突きチ×ポウ丸出しの守これを見よがし　大マラずぶのすけ　こしぞうは　小太刀　大太刀を使い分ける　その立ち姿見事なり　続くは皮かぶり越前の守ただ助平　インキンタムシの　じょうりんすけ　逆毛のチ×とき　チ×ポウでばのかめ　入れたら抜か六　くろもなカリ高のすけ　千擦りかく兵衛　けのび丸出しの金兵衛　チ×兵衛の　マラ兄弟をはじめ　覗き勝手之助　割れ目弄郎　貝谷舐衛門　馬泣かせの太蔵　いずれも強者　越中褌に身を固め　あるものは六尺　中にはそのまま　堂々と突き出だし　倅頼むぞっと　陰毛かいかい　そにしてもらさず　鈴をつけ　銅鑼を打ち　太鼓を叩き　ドキン　ズキン　ズキンと脈打ち鳴らせば　マラ先血走り　青筋を立て　槍先を揃え　我一番乗り　一番槍と　お×こ勢　押し寄せれば　我こそ

が一突きにせんと　お×こ勢のはったる　処女膜という　人膜を突き破らんと　意気軒昂　湯気を立て　やる気満々と待ち受けたり」
「（講談の口調で）一方　お×こ勢においては、当年十六歳の若武者　薄毛の少々生えたかをはじめた　これに続く面々には　お×この露姫　きんちゃくひくめのすけ数の子天井の式部　俵の締めま×こ　楠木正成・正行［＊1］の子孫　大ま×こう　小ま×こう　楠木またしげの局　尺八の姫　いんもんさねどころの守りは我に任せと叫び　かわらけ　つゆのこ　こしもとのゆりこ　気が行く御前の面々　さてもならずや　槍で来い　鎌で来い　前でも後ろからでも　来るなら来てみろ　何のマラ勢腰で一捻り　手で扱き　素股で参らせ　口で果たさせてやると豪語し　いつでもやり姫　誰でもさせ子　同じくうけ子　朝まで駿河の女房　くらがえの女郎　ながさね　いかせの太夫　いずれも　茶臼山にひじりめんの　ま×こ描きし　ま×まこを張りめぐらし　布団でよしのてんで来い　草むら土の上　ところ構わず勝負　これも良しと　今に張り型勢押し寄せ来たれば　一揉みにせんと　大股開きで満々と待ち受けたり」
「（講談の口調で）このとき　張り型勢の中より　一人の若武者現れ　大音声にて呼ばわったり
『いよぉ～　いよぉ～　お×こ勢に物申す　赤貝　あわびならいざ知らず　はまぐ

［＊1］正成・正行……楠木正成・正行（くすのきまさしげ・まさつら）。南北朝時代を代表する武将の親子。南朝方の後醍醐天皇に仕え、足利家擁する北朝と戦い続けた。正成は「大楠公」、正行は「小楠公」と呼ばれ忠臣とうたわれた。「なんこう」を女性器の隠語に喩えた洒落。

り　しじみっ貝の分際にて　さねぴくぴく　いんしんぴくぴく　ぴらぴらさせての名乗りはしゃら臭い　遠からんものは　近くによって握ってもみよ　我こそは　いんしんもう　三カ国に　そのマラありといわれたる　張り型勢　三本槍の一人　ひがんかさがきの城主　千擦り搔く兵衛なり　尋常異常に勝負をせん　我のカリ首とって　功名手柄にせよ』

と呼ばわれば　このとき　すわ　よき敵　よき相手ござんなれと　お×こ勢の中より　一人の若武者　騎乗位にて乗り出し

『我こそはお×この国　お×こ郡　お×こ村　お×こ池　大字お×こ　字お×この生まれ　お×こ勢やり放題　四天王の一人　お×こ駿河の守の娘にて　お×このま×こなり』

と呼ばわり　呼ばわり　胸の開き　盛り上がりたる乳房を突き出し　『うちもの技は面倒なり　いざ　馬から下りて　いざ組まん』『おおよ』と搔く兵衛　二本指に唾をべっとりと湿りをくれ　鎧兜は後ろに放り　ガッキとばかり本手に組み　四十八手の裏表　上になり　下となり　茶臼横取り　ほんまにこぼれ松葉　百合の根と共に全身汗まみれ　秘術を尽くして挑み合い　絡み合い　目を細め　歯を食いしばり　うっとりと我を忘れてよがり声　いちじょういちげ　強く弱く深く浅く　尽き入れ　締め出し　出し絞り　鳴くは鶯谷渡り　行くの行かんの未だ未だと　組んで

解れず本番の一騎討ち　また　周りはと見てあれば　これに続けとあちらこちらに
て　一組　二組　いや　三組　中には二人で一人のお×こ勢を攻めたてる者もあり
最早参ったとぐったりまいりし　お×こ勢に雑兵が次から次へと襲いかかるという
この合戦の有様この結果は　また続きは今晩のお床《とこ》の中でごゆるりとどうぞ」
お粗末！

◆席亭・立川談志の夢の寄席

この章の録音は、平成11年（1999年）1月頃。
録音場所、不詳。立川談志、63歳の冬。

立川談志が時空を超えた寄席の席亭になったら、どの演者の何の演目を選ぶのか？　残された録音物を並べて、立川談志が思い描くドリームプランを作るCD全集企画が『夢の寄席』です。十枚組のCDを五夜の寄席番組に分けて、その録音一つ一つに立川談志が短い演者の解説を録音しました。本章は、この解説をテキスト起こしして、談志の憧れとリスペクトをお楽しみいただけるように活字化したものです。

ようこそ！　夢の寄席へ

今から、30年ぐらい前でしたかなぁ。これと同じような企画を出して、レコードにしたのがあります。その頃のLPと言いましたかね、私の好きな芸人を、もちろん全部って訳にいきませんから、さわりですよね。確か。その企画も、今回の構成をやってくれた川戸貞吉［＊1］……、長年の友人の彼が今回も、やってくれた訳ですけども、そのときも確かそうだった記憶です。俺はこういうのが好きなんだっていい

［＊1］川戸貞吉……（かわどさだきち）。演芸評論家。1938（昭和13）年生まれ。早稲田大学在学中から談志、五代目圓楽、柳朝、志ん朝らと交流し、後にTBSに入社。演芸番組の制作に携わった。演芸の貴重な録音のコレクターでもあり、また演芸に関する著書が数多い。

うのをね、……言いたいじゃん……、人生ってそんなもんでしょ。

例えば恋人同士が、

「僕ってね、こうなんだよな、こうなんだよね。ウチってこうなんだよな」

っていう、それ。だから、立川談志はプレイヤーであると同時にファン、ファンどころじゃないななぁ、……マニアなんだよね。マニアが、落語やってんだよ。だから自分に厳しいよ。だから良い芸なんですよ。

あのね、で、今回、こういうメンバーを集めてみたけどねぇ。いろいろ、今、著作権とかいろいろありましてねぇ、これは大変なんだ。それをくぐり抜けくぐり抜け、クリアしクリアし、あれやクリアでね。それでも、「まぁ、いいでしょう」っていうのが、出来上がったんすよ。

これね、皆さん、買ってよかったと思うよ。俺ね、キャグニー［＊2］のねぇ、『キャグニーナイト』［＊3］、AFI（アメリカ映画協会）で誉める、あの、一夜の映像があるんですよ。ジョン・フォード［＊4］で始まった。やれ、オーソン・ウェルズ［＊5］だとかね、フレッド・アステア［＊6］だとか、そのキャグニーの映像を探してたの。ロンドンにあったの。だいぶ前ですよ。そのときね、「あったぁ！」っていうことで、2本買いましたよ、そのVTRを。（机を叩く）買ったということなんですよ。それと同じ気分なんですよね？　買った人は分かるよね。


［＊2］キャグニー……ジェームス・キャグニー。アメリカの俳優。1899年生まれ。

［＊3］『キャグニー・ナイト』……アメリカ映画協会（アメリカン・フィルム・インスティチュート）が授与した歴代の功労賞受賞者の一人ずつをキャグニーが順に紹介していくというテレビ番組。

［＊4］ジョン・フォード……アメリカの映画監督。1894年生まれ。西部劇映画の巨匠と称された。

［＊5］オーソン・ウェルズ……アメリカの映画監督、俳優。1915年生まれ。

［＊6］フレッド・アステア……アメリカの俳優、ダンサー、歌手。1899年生まれ。アメリカの1930～1950年代のミュージカル映画で活躍した。

第一夜（一）　柳家金語楼『身投げ屋』

昭和40年代録音　東宝演芸場

柳家金語楼［＊1］……、希代の爆笑王、人気者。満都の人気をさらった落語家。その落語家の金語楼、もし寄席にありせばと、誰しも思ったんでしょうね。「金語楼が居てくれたら、寄席はもっと盛ったのに……」、ヒトラーじゃないけど、「ドイツは余にとって小さ過ぎる」と、『マインカンプ』［＊2］にありますなぁ。金さんは、きっとこんなような了見だったんではないんでしょうか？　分かりますものね。……小さいですよ、金語楼にとって寄席の世界は。規模といい、了見といいね。その金語楼も子供のときから育ってきた、人気を得たきっかけであり、人格のうしろにある落語というものは、どっかで残ってたでしょうな。まして金語楼の演る落語っていうのは、談志のいう落語の本質そのものなんですから。で、時折、晩年になって寄席へ出てきた。いろんな事情があったんでしょうかねぇ。そんなときに、

「師匠、ひとつ『身投げ屋』をお願いしたいんですが……」

と、言ったたっけな。この俺様が、ね？

「……おう、演りますか？」

って、軽いんもんでねぇ。大きい人は、そんなところでしょう。で、演ってもらいました。これ良く出来た噺なんですよ。『落語全集』……、講談社の3巻、また3

［＊1］柳家金語楼……本名・山下敬太郎（明治34～昭和47／1901～1972）落語家・喜劇俳優。東京芝の葉茶屋「山下園」の長男に生まれる。6歳のとき二代目三遊亭金馬一座で初舞台を踏み、少年落語家として活躍。軍隊入隊後、熱病により髪の毛が抜けて除隊。その後は、軍隊生活を材料にした『兵隊落語』と禿げ頭を売り物にして人気を集めた。有崎勉の名で新作落語を数多く発表し、舞台、映画に活躍した。昭和15年には金語楼劇団を結成し喜劇俳優となる。戦後は、タレントとしてNHK『ジェスチャー』等の番組で活躍した。

［＊2］『マインカンプ』……アドルフ・ヒトラーの著書『我が闘争』の原題。ヒトラーの生い立ちや思想を著述している。

巻ありますね、全6巻。あれん中でやっぱり最高に読んでいて面白かった。

この録音って、頭がちょっとね（欠けている）。まぁ、大したことは言ってないいんですよ。お正月の高座ですから、「あぁ、禿げまして、いやいや、あけましておめでとう」そんなもんなんですけどね。聴きましょうやね。

第一夜（二） 海原お浜・小浜『花ある生活』

昭和40年代後半録音　東急

戦後の大阪は、漫才が全盛でした。まぁ、戦前もそうでしたよね。その前は、落語の時代もあったでしょう。で、その戦後漫才全盛の頃の、数多い人気者の中の1組、1組ではあるけど、家元、惚れまくった女同士のコンビのお浜・小浜［*3］、ええ。その大阪の人気者を、私は東京の番組に呼んだんですよ。『笑点』でしたかな？で、

「昨日、こちらに着いたんでしょう？」

「はい」

「昨日、どうしたんですか？」

「はとバスに乗りました」


［＊3］海原お浜……本名・梅本君子（大正5〜平成6／1916〜1994）漫才師・岡山生まれ。17歳のとき、すでに芸人だった海原小浜の舞台に憧れてコンビを組んだ。師匠がいない独立独歩の姿勢が好感を呼び人気者となる。昭和53年引退。

海原小浜……本名・田中桃江（大正13〜平成27／1924〜2015）漫才師。岡山県高梁生まれ。父母が芸人であった関係から月の家桃子の芸名で4歳で初舞台。海原お浜と漫才コンビを組んで人気者となる。昭和53年のお浜の引退で、漫談・ディスクジョッキーなどを中心にタレントして活躍。

アハハ、大阪のこの人気絶頂の爆笑王、……縁がなかったんですねぇ、東京にね。ってことは、彼女たちばかりではなかったでしょう。ミヤコ蝶々は別として、その頃でしたよね。

一度、お浜さんが引退してから出てもらったことあるんですよ。ドキドキドキドキして、このドベテランがね、楽屋で打ち合わせしてるんですね。で、舞台に出てるうちに、さあ乗ってきた、さあ来い！　天下のお浜小浜であるという。東京の舞台っていうのを、この録音で、よく分かると思いますがね。

第一夜（三）　十代目金原亭馬生『目黒のさんま』

昭和50年前後録音　鈴本演芸場

志ん生の倅であったことの幸せと、風当たり……、それに揉まれ揉まれて金原亭馬生［＊4］……。暫くのあいだは、低空飛行をしていましたね。やがて圓生師匠も亡くなり、小さん師匠も老い、金原亭馬生の時代が来るという……、矢先の死でしたねぇ……。これは落語界のためにも、返す返すも痛恨のことでございます。で、『目黒のさんま』。ごく他愛もない……、これ教科書になったって話も聞きましたけども、まぁ、いいとしてね。これをね、こんなに面白く拵えてあるんですよ。これ聴

［＊4］十代目金原亭馬生……本名・美濃部清（昭和2～昭和57／1927～1982）落語家。五代目古今亭志ん生の長男で、東京生まれ。弟は二代目古今亭志ん朝。女優の池波志乃は娘。昭和18年父の門下で、いきなり二つ目で高座に出る。父の名声に隠れた存在であったが、噺の数も多く語り口にも独自の風格が出てきた矢先に、早逝した。

いたとき、驚きましたね。

「あれぇ！　馬生師匠！」

あたしは馬生師匠好きだったんですけどねぇ、そんなに凄いとは思わなかった。これ、凄さまで感じましたですね。「あー、はぁー、こんなになるんだ」、本にも書いたんですが、『目黒のさんま』は、金原亭馬生作と言ってもいいくらいです。以降演る人は、全部馬生のイミテーション。「お前もそうだ」って言われると、その通りなんですけどね。

第一夜（四）　九代目桂文治『岸さん』

昭和49年録音　鈴本演芸場

世の中にアナクロニズムという言葉がありますがね、どこにあるかといったら、ここにありという――こういう芸でしたなぁ。戦後ずっと経ってんのに、

「（九代目桂文治［*5］の口調で）えー、近頃の歌は聞いてごらんなさい。『忘れちゃいやヨ』っていうんですよ。そりゃぁ、金貸せば、忘れやしませんよ」

近頃の歌って言って、昭和あれ10年代、これは渡辺はま子［*6］の曲ですからね、『忘れちゃいやヨ』っていうねぇ。とにかくね、そのアナクロがね、たまらなく魅力

なんです。何なんでしょうね？　やっぱり当人の……、何ていうのか、人柄というのかな……。センスでしょうな。何だか分からない。

「（九代目桂文治の口調で）これ、聞いてごらんなさい。不思議な芸ですからねぇ」

第一夜（五）　柳家小半治『音曲吹き寄せ』

昭和30年代後半録音　録音場所不明

寄席から音曲が無くなりました。私共のガキの頃はまだ残ってましたね。これからお送りする小半治［*7］、大阪から来た春風亭枝雀……、名古屋から来た米蔵……、うん。衰えたりとは言いながら、文《ふみ》の家《や》かしく、（五代目）橘家圓太郎。それぞれが唄う音曲、出て来て軽く喋って、都々逸を回して、……そして、『とっちりとん』とか、『大津絵』とか、『唐笠』なぞ唄ってね、そして真打にポーンと渡す。何とも堪らない。「これが寄席だな」というのを感じさせてくれる空間でござんした。江戸の音曲、うん。いいんだよね。これが無くなりました。

最後の音曲師、柳家小半治、楽屋じゃあ、「半ちゃん」ってね、こう軽くね。悪口の渾名に、「いただきの半ちゃん」といってね、うん。「なんかください」ってすぐ言ったという……、まぁ、了見がコ×キ了見ですが、そういう感じじゃないんだよ

［＊5］九代目桂文治……本名・高安留吉（明治25〜昭和53／1892〜1978）落語家。東京日本橋生まれ。素人連に参加後、大正9年頃四代目橘家圓蔵に入門。師匠を転々とした後に、14年三代目柳家小さん一門にて真打となる。昭和9年九代目翁家さん馬を襲名し、35年に九代目桂文治を襲名した。51年に脳溢血で倒れるまで、破格の芸風と漫談風の独自の可笑しさで人気を博した。八代目林家正蔵と同じ下谷稲荷町の長屋に住み、倹約家として楽屋内では有名であった。

［＊6］渡辺はま子……歌手。1910（明治43）年生まれ。1936（昭和11）年『忘れちゃいやヨ』を発売。他に『支那の夜』『蘇州夜曲』などのヒットがある。

［＊7］柳家小半治……本

ね。「よっ、なんかください」っていうね。「50銭ください」とその昔は言ったんで、俗にギザ……、50銭のことをギザ。「ギザの小半治」っていいました。我々にとっては、小半治師匠ですけどね。でも、

「よう、師匠、このあと、師匠……」

「止《よ》せよ。半ちゃんって言えよ」

って、言ってましたよね。

「半ちゃん、舞台でござんす」


名・田代藤太郎(明治31〜昭和34/1898〜1959)音曲師。大正・昭和期の寄席音曲師。東京・浅草生まれ。浪曲の浪花亭峰吉の義理の息子。美声ながら、浪曲に向かず、大正7年頃三代目小さんに入門。小半治の名をもらって音曲師となった。戦後の寄席では、膝がわり(真打の一つ前の出番)芸人として貴重な存在であった。

第一夜（六）　八代目桂文治『夜桜』

昭和20年代後半録音　録音場所不明

名人と言われ……、この場合の名人っていうのはね、演技ですね、落語家としてｃ。それから言葉ですね。東京弁、大阪弁、またはサムライの言葉、それもお殿様だ。中間《ちゅうげん》だ。お小姓だ。奴《やっこ》とまた違うという。そういうのをピタッと使い分けるという意味においては、類がなかったぐらいの名人なんです。ところがね、芸人っていうのは、それに飽き足らなくなってくるんです。人間を追究したから良かったんですが、人間を追究していくほど……、心理学がポピュラーじゃなかったしね。そんなことやった日には、「頭がおかしいんじゃないか」って言われた時代ですから……、どうなるかって？　自分が滅茶苦茶になっちゃうんです。

何だか分かんない調子になっちゃうんです。それで、晩年は、「なんだ。文治はクサいな」って言われたんですが……。そのクサくなってしまう、入りつつある頃の文治なんです。聴き難いです。でも、耳澄まして聴いてると、さっき言った意味での名人なんです。……八世家元桂文治［＊8］です。

［＊8］八代目桂文治……本名・山路梅吉（明治16〜昭和30／1883〜1955）落語家。義太夫語りから、翁家さん馬門下で噺家に転じる。上方と東京を行き来して活躍。11年、大阪に戻っていた文治の名跡を継いで八代目となった。戦後は落語協会会長を務め、根岸の文治と呼ばれ、歯切れの良い江戸弁で人気を博した。『夜桜』は十八番と呼ばれる。

第二夜（一） 二代目古今亭甚語楼『穴どろ』

録音時期・録音場所不明

私が聞いてた頃は、（三代目）柳家小せんといいました。今、小せんというと、これは私の昔の兄弟子ですがね。楽屋では、皮肉ばっかり言ってましたね。

「（口調を真似て）君のは芸じゃないよ、君は」

とかね。

「（口調を真似て）君ぃ、そんなウケたかったらね、天井に張り付いたらどうだい？　飛び上がって、君ぃ。ウケないよ、君は」

この甚語楼さん［＊1］の口調が、もう楽屋では、当たり前になって、何か言うとみんな、「君ねぇ」っていう。皮肉言うときは、「君ねぇ」っと甚語楼さんの声音を借りて行ったぐらい。……まぁ、こういったことは何も、甚語楼さんばかりでなくて、志ん生師匠の口を借りて、「まぁ〜、どうもねぇやぁねぇ〜」などっていうのと同じように……、そのぐらい皮肉といえば、甚語楼ときたぁ。皮肉を言うくらいですから、自己を、自己の見る目と、世の中の評価のギャップが大きく感じたんでしょうね。

「（口調を真似て）なんです、君。こんな芸人が何で売れんの？　君ぃ」

っていうことですよね。で、世間は、

［＊1］二代目古今亭甚語楼……本名・田中秀吉（明治36〜昭和46／1903〜1971）落語家。大正8年、初代柳家三語楼門下で、語ン平。一時破門で春風亭一枝になるが、14年三語楼門下に復縁して三太楼と名乗る。昭和8年頃名古屋で幇間に転身。16年落語に復帰し、33年古今亭甚語楼を襲名する。

「というほど、甚語楼は上手くないよ」

と、こう言うんです。で、まぁ、駄目になってきたんです。……駄目になっちゃうんです。けどね、言うだけのことはあるんだよな。この『穴どろ』なんか最たるもんですよ。

第二夜（二）　青空千夜・一夜『子供の教育』

昭和54年録音　TBS

惜しい漫才がねぇ、2人とも［*2］早死にして……。私はこの一っちゃんが大好きだったんですよね。私が『談志・円鏡の歌謡合戦』という滅茶苦茶なのやってましたね。

「よっ！　はぁー！　空を見るっていうと、お月様が欠伸してんね」

「ようよう、お天道様、こんにち、どうしました？　……ガマガエルの背中で欠伸して……」

あれはねぇ、一っちゃんが演ってたんですよ。麻雀やりながら、ええ。

「♪　潮来の伊太郎～、アメリカ鳥、ハトポッポ、薄情そうな渡り鳥。嫌だね」

分かんないんですよ。あんまり面白いんでね。つまり、今、私の言うイリュージヨンというのを何気なく一夜さん演っていたんでしょうねぇ。ええ。「パーパーの一夜」っていって、パーパーパーパーパー言うの、それで面白いの。

最後にちゃんと自分を傷つけて、フィニッシュにするんですよね。漫才っていうのは相棒との差を感じる。その感じたときに、自分が上だと思ってきたものから憎悪が始まってくる。その憎悪が相手に伝わるから、またこれが増してくるという。……これはもうどうにもなんないもんだそうですよね。２人の間柄はともかく、一夜が千夜をねぇ、ギリギリまで追い詰めたけど、千夜が居なくなるともたない、というそのギリギリのところでもってるという、これが晩年の千夜・一夜で、……素晴らしかったですよ。それが切れてしまったのが、トップ・ライトですね、師匠の。このね、『子供の教育』はバカバカしい。

［＊2］青空千夜……本名・酒井義人（昭和５～平成３／１９３０～１９９１）漫才師。福岡県北九州市生まれ。炭鉱員から、昭和24年歌手を志して上京。28年コロムビアトップ・ライトの門下で漫才に転向した。翌年青空一夜とコンビ結成。34年ＮＨＫ漫才コンクールで優勝し、一気に売り出した。46年漫才界初の真打となり、テレビの司会でも活躍。
青空一夜……本名・小板橋喜八郎（昭和７～平成８／１９３２～１９９６）漫才師。昭和29年自衛隊中央音楽隊に入隊。同年にコロムビアトップ・ライトの門下となり、青空千夜とコンビを組んでデビューした。34年ＨＫ漫才コンクールで優勝し脚光を浴び、44年芸術祭優秀賞を受賞。平成３年相方の千夜が死去したためにコンビ消滅。

第二夜（三）　八代目三笑亭可楽『味噌蔵』

昭和30年代前半録音　TBS

世に仏頂面っていう言葉がありますがね。「どんな顔？」って言われれば、「可楽師匠［*3］の顔でしょう」と……。苦虫を噛み潰したような顔して、

「(口調を真似て) 我々、せっせっせぇ～……」

なんてね、

「(口調を真似て) これはみんなお宅の子ですか？」

「(口調を真似て) 私の子ですよ。私は家内と２人で拵えた。偉いでしょう？」

「(口調を真似て) 偉かぁない」

なんて、言ってんだ。何の効果もないんだけど、偉かぁない。

あのう、芸って、聴きこんでくると、そういう妙なところに惚れ込んだりするんですね。私なんか聴いて、どんなところを、良いなっていうのかね。

「え～、アイツ。談志の？　まぁ、噺はどうってことないんだけど、ほら、時々あの野郎、目をつぶって変な顔をするだろう？」

そんなことを言われてるのかも知れませんなぁ、ハッハッハッハ。理屈言うのがバカバカしくなって来るねぇ。

『味噌蔵』、三木助師匠が十八番というよりも、緻密に拵えてありますから、キザな

［*3］八代目三笑亭可楽……本名・麹地元吉（明治31～昭和39／1898～1964）落語家。東京下谷の経師屋に生まれる。家業を継ぐところで芸事に溺れ、友人の三遊亭圓菊（後の五代目古今亭志ん生）の手引きで、大正4年初代三遊亭圓右に入門。師匠を転々とした後、大戦後の21年に可楽の八代目を襲名した。江戸前の渋い芸風で地味な存在であったが、戦後の民間放送の専属となって知名度が飛躍的に広がった。滋味溢れる口調で、根強い人気を持ち、芸術協会の大看板であった。

言葉で言うと、芸術性豊かに、とでも言っても良いかなぁ、粋に洒落たねぇ、それと違うんすね。非常に乱暴な芸なんです。後年、の柳朝がちょっと似ているんですけれどもね。じゃぁ、どうする。可楽という、ただ可楽、パーソナリティ以外何ものもなし。跡を継いでる、夢楽だとか、今の可楽など、欠片もなし。見習え、こらぁ。

第二夜（四） 七代目春風亭小柳枝『子別れ』

昭和30年代前半録音 TBS

林家三平の父親が（七代目）林家正蔵……、「（口調を真似て）正蔵で、すいません」。その正蔵の弟子で、正太郎。で、師匠が亡くなって、春風亭柳橋先生の門下になって、春風亭小柳枝［＊4］。春風亭柳好という我々が最も憧れた、なんとも粋な唄い調子、

「（口調を真似て）一席申し上げますんで、手前共のほうは……」

この感じの……、当人は意識は無いんでしょうけどねぇ。

この柳好のような唄い調子でしたねぇ。亡くなった色川武大先生が、

「兄《あに》いがね、しょぼくれてってねぇ、正太郎は……。これがある日、化けたんです」

［＊4］七代目春風亭小柳枝……本名・染谷晴三郎（大正10～昭和37／1921～1962）落語家。千葉県野田出身。戦前に七代目林家正蔵に入門。昭和24年七代目春風亭小柳枝を襲名。大変そそっかしい人と逸話を数多く残すが、陽気で憎めない芸風で『野ざらし』などを得意とした。前途を嘱望されていたが、糖尿病のため早すぎる死を迎えた。

突然変異した。私共は突然変異をしてから、知ったかなぁ。まぁ、聴いてたんでしょうけども、印象になかったから、それが分かんなかったのかも知れません。けど、「しょぼくれの小柳枝」って言われたそうですよ。芸ってこんなにある日、開花するもんなんですね。で、粋なもんだ。『子別れ』の上。

第二夜（五）　三代目桂三木助『火事息子』

昭和34年11月30日　三木助「砧会」ライブ録音

桂三木助［＊5］……、ああ、今のバカの三木助（四代目桂三木助　2001年死去）の親父な。私は三木助師匠に可愛がられて、それは私の芸を買ってくれたんでしょう。小島政二郎先生［＊6］が、『名人桂三木助』という小説を書いたときに、

「名人……ですかね？」

って、訊いたら、

「名人になれんですかねぇ？」

と訊いたのかな。

「なれます」

って、言ってました。

［＊5］三代目桂三木助……本名・小林七郎（明治35〜昭和36／1902〜1961）落語家。東京湯島生まれ。生家は床屋。昭和7年五代目春風亭小柳枝を継ぐが、博打などの道楽で、「隼の七」と異名をとるほどの評判となり、舞踊に転向。戦後は、芸に打ち込み、ラジオの人気番組『とんち教室』に抜擢されて知名度を獲得した。昭和25年に三木助襲名。更に精進を重ね、緻密な芸で高い評価を得た。

［＊6］小島政二郎先生……こじままさじろう。小説家、随筆家。1894（明治27）年生まれ。大衆小説、人物伝などで人気を得た。

「もう、なってます」

と言ってましたかな。これは、フィーリングの問題ですね。つまり小島政二郎という文学者の了見に合った芸だったんでしょうね。ところが我々にとっては、それがあり過ぎちゃったんだね。

曰く『芝浜』とか、『一本刀土俵入り』なんというね……。まぁ、それは非常に贅沢な言い方であってね。この『火事息子』もね、ちょっとその気があるんですがね。だけどよく拵えてある。この纏《まとい》持ちの、このギャグなんぞ、実に上手い。

第三夜（一） 三代目三遊亭金馬『花見の仇討』

昭和30年代前半録音 TBS

落語をポピュラーにしたっていうのは、この三代目金馬［＊1］、近世ではこの人がナンバーワンでございましょう。「寄席には出ません」というよりも、東宝名人会の専属でしたから。その東宝も戦後しばらく経ってから、やった訳ですからね。やって途中また、中断ってことですかね。で、時折寄席へ出てました、ゲストとしてね。もちろん最高の待遇ですがね。

ポピュラーに演る金馬。『花見の仇討』はね、意外にね、原作に忠実って言うと、

［＊1］三代目三遊亭金馬……本名・加藤専太郎（明治27～昭和39／1894～1964）落語家。東京本所生まれ。小学校卒業後、経師屋の奉公中に寄席に入り浸り、大正元年放牛舎桃林に入門。翌年初代三遊亭圓歌に入門。後に地方巡業の苦労を経て、昭和15年金馬の三代目を襲名した。昭和4年に吹き込んだレコード『居酒屋』が大ヒット、一躍売れっ子になった。昭和9年東宝名人会発足と同時に専属となり、放送で活躍。新作も数多く発表した。昭和29年鉄道事故で片足を失い、以後釈台を前に置いて高座を務めた。

変ですが、その……「よし、もっと笑わせてやろう」という部分が割と少ないんですね。またこれ、金馬、冴えるんですねぇ。あの顔でね、……あの浪人の顔、目に浮かびますなぁ。お馴染みのあの声、（口調を真似て）三遊亭金馬でございます。

第三夜（二）　山野一郎『女剣劇』

昭和30年代前半録音　TBS

活弁という……、活動の弁士。あの無声映画の解説ですねぇ。当然、サイレントがトーキーになって仕事が無くなり、役者になったり、または漫談になったり、この二つが多かった。あと汎用ですがね。徳川夢声［*2］であるとか、西村小楽天［*3］、山野一郎［*4］そして、牧野周一［*5］、……小楽天さんは司会になったり、生駒雷遊［*6］は、「劇団・笑の王国」へ行ったりね。いろいろありました。國井紫香［*7］は講釈やったり……。

で、この漫談は、「ウワーッ」て笑わせるんだという牧野さんのと違って、自分の人生を語ってるんですよ。その分だけ笑いは少ないんですがね。喋りも、その、ちょっとその中途半端なんですね。これは夢声さんもそう言っていますがね。でも、いいんですよね。好きなんですよ、山野一郎。だからこそ、この「夢の寄席」に是

［＊2］徳川夢声……（とくがわむせい）。１８９４（明治27）年生まれ。落語家を目ざしたが親の反対で活弁士となる。漫談家、作家などマルチに活躍。後にラジオでの『宮本武蔵』の朗読で人気を博した。

［＊3］西村小楽天……（にしむらこらくてん）。１９０２（明治35）年生まれ。活弁士。後に漫談家から美空ひばりなど歌手の専属司会者となる。

［＊4］山野一郎……（やまのいちろう）。本名・山内幸一（明治32～昭和33／１８９９～１９５８）活動弁士・漫談家。東京浅草生まれ。大正8年無声映画の弁士となり、昭和初期にかけて徳川夢声と人気を争った。昭和15年に弁士たちの隠し芸大会『ナヤマシ会』に参加して、これが後年発足する『笑い

非って、こういうことになったんです。聞いてください。

第三夜（三）　二代目三遊亭圓歌『呼び出し電話』

昭和30年代前半録音　TBS

何がウケたって、噺家の中で圓歌師匠［*8］ほどウケた人は居ないんじゃないかなぁ。ということは、雑って言えば雑なのかねぇ……。驚かないいんですよ。引っ摑んじゃうんです。だから、今の圓歌（三代目三遊亭圓歌　2017年逝去）もですけれどね。あの歌奴の圓歌です、嘘つきの圓歌、坊主の圓歌、ニセ坊主、そんなに悪く言うことはない。え～、もっと悪く言おうか？

出てくるといきなりですからねぇ。

「（口調を真似て）バナナ3本もらって、右のポケット、左のポケット、後ろのポケットに入れて、電車に乗ったら、右のバナナがベトベト、左のバナナがベトベト…、で次にバッとぶつかって、こっちのバナナがベトベト。最後のもう一本を守ろうと、うしろに手を回したらうしろの人が、『失礼なことするな』って……」

これあの、まぁ、チンポ×、まぁ、とにかくあの、こんなジョークをいきなりバーンとぶつけてくるんすよ。

の王国』のきっかけになる。弁士廃業後、講談、コメディアン、漫談と幅広く活躍。

［＊5］牧野周一……（まきのしゅういち）。1905（明治38）年生まれ。徳川夢声に弟子入りし活弁士となる。映画がトーキー化、後に漫談家となる。弟子にポール牧、牧伸二などがいる。

［＊6］生駒雷遊……（いこまらいゆう）。1895（明治28）年生まれ。活弁士、後に俳優に転身。

［＊7］國井紫香……（くにいしこう）。1894（明治27）年生まれ。活弁士、講談師。

［＊8］二代目三遊亭圓歌……本名・田中利助（明治24～昭和39／1891～1964）落語家。新潟生まれ。旅まわりの芸人一座に加わって、勝手に三遊亭柳橋と名乗っていたとき、巡業中

ということは、客を引っ摑んじゃうというのを知ってるんですね。客を摑む。じわじわじわじわ己のところへなんて思ってない。グワァーンと持ってっちゃうという。ほら、陽気なもんだ。

第三夜（四）　鈴々舎馬風『闘病日記』

昭和37～38年頃録音　人形町末廣亭

鬼と渾名された鈴々舎馬風［*9］、本名は色川清太郎というね。ヘッヘエー、二枚目の名前なんですよね。浅草は弁当屋の倅で、不良少年から落語家に……、よくあるケースかな。落語家から、国会議員になったたって言えばいいやね。あのね、うん。物真似馬風と言って物真似をやってましたですよ。つまり、噺は駄目だから物真似でっていう……、けど、物真似の才能ってのは凄いことなんですよね。

で、漫談になりました。台風のネタ、裏口入学、山の遭難……、

「（口調を真似て）こんにちは」

「こんにちは」

「誰かと思ったら、お前はチンケか？」

「おお、そういうお前はインキンか？」

何、何、何、何なんだ。で、無いんですよ、録音が。で、馬風師匠、倒れて闘病

の二代目三遊亭小圓朝にみつかり、そのすすめもあって本職に転向を決意する。大正3年初代三遊亭圓歌に入門、昭和9年に師名を継いだ。『将門』、『七段目』等の芝居噺の一方で『取次ぎ電話』、『馬大家』などの新作を手がけ、噺のあとで踊るなど、にぎやかで派手な芸風が大衆的な人気を博した。生来の吃音と新潟訛りを努力で克服、戦後の落語協会では一時期副会長を務めた。

［*9］四代目鈴々舎馬風……本名・色川清太郎（明治37～昭和38／1904～1963）落語家。東京浅草生まれ。大正10年六代目金原亭馬生に入門。師匠を移り変わり、昭和2年に馬風の名を襲名して真打。いかつい風貌から「鬼の馬風」と呼ばれ、毒舌と噺家の物まね

してカムバックということなんですがね、その『闘病日記』という……、まぁ、カムバックしたあとのテープなんですがね。

勿体無いって言えば、勿体無いんですけどね。時々ラジオなんかに出ると、何なんだろう？　割と気の小さいというか、細かい人だったのか、寄席の高座で演る毒舌とね、マイクを通すのと、……つまり度合いが弱くなってましたですね。闘病生活してるあいだねぇ、女房と妾がね、とにかく出会わないこと。それのみを祈ってたって言ってましたよ。

第三夜（五）西川たつ『浮世節』

昭和30年代前半録音　録音場所不明

式多津といって、常磐津で美貌を売って舞台へ出てた。のちに引退して、また請われてカムバック、西川たつ［*10］という本名で出た。圓生師匠の昔の恋人、……これは、まぁ、こっちに置いといて。西川さんが言ってましたよ。

「私、あの人だけは見損なった」

って。圓生師匠、……まぁ、いいや、居ねぇんだからもう。

あのね、品のいい舞台で素晴らしい音締《ねじ》めでしたけど、面白くなかったな。……


で人気を博した。

面白くなくていい芸って言えば、それっきりなんだけど、都家かつ江［*11］みたいにですね、かつ江姉さんみたいに面白いのを売り物にするのとまた違って、……つまり面白いという、そういう意味での楽しませるという部分を、持たないキャリアだったんでしょうね。つまり美女で、声音と音締めを利かせていた芸人、そのテクニックの素晴らしさを、これから聴いてもらう訳です。

第三夜（六）　六代目三遊亭圓生『庖丁』

昭和49年6月3日　第67回ひとり会　新宿・紀伊國屋ホール

これから十八番の『庖丁』を……、大阪から文紅《ぶんこう》が来てね、たまたま私と一緒にラジオ東京の録音に行ったときに、圓生師匠［*12］の『庖丁』、文楽師匠の『明烏』にね、志ん生師匠の『黄金餅』と来たもんだよ。関西から来て文紅、興奮してましたけどね。

え〜、『庖丁』……、私が『庖丁』を演ると言ったら、出来なくて圓生師匠に頼みに行ったたっていう……、まぁ、今はもう有名な話になってますよね。

「師匠、そういう訳ですから、私が出すと言って出来ませんので、一つ代わりにお

［＊10］西川たつ……（明治28〜昭和34／1895〜1959）音曲師。明治〜昭和の寄席芸人。父は常磐津三味線方の岸沢文左衛門。9歳で岸沢式多津を名のり、初高座。明治末から大正初期にかけて、花形娘芸人だった。結婚を期に引退するが、戦後30年ぶりに寄席に復帰。以後、『西川たつ』の名で『たぬき』等の浮世節のすぐれた演奏を聴かせた。

［＊11］都家かつ江……1909（明治42）年生まれ。都々逸や俗曲を得意とし、三味線漫談家として活躍した。

［＊12］六代目三遊亭圓生……本名・山崎松尾（明治33〜昭和54／1900〜1979）落語家。大阪西区花園町生まれ。4歳頃、義母に連れられて上京し、子供義太夫で寄席出演。義父（五代目

願いします」

「(口調を真似て) 左様でござんすか? じゃぁ、やりましょう」

こういうところはプロデューサーとして凄いでしょう? 私が。

「『庖丁』が、……どうも上手く、稽古したけどいかないんですよ。それで、代わりの者に演ってもらいますから……、圓生師匠です」

って、これこれこれ。どうもね、気障って言えば、気障だよ。粋だって言えば、粋だろ。言ってる以上、ダメか? まぁ、いいや。

『庖丁』で芸術祭賞を貰いたかったんですよ、本当は。貰うつもりだったの当人は……。

圓生師匠をまた違った目で見たいんですがね。ちょっと長くなりますんで、……圓生師匠といったら、これだと言っていいんじゃないんですか?

第四夜 (一) 四代目柳家つばめ『尻餅』

昭和30年代前半録音 TBS

我々は、「深津のつばめ」[*1] と言いました。深津龍太郎という……、いい名前ですね、本名。当人は自分の実力……、あまり評価されてないというので、具体的に

三遊亭圓生)の死後、昭和16年六代目三遊亭圓生を襲名。大戦末期、五代目志ん生と共に慰問旅行で渡った中国東北部(旧満州)で終戦。苦難の末、昭和22年に帰国した。帰国後は、めざましい評価を受け、40年から47年まで落語協会会長を務める。48年皇居で御前口演。53年、真打乱造に反対して落語協会を脱退、落語三遊協会を結成するなど、最晩年まで活躍した。『圓生百席』等のレコード録音で、多くの貴重な資料を遺す。

[*1] 四代目柳家つばめ……本名・深津龍太郎(明治25~昭和36/1892~1961)落語家。10歳頃、子供義太夫で初高座。明治41年頃噺家に転向。昭和21年四代目柳家つばめを襲名。江戸前の芸風でネタ数は多く高座の踊りも粋であった。

寄席の浅い時間帯《ところ》へ出てましたねぇ……、出されてましたね。だから、投げやりな舞台に感じましたねぇ。

「(口調を真似て) あいつ、こっち、これは何だい」なんていうような調子でね。で、立ち上がって踊って……、まぁ、お茶を濁していった日々というように受けとめました。「さあ、来い!」という芸を見たことがなかったですね。でもネタの数は、いろいろ知ってましてねぇ。『眼鏡屋盗人』だとか『雁つり』だとか、今、あまり演り手のないような噺を演ってました。本格の人だったんですけど、そう感じなかったです。

この『尻餅』も、これはそこそこに演ってたということでしょう。それは、ラジオという……、寄席の浅いところとは違うという意識が、つばめ師匠の中に秘めたるものを出させるような結果になったのかも知れません。良いですよ。

第四夜 (二) 中田ダイマル・ラケット『君と僕の恋人』

昭和40年前後録音　録音場所不明

「黄菊白菊その外の名はなくもがな」

ダイマル・ラケット [*2]、その外の名はなくもがな。「漫才に〜」と付けるかな。

エンタツ・アチャコ［*3］、ダイマル・ラケット、……これで良いんです。もちろん、その周りにはですね、雁玉《がんぎょく》・十郎《じゅうろう》［*4］、新しいところでは、……その頃ですよ、いとし・こいし［*5］、蝶々《ちょうちょう》・雄二《ゆうじ》［*6］だとかねぇ。古いところではラッパ・日佐丸《ひさまる》［*7］だとか、五九童《ごくどう》・蝶子《ちょうこ》［*8］とかいろいろ居ました。けど、近代性を感じるっていうのと、狂×を持ってるっていうことと、この間《ま》の凄さとセンスの良さ、つまり言葉が重複しない。これこそ2人でないとダメだっていう芸を、これほど見せてくれる人はないと思います。

いとし・こいしも、もちろんそうです。このご両人もそうですけど……。それに狂×が加わるんだから堪らないよ。

第四夜（三）　五代目柳家小さん『万金丹』

昭和52年10月2日　池袋演芸場

え〜、小さん師匠［*9］です。小さん師匠、あの歳になって未だブレてないんですねぇ。衰えてはいるんですよ、もう年齢的に。小さん師匠、順風満帆……、人生の中での唯一の失敗は、俺を手放したってことでしょうね。

「あ〜あ、嫌んなっちゃった。万金丹、落っこったん、万金丹」

［＊2］ダイマル・ラケット……本名・中田勇夫（大正2〜昭和57／1913〜1982）漫才師。兵庫県生まれ。師匠無しで兄とコンビを組み、中田ダイマル・デパートを結成。デパートが戦死したために、弟の中田ラケットとコンビを組んだ。ボクシング漫才で爆発的な人気を得て、爆笑王の異名をとるほど関西を代表する名コンビとなった。

中田ラケット……本名・中田信夫（大正9〜平成9／1920〜1997）漫才師。兵庫県生まれ。兄の死でコンビを失った中田ダイマルに口説かれて、昭和16年芸能界入り。生来の笑い上戸で、兄・中田ダイマルのアドリブに舞台本番中、笑い転げることが多かった逸話は有名。ダイマル死後は、漫

私はね、このサゲをね、水に落っことしちゃってね。「この仏は、水には懲りてるから……」っていうふうに、まぁ、変えたんですがねぇ。これで、聞いたって分かんないでしょうけど、サゲまで聞くと分かるかも知れません。それ、良い悪いじゃないすよ。とりあえず解説。

第四夜（四）林家三平『源平盛衰記』

昭和40年代前半録音　TBS

寄席のモンスター林家三平［＊10］……、ねぇ？

「（口調を真似て）大変なんスすよぉ〜。本当になんですからぁ〜、もぉ〜」

私も言われましたよ。街で会ったときに、

「（口調を真似て）大変なんスよ、本当に、談志さん、身体を大事にしないとダメですよぉ〜、本当にぃ〜……、なんてってんですか、あなたぁ〜」

あのう、……なんて言うのかねぇ、自分で自分をよく分からなかったんじゃないですか、三平さんって人は……。バケモンですから分からないんですよ、モンスターですから……。

だけど、今、聴いてみると甘いんですね。とっても甘くてね。だけど、よくこう

談、歌手に転向した。

［＊３］エンタツ・アチャコ……横山エンタツ、花菱アチャコ。１９３０（昭和５）年結成。このコンビは現代のしゃべくり漫才のスタイルを確立させたと言われている。ネタ『早慶戦』で有名。

［＊４］雁玉・十郎……芦乃家雁玉。本名、林田十郎。１９２８（昭和３）年結成。後にエンタツ・アチャコに次ぐ人気を得た。

［＊５］いとし・こいし……夢路いとし、喜味こいし。１９３７（昭和12）年結成。兄弟による漫才コンビ。

［＊６］蝶々・雄二……ミヤコ蝶々、南都雄二。１９４８（昭和23）年夫婦による漫才コンビを結成。ラジオ番組『夫婦善哉』、後に同テレビ番組の司会者として活躍。

［＊７］平和ラッパ・日佐丸

いう破廉恥なことをするなと思いましたよ。落語は古典芸能ですよ。本来は枠がある。ルールがある。全部、ぶっ壊しちゃったんです。分かり易く言えば、失敗する舞台まで見せちゃうんですよ。今で言う、好プレー珍プレーの珍プレーのほうを……。何だったんでしょうね？　ズバッと言うと、落語を素人化しちゃったのかなぁ？　素人が演ってる落語、……もちろん内容は……、何だろう？　あの居直った舞台の太々《ふてぶて》しさなんていうものは、素人じゃぁ、とても出来ないんですがね。全部、ぶっ壊しちゃった。こりゃぁ客は驚くわなぁ。

第四夜（五）　立川談志『三平さんの思い出』

昭和55年5月〜　鈴本演芸場

家元の解説というか……、舞台なんですね。これは55年、昭和ですね。三平さんと一緒に出る予定だったんですね。ということは、決まるのは1週間前ですから、10日間の出演が……。三平さん、元気っていうよりも、元気じゃなくても、出演《で》られるだけの体調あったんですね。

死んじゃったんですよ。患ったどころじゃないんですよ。私が落語を演らずに、『三平の思い出』っていうのを即興で10日間演ったんです。良いと思いました、自分

……このコンビ、それぞれラッパが初代から三代目、日佐丸は六代目まで存在し、時代と共にコンビを継いできた。ここにあげられているのはおそらく二代目同士の頃か。

［＊8］五九童・蝶子……東五九童・松葉蝶子。1933（昭和8）年結婚し、夫婦で漫才コンビを結成。

［＊9］五代目柳家小さん……本名・小林盛夫（大正4〜平成14／1915〜2002）落語家。長野市生まれの東京浅草育ち。昭和8年四代目小さんに入門。師匠が没した後は、八代目桂文楽の預かり弟子となり、25年五代目小さんを襲名した。小さん代々の落とし噺一筋で、テレビなどの媒体の力を頼らずに寄席の高座だけで人気を博し、大看板

でも……。うん、「やりやがった。流石、談志だなぁ」と思いましたよね。

今、聴いてみると、ちょっと……、う〜ん、ちょっとその内容の演じ方に、稚拙なところがありますけどね。でもね、あのときの雰囲気は素晴らしかった。「ウワァー！」というね、感動がありましたよ。伝わってほしいな。

第四夜（六）　初代柳家三亀松『都々逸漫談』

昭和30年代後半録音　録音場所不明

寄席に、何とも言えない色気を持ち込んできた。でも、当時はもっとショッキングで、色気なんてもんじゃないでしょう。エロティシズムを持ち込んだと言ったほうが、合ってるかも知れませんねぇ。もちろん、寄席ばかりでなく……、吉本（所属）でしたから。

ああいう大きな劇場で、いきます。1本（千人の集客のこと）……、1本出ないときもちろんありました。とにかく、いきます。1本で、三味線一丁で……、満都の人気をさらい、大阪の客を三亀松［*11］の世界に引きずり込んだ。色ごとの、うん。「逸話、山のごとく、これあり候という。名物、ご存じ、柳家三亀松」って、言ってましたねぇ。

となる。47年から平成8年まで落語協会会長を務める。平成7年に人間国宝に認定される。

［＊10］林家三平……本名・海老名栄三郎（大正14〜昭和55／1925〜1980）落語家。父は七代目林家正蔵。大戦復員後、父の下で甘蔵の名で前座修業。30年代、テレビ番組の司会で爆発的な人気を博し、33年真打。八方破れでギャグ中心の陽気な「三平落語」で、爆笑王の時代を築いた。

［＊11］初代柳家三亀松……本名・伊藤亀太郎（明治34〜昭和43／1901〜1968）音曲師。東京深川木場の材木問屋の長男に生まれる。材木問屋の小僧時代に芸事に溺れ、幇間となって東京各地を転々とする。関東大震災後は天狗連（落

私が、柳家三亀松師匠とトラブったときに……、これは芸のことについて、「漫談論争」とその頃言いました。私のファンから応援の手紙が来ましてね。

「あんな活動写真の真似をしてるチャラ亀なんかに負けるな」

なんて書いてありまして、チャラ亀だって、ウフフ。そういう悪口もまたチャラチャラしてたね。

三亀松は伊藤亀太郎って、本名で。チャラ亀……、チャラチャラしてたんですよ。はい、チャラチャラしてるから、あのエロティシズムがあったんですよ。後年はすっかり落ち着いて、芸能界の大ボスになりました。私は可愛がられてたんですね。「もっと飛び込んでいきゃぁ、良かったな」と思います。

珍しく物真似を演ってたんですが、あまり物真似は後年演らなくなりましたんでね。そういう意味では、貴重なテープです。

第四夜（七）　八代目桂文楽『よかちょろ』

昭和30年代後半録音　TBS

夢の寄席ですよね。う〜ん、夢か……、夢、ドリーム、または昔の夢だった……、昔の現実。今は、もう再び戻り来ぬ青春の如き、……文楽師匠［＊12］の出番で

語セミプロ集団）に参加。大正14年、初代柳家三語楼一門で三亀松の名を貰って正式な芸人となり、つやっぽい都々逸を売り物に浅草で売り出した。戦中戦後を通じ長く人気を保ち、晩年は「池の端の師匠」と芸人仲間から尊称された。三味線一本着流し姿で、艶笑漫談を数多くレコードに吹き込むが、色気の多い芸から戦前は再三発禁処分を受けた。

［＊12］八代目桂文楽……本名・並河益義（明治25〜昭和46／1892〜1971）落語家。落語ファンならご存じ「黒門町」の大看板。その芸風は江戸前の鯛に喩えられ、粋で最上の芸と称された。税務署長を父に青森にて生まれる。10歳の頃、父の病死で尋常小学校を3年で中退。奉公先を転々とした末、明治41年頃初代桂

す。文楽師匠は『明烏』とか、『心眼』とか、いろいろあるけど、私共っていうのが私と意見のある連中ですね、この番組かんでいるあの川戸貞やん……、彼などもその仲間の1人なんですが、『よかちょろ』ね、この『よかちょろ』とかね。それから、『酢豆腐』とかって、『王子の太鼓』とかね、こういう軽いものにね……。あーん、だから、文楽師匠ねぇ、いろいろ分解して貶《けな》す理由は……、理由っていう部分も幾らもあるんですよ。

ところがねぇ、なんて言ったら良いのかな。ルノアールの絵みたいにね。良い気持ちなんですね、文楽師匠っていうのは。……不快にしないんですよ。それじゃぁ、志ん生は不快にするのか？　圓生は不快にするか？　不快にはしないけど、でも、文楽師匠は、ホワッとしてくれるんですね。ええ、「よかちょろ、パッパ」ってんですがね、これまた。

第五夜（一）　金原亭馬の助『しの字嫌い』

昭和49年　鈴本演芸場

金原亭馬の助［*1］……、むかし家今松から馬の助になりましたね。で、まぁ、真打。私達の5、6年先輩です。戦後の第1期生と言っていいでしょうね。で、この

小南に入門。他の厳しい師匠への通い稽古、地方廻りの苦難から、芸の根底を築き、翁家馬之助で真打となっておおいに売り出した。大正9年に文楽を襲名。ネタの数は決して多くないが、磨き上げた噺で評価を上げ、戦後は落語協会会長を務め、昭和の名人と称された。

う、志ん生師匠の弟子なんですが、一時、文楽師匠のとこへ行って、文楽師匠を気取る……。気取るっていうのは、真似るって意味ですね、気取ってました。またそのうちに志ん生師匠に戻ってきましたね。胸を、こう、前へ突き出すような、「ぇ〜」って喋り方にね。ネタは少ないんですけどね。馬の助の世界を持っていましたね。その世界はどういうものかっていうと、言いようがない。ただ馬の助の世界としか言いようがない。

「じゃぁ、談志さん、好きか？」って言ったら、うーん、あんまり好きじゃなかったねぇ……。けど、じゃぁ、他に比べて、今居たら大変なもんだと思いますよ。ただ、下手するとこういう人達は、また自分だけの世界に入ってってしまって、それが世の中とのギャップが……、時代とギャップが出てきたときに、どう処理するか？　つまり小さん師匠みたいに動かないでいられたか？　動いちゃって。外れて来るかなっていう、そういうのを感じるような人でしたね。

まあ、いいや。馬さん、物知りでね。何でも知ってましたよね。特に映画のことをね。知っているってだけ。うん、分解なんか何もないんだよ。大体分解するってのは、俺がおかしいのかな？　笑う貴様がおかしいぞ。どうも、恐惶謹言《きょうこうきんげん》お稲荷さんでございます。

［＊1］金原亭馬の助……本名・伊藤武（昭和3〜昭和51／1928〜1976）落語家。東京四谷生まれ。昭和19年に五代目古今亭志ん生に入門し、30年金原亭馬の助を襲名し真打昇進。志ん生ゆずりの間のいい軽妙な芸風と、『七段目』等の芝居噺を得意とした。鳴り物の名手と称され、若くから老成の雰囲気を持ち、期待されながらも早逝した。

第五夜（二）　浪曲　東武蔵『明石の夜嵐～たたる妖刀～』

昭和30年前後録音　録音場所不明

浪花節が入ります。「浪花節を聴くのは、何を聴け?」って、まぁ、（広沢）虎造［*2］を聴けっていうのが、一番分かり易い。（京山）幸枝若《こうしわか》［*3］を聴けってのが、分かり易い。けどね、俺は、「東武蔵［*4］を聴け」って言います。東武蔵、あと、小柳丸［*5］。港家小柳丸の『青龍刀権次』の音が残ってますよ。これはぁ、良いやぁ。相模太郎［*6］さんも良かったけど、これだけは、華柳丸が良い。

この『明石の夜嵐』がねぇ、最後の、その、何て言うんですか? ガラッと変わるところ、それから、頭の下題付《げだいづ》けといって、ネタに入る前に、こうこうこうだっていうのを喋るんです。そして、武蔵独特のフレーズ、「昨日、北風。今日は、南風」って、あれが入ってるんです。これが東武蔵です。文句なし! お願いします、先生。

第五夜（三）　三代目春風亭柳好『大工調べ』

昭和30年前後　録音場所不明

［＊2］二代目広沢虎造……浪曲師。1899（明治32）年生まれ。戦前から戦後にかけてラジオで放送された『清水次郎長伝』で人気が爆発し虎造ブームがおきた。森の石松『三十石船』の「寿司くいねえ……」のくだりはあまりに有名。

［＊3］初代京山幸枝若……1926（大正15）年生まれ。浪曲師のもとに生まれ1941年に初代幸枝若を名乗る。河内音頭などで独特の節を確立した。

［＊4］東武蔵……本名・東常吉（明治26～昭和45／1893～1970）浪曲師。6歳で浪曲界に入門し、栄馬の芸名。13歳で真打となり天才少年浪曲師として活躍。明治43年、東武蔵と改名。武蔵節と呼ばれる独特の節回しと当意即妙な話術

粋な噺家っていったら、この人の右に出る人は我々の時代にはなかった。粋といえば柳好［*7］、うん。「（口調を真似て）うぅふぅ、一席……」、全編歌い調子で……。

で、この『大工調べ』なんですけどねぇ。あったんですねぇ、録音物《こういう》のが。どっかから、出てくるんですねぇ。今度は、北京か何か掘ってみますかなぁ。エジプトのピラミッドかなんか、掘ってみると、きっと柳好のクレオパトラかなんかが出てくるかも知れませんよ。

春風亭柳好、『大工調べ』。どういう啖呵をきるのかねぇ？　ええ、未だ聴いてないんですよ。ウフフ、どうも、楽しみなんですよね。分からないですよ。聴かないで、解説したってイイでしょう。

第五夜（四）　三遊亭圓遊『長屋の花見』

昭和30年代後半録音　ＴＢＳ

え〜、『長屋の花見』、三遊亭圓遊［*8］。『長屋の花見』なんていうのは、普通に喋ったら圓遊師匠が一番じゃないかな。それぞれ個性を持って、自分流の演出の仕方をします。金馬師匠も、四代目小さんも、また五代目小さん、……現・小さんです

で、寄席の人気をさらった。戦後はラジオ番組『浪曲教室』の審査員を務める。

［＊５］初代港家小柳丸……浪曲師。１８９５（明治28）年生まれ。弟はコメディアンの堺駿二（堺正章の父）。

［＊６］初代相模太郎……浪曲師。１９００（明治33）年生まれ。１９３５年にポリドールとの契約を機に初代を名乗る。『灰神楽三太郎道中記』が大ヒットした。

［*7］三代目春風亭柳好……本名・松本亀太郎（明治21〜昭和31／１８８８〜１９５６）落語家。東京浅草出身。二代目談洲楼燕枝門下に入門。京都の笑福亭に出演するなど、一時東京を離れる。大正６年に演芸会社に対抗して生まれた睦会に引き抜かれ、四代目春風亭柳枝門下で柳好を襲名した。明るい唄うような口調

ねぇ。それぞれが皆演りります。金原亭馬生も演りました。

けど、そのまんま喋ってて面白いんですね、この人ね。天性の明るさなんです。幇間《たいこもち》やってましたから。さんざっぱら能書きこいて、そのう、手ぬぐいを、あのう、とにかくあのう、ポコチ×ね。あれで、ピョーンと肩へ跳ね上げるっていう芸をやるっていうんですよ。さんざっぱら能書きこいてねぇ、「今日は、ちょいと調子が悪い」ってお終いになっちゃうんですけど、それまでのそのバカバカしさっていうのはね、分かる？　分かんなきゃしょうがない。『長屋の花見』ですよ、お馴染みのね。『長屋の花見』を圓遊師匠が演るっていう、……これ解説っていうのかね？　これねぇ……。

第五夜（五）リーガル千太・万吉『仁義は踊る』

昭和30年代前半録音　TBS

寄席のジェントルマンの2人。リーガル千太・万吉［*9］。リーガルってのは、「これ、どういう意味ですか？」ったら、レコード・レーベル、リーガル盤ていうレコードがありましたね。で、それ分かってるんですが、リーガル……、「女王」って意味ですって……、本当かなぁ？　まぁ、そう言われましたよ、私。まぁ、そのこと

の芸風で大いに売り出し、関東大震災前は八代目桂文楽と並んで睦会の四天王と称された。酔っぱらい、幇間の噺を得意として戦中戦後に活躍した。

［＊8］四代目三遊亭圓遊……本名、加藤勇（明治35〜昭和59／1902〜1984）落語家。工場勤めから、大正11年六代目雷門助六門下に入門。昭和初期に幇間に転向するが、戦争末期に桂小文治門下で噺家に復帰し、昭和21年四代目圓遊の名跡を襲名した。軽く明るい芸風で、『野ざらし』、『かつぎや』などの古典のほかに、『抜け裏』等の新作も得意とした。

を文章にしたこともありますよね。

寄席の芸でしたね。落語家が一時、寄席が不況になって、漫才に日が当たって、みんな漫才になったっていう……、みんな漫才になったって訳じゃない……、漫才になった人たちが、多かったです。その中の1人ですね。1人というか1組2人。

かたやリーガル万吉は、小団治、……柳家小団治。三代目小さんの弟子かなぁ、かたや千太は柳家緑楼ですから、金語楼の弟子ですからね。で、お2人とも、金語楼劇団に入って芝居なんかをやって、うん、「官姓名を名のれ」って、あの金語楼の『兵隊』の上官を演ったっていう話を、……私は見てませんがね、いろいろ逸話のある2人がコンビを組んで、一世を風靡したわけです。非常に、この、品の良い漫才です。

スローテンポですけどね。その中のヒット作が沢山ありますが、そのうちの代表的なもんです。『仁義は踊る』と題してあります。別に大した意味ありません。

第五夜（六）アダチ龍光『僕の人生』

昭和30年代後半録音　録音場所不明

寄席の主流は、一応落語です。まぁ、講談も入りますが、数の上では圧倒的に落

［＊9］リーガル千太・万吉リーガル千太……本名・富田寿（明治34～昭和55／1901～1980）漫才師。東京生まれ。大正15年、柳家金語楼の門下で柳家緑楼となり演芸界入り。昭和9年にリーガル千太と改名して、リーガル万吉とコンビを組み、軽妙な漫才で人気を博した。
リーガル万吉……本名・寄木昇（明治28～昭和42／1895～1967）漫才師。東京生まれ。二代目談洲楼燕枝に入門し柳亭雀枝、1918年5月に三代目柳家小さんの門で柳家小団治、1925年5月に桂やまとを経て、同年10月に柳家金語楼の門で柳家語楼を名乗ったのち漫才に転向。昭和8年にリーガル万吉と改名。昭和30年、漫才研究会を組織するなど、高座以外で

語……、雰囲気的にも、内容的にも。その間に入る芸、……落語以外のね。具体的に言うと音曲とか曲芸、または手品とか、そういうものを色物といいました。

楽屋にメンバーが書いてありまして、それは黒く書いてある志ん生、文楽とか。色物が赤く、赤い字で英二・喜美江とか、千太・万吉とか、で、色物とこう言ったんですね。ストリップの世界へ行ったら、私たちのことを、「色物の人」って言われましたけどね。

だから、サブというのかな、そういう意味に使われるようになったのか？　まあともかく、その数多《あまた》居るいろんな中で、私の一番尊敬した色物がアダチ龍光先生［*10］です。人間的にも、フランクな人でしたね。あまり理屈を何か……、う〜ん、これね、手品ですから見ないことには……。越後生まれですから、越後訛りがあって、朴訥というような喋り方なんですがね。珍しくその先生がね、人生を語っているんですね。良いですよ。

第五夜（七）　五代目古今亭志ん生『二階ぞめき』

昭和30年代前半録音　TBS

夢の寄席のトリは誰にしようかな？　と、いろいろあったが、志ん生［*11］でしょ

も活躍した。

［＊10］アダチ龍光先生……本名・中川一（明治29〜昭和57／1890〜1973）奇術師。新潟県生まれ。新派の役者を志すが大正7年頃奇術師木村マリニーに師事する。戦後は東京の落語協会に属し、マジック、声帯模写、漫談で人気を取った。昭和4年天皇古希の祝いに皇居内で、パンと時計の奇術を演じる。

うね。『二階ぞめき』といって、極《ごく》、短いんですよ。私のは、割と克明に長く作ってあるんですがね。つまり『二階ぞめき』というネタよりも、どちらかというとそのまくらに振ってた……、吉原、自分の思い込みもあるでしょう……。まぁ、思い込みが殆どでしょう。吉原っても金が無いんですから、志ん生なんて。金が出来た頃には、もう吉原無いんですから、歳も歳になっちゃったんですからね。それだけに、あの里に対する思いが募ったんでしょうな。

「惚れていりゃこそ、神田から通う。惚れなきゃ神田から通やせぬ」

ってな文句がありましたね。ありましたねって……、知らないでしょうけども。

その志ん生が思いを込めた。吉原賛歌だと、こう思って聴いてください。

［＊11］志ん生……本名・美濃部孝蔵（明治23～昭和48／1890～1973）落語家。演芸・落語ファンなら説明がいらない戦後落語黄金期の名人。士族の警視庁巡査を父に持ち東京神田に生まれる。18歳頃から天狗連（落語セミプロ集団）に加わり、昭和14年3月に五代目志ん生を襲名。この間、借金から逃れるために17回も芸名を改名した逸話は有名。慰問興行中の中国東北部（旧満州）で終戦を迎え、帰国後は盟友・八代目桂文楽とともに絶大な人気を博した。

席亭・立川談志のご挨拶

ずっと聴いちゃったでしょう？

まぁ、中には勿体ないから、「今日はここまで、この次の機会に」って人も居るだろうけども、私はワンハンドレッドスターズ、実際はツーハンドレッドスターズというアメリカのスター連が全部集まる3時間何分のずっと、観たことありましたけどね、感動と共に。

で、終わって、「おい、あれはよ、こうじゃねぇのか？　あの千太・万吉って、ほら。このネタなんだっけ？　あそこんとこ、抜けてたな」とか、「あれ、珍しかったなぁ。あれ入ってたな」とか、また分からないなりに、「こうだったんだ。昔のは、こうなんだ」と、「今のこの人に伝わってんだ」とか、そういう話がね。

良い映画を観ると、帰りに、例えば『月の輝く夜に』、うん、いきなり暗くなると、ディックのあの曲なんでしたかねぇ？　ああ、出てこなくなった。如何にも映画らしくなる……。終わって、その映画のことを喋る、あれと同じような感動《もの》が、この音を聴いた後、きっとあるだろうと……、願うのではなく、きっとある筈である。

「そういう人たちが居るよな」という思いで作ったんです。居ましたよね？　良い

よね？　良いよ。良いって言う人たちと会いたいですよ。その人たちと会って、話をしながら、死にたいな。

立川談志というジグソーパズル

和田尚久

芸談というものはすべてそうしたものだが、本書で語られるエピソードも、かつて存在し、いまは消え去った芸を、その対象には手の届かない現在から、強い憧憬をもって見つめたものである。これは手が届かないからこそ意味があり、手の届いてしまう対象は、これよりも格段にすぐれた芸が、もっと以前の時代に存在したことが示される。だから、あらゆる芸談は、むかし確かにあった神殿が、いまは崩壊したという構図をとる。その欠落にこそ、人が昔語りをする必然があるのだ。

談志は類まれなプレイヤー（実演家）であり、すぐれた批評家でもあった。存命中すでに『談志楽屋噺』（文春文庫）、『談志百選』（講談社）といった充実した本を書いているが、これらの著作から本書にまで共通するのは、〈間に合わなかった〉芸に関する熱っぽいアプローチである。それはたとえば三代目圓馬の東京言葉と上方弁の使い分けであり、岩てこ・〆蝶の技芸である。本書では講釈のさまざまが語られるが、小島政二郎が推奨した五代目神田伯龍や、大人気の大島伯鶴のナマの高座を談志は数年の差で聴いていない。

高校を中退して寄席に飛び込み、楽屋という学校で育った彼の〈間に合わなかった〉芸への羨望はもの凄く、満たされない渇望感こそが最深部のダイナモになっている。その結晶が伯龍のSPレコード2枚組13分を聴いて驚倒、内容を完コピし、さらには見事に自分の芸にした『小猿七之助』だろう。ここぞという高座で、いつも談志は小猿を出した。逆説的な言い方だが、伯龍を普通に聴いていれば、ここまでの完成度になったか、どうか。

かつてあった『en-taxi』という文芸誌で、立川談志が芸人を回顧する連載があって、ホストが福田和也。わたしは構成者だった。テーマが先代馬風で「すげえんだ、蔵前駕籠を改作して蔵前トラック」とか「代脈を中国のお屋敷にして座敷豚が出てくる」とかやっている。これらはよく知られた馬風伝説なのだが、実は口演記録がなく「実際に聴いたことがありますか、その改作を」と質問すると、ちょっと考えて「……無いな」。あ、この人は芸をここまで貴いものだと思っているのか。

『談志の遺言』（TBSラジオ）で師走最後の放送、別録りの外山惠理アナの前フリ原稿に「年の瀬や水の流れと人の身は明日待たるるその宝船」と書いた。書きながら、いま一般には通じにくいかもしれないと考えたが、まぁいいさとそのまま出した。本番でナレーションが流れると、間髪をいれず「笹や笹々、笹や笹……奈良丸くずしですかな」とひとフシ、口ずさんでトークにつないだ。その間合いの素晴らしかったこと。

本書を読めばわかる通り、談志は録音やビデオの収集マニアだった。国立演芸場の「ひとり会」で、シンとした間合いで客席に「おい、おまえたちコレ録音しているんだろう？」緊張した数秒があって「安く売るなよ」。

立川談志は安定や充足とはついぞ無縁の人生を送った人であった。ただし、彼の内にある解消されない喪失感や不充足は、彼が見事な語り手であることの条件であるだろう――わたしはそんなことを言いたがっている。

立川談志 芸談集

2023年11月23日　初版第一刷発行

著者　立川談志

構成　『談志百席　第一期～第五期』　和田尚久
　　　『席亭立川談志の夢の寄席』　十郎ザエモン
注釈　『談志百席　第一期～第五期』　神保喜利彦
　　　『席亭立川談志の夢の寄席』　十郎ザエモン

帯推薦文　六代目神田伯山

カバーデザイン・組版／ニシヤマツヨシ
校閲校正／丸山真保

編集協力／有限会社 談志役場
　　　　　一般社団法人ふらすこ
　　　　　ゴーラック合同会社

編集人／加藤威史
発行人／後藤明信
発行所／株式会社竹書房
〒102 - 0075 東京都千代田区三番町 8-1 三番町東急ビル 6F
e-mail : info@takeshobo.co.jp
http://www.takeshobo.co.jp

印刷・製本／中央精版印刷株式会社